高似孫集

〔中册〕

子略　緯略

〔宋〕高似孫　著　王群栗　點校

浙江出版聯合集團
浙江古籍出版社

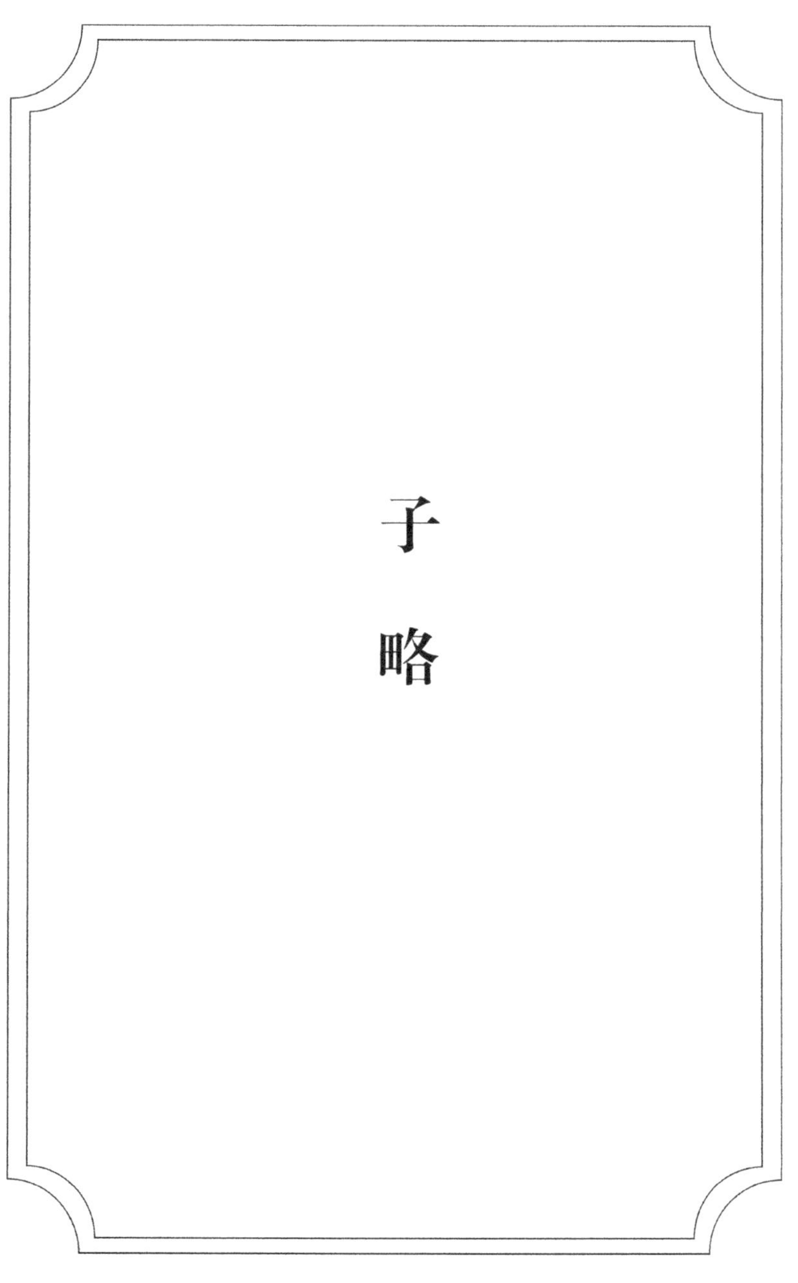

子略

子略整理説明

《子略》舊有《百川學海》本、《學津討原》本（又收入《四部備要》）、《四明叢書》本、《四庫全書》本。民國以前無單行本，民國二十八年（一九三五）朴社出版顧頡剛點校本。《新世紀萬有文庫》收有張豔雲點校本（與《史略》合爲一書）。

日本國立公文圖書館藏南宋刻本（内閣文庫五二一〇八號，仅存目及前三卷）。《書舶庸譚》卷八上載：『《子略》三卷。與前（按指《史略》）同一行款，蓋同時梓行。前有序目，序未署名。』《史略》序作於寶慶元年，玆爲謹慎起見，仍稱其爲『宋刻本』而不稱『寶慶本』。《學津討原》本曾據各條目所引原書校勘，但亦有誤校之處，這些錯誤也見於《四明叢書》本，可見《四明叢書》本乃據《學津討原》本校刻。

本次整理，以《百川學海》本爲底本，以日本國立公文圖書館藏宋刻本、《學津討原》本參校。偶亦參考文淵閣四庫本。標點則參考顧校本爲多。

子略目録

原序……（三八三）
子略目卷一……（三八四）
漢書藝文志……（三八四）
隋書經籍志……（三九三）
唐書藝文志……（三九八）
子鈔……（四〇五）
通志藝文略……（四一三）
子略卷一……（四二九）
黄帝陰符經……（四二九）
陰符經注……（四三〇）
陸龜蒙讀陰符經詩……（四三一）
皮日休讀陰符經詩……（四三二）
陰符經……（四三二）
風后握奇經……（四三三）
握奇經續圖……（四三五）
鬻子……（四四一）
太公金匱六韜……（四四二）
孔叢子……（四四三）
曾子……（四四四）
魯仲連子……（四四四）
晏子春秋……（四四五）
子略卷二……（四四八）
老子……（四四八）
老子注……（四四八）
何晏道德二論……（四五二）

裴徽論老子……（四五二）
老子總論……（四五三）
莊子……（四五四）
莊子注……（四五四）
向秀莊子解義……（四五六）
支道林莊子逍遥義……（四五六）
晋人好言老莊……（四五七）
莊子總論……（四五九）
列子……（四五九）
文子……（四六〇）

子略卷三……（四六三）

戰國策……（四六三）
管子……（四六三）
尹文子……（四六四）
韓非子……（四六五）
墨子……（四六六）
鄧析子……（四六六）
亢桑子……（四六七）
鶡冠子……（四六八）
孫子……（四六九）
吴子……（四六九）
范子……（四七〇）
鬼谷子……（四七一）

子略卷四……（四七四）

吕氏春秋……（四七四）
黄石公素書……（四七四）
淮南子……（四七五）
賈誼新書……（四七六）
桓寛鹽鐵論……（四七七）
王充論衡……（四七七）
太玄經注……（四七八）
太玄經……（四七九）

新序説苑……（四八〇）
抱朴子……（四八〇）
文中子……（四八一）
元子……（四八二）
皮子隱書……（四八二）
四庫全書總目提要……（四八五）
學津討原本跋……（四八六）

原序

六經後，士以[一]才藝自聲於戰國秦漢間，往往騁辭立言，成一家法。觀其跌宕古今之變，發揮事物之機，智力足以盡其神，思致足以殫其用。其指心運志，固不能盡宗於經，而經緯表裏，亦有不能盡忘乎經者。使之純乎道，昌乎世，豈不可馳騁規畫，鍧錚事功，而與典、謨、風、雅並傳乎？所逢如此，所施又如此，終亦六六與羣言如一，百氏同流，可不嗟且惜哉。嗚呼！仲尼皇皇，孟子切切，猶不克如臯、夔，如伊、吕、周、召，况他乎？至若荀况、揚雄氏，王通、韓愈氏，是學孔孟者也，又不可與諸子同日語。或知此意，則一言可以明道藝，究訏謨；可以立身養性，致廣大，盡高明；可以著書立言，丹青金石，垂訓乎後世。顧所擇如何耳，審哉審哉。乃系以諸子之學，必有因其學而决其傳，存其流而辨其術者，斯可以通名家、究指歸矣。作《子略》。

校勘記

〔一〕「士以」，百川本原作「以士」，據宋刻本、學津本改。

子略目卷一〔一〕

漢書藝文志

史稱劉氏《七略》剖判藝文，總百家之緒，每一書已，輒條其篇目，撮其指意，録而奏之。自書災於秦，文字掃蕩，斷章脱簡，不絶如線。上天禄、石渠、麒麟閣者，曾不一二。又雜以漢儒記臆綴續之言，書益蕪駁。枚數《諸子略》所鈔，則所謂建藏書之策者，不過是耳。天不椓喪，猶有可傳者，而後世乃復與之疏闊，鮮克是訂，而書益窮矣。采劉氏《略》作《子略》。

《晏子》八篇。名嬰，謚平仲，相齊景公，孔子稱善與人交，有《列傳》。師古曰：『有《列傳》者，謂《太史公書》。』

《子思》二十三篇。名伋，孔子孫，爲魯繆公師。

《曾子》十八篇。名參，孔子弟子。

《漆雕子》十三篇。孔子弟子漆雕啟後。

《宓子》十六篇。名不齊，字子賤，孔子弟子。師古曰：『宓讀與伏同。』

《景子》三篇。説宓子語，似其弟子。

《世子》二十四篇。名碩，陳人也，七十子之弟子。

《魏文侯》六篇。

《李克》七篇。子夏弟子，爲魏文侯相。

《公孫尼子》二十八篇。七十子之弟子。

《孟子》十一篇。名軻，鄒人，子思弟子，有《列傳》。師古曰：『《聖證論》云軻字子車，而此志無字，未詳其所得。』

《孫卿子》三十三篇。名況，趙人，爲齊稷下祭酒，有《列傳》。師古曰：『本曰荀卿，避宣帝諱，故曰孫。』

《芉子》十八篇。名嬰，齊人也，七十二子之後。師古曰：『芉音弭。』

《内業》十五篇。不知作書者。

《周史六弢》六篇。惠襄之間，或曰顯王時，或曰孔子問焉。師古曰：『即今之《六韜》也，蓋言取天下及軍旅之事。弢字與韜同也〔二〕。』

《周政》六篇。周時法度政教。

《周法》九篇。法天地，立百官。

《河間周制》十八篇。似河間獻王所述也。

《讕言》十一篇〔三〕。不知作者，陳人君法度。如淳曰：『讕音爛〔四〕。』師古曰：『説者引《孔子家語》云孔穿所造，非也。』

《功議》四篇。不知作者，論功德事。

《寧越》一篇。中牟人，爲周威王師。

《王孫子》一篇。一曰《巧心》。

《公孫固》一篇，十八章。齊閔王失國，問之，固因爲陳古今成敗也。

《李氏春秋》二篇。

《羊子》四篇，百章。故秦博士。

《董子》一篇。名無心，難墨子。

《俟子》〔五〕一篇。李奇曰：『或作《侔子》。』

《徐子》四十二篇。宋外黄人。

《魯仲連子》十四篇。有《列傳》。

《平原老》七篇。朱建也。宋祁曰：『老一作君。』

《虞氏春秋》十五篇。虞卿也。

《高祖傳》十三篇。高祖與大臣述古語及詔策也。

《孝文傳》十一篇。文帝所稱及詔策。

《陸賈》二十三篇。

《劉敬》三篇。

《賈山》八篇。

《太常蓼侯孔臧》十篇。父聚，高祖時以功臣封。臧嗣爵。

《賈誼》五十八篇。

《河間獻王》三篇。

《董仲舒》百二十三篇。

《兒寬》九篇。

《公孫弘》十篇。

《終軍》八篇。

《吾丘壽王》六篇。

《虞丘説》一篇。難孫卿也。

《莊助》四篇。

《臣彭》四篇。

《鉤盾宂從李步昌》八篇。宣帝時數言事。宋祁曰：『宂〔六〕當作冗。』

《儒家言》十八篇。不知作者。

桓寬《鹽鐵論》六十篇。師古曰：『寬字次公，汝南人也，孝昭帝時，丞相、御史與諸賢良文學論鹽鐵事，寬撰次之。』

劉向所序六十七篇。《新序》《説苑》《世説》《列女傳頌圖》也。

揚雄所序〔七〕三十八篇。《太玄》十九，《法言》十三，《樂》四，《箴》二。

《伊尹》五十一篇。湯相。

《太公》二百三十七篇。吕望爲周師尚父，本有道者。或有近世又以爲太公，術者所增加也。師古曰：『父讀曰甫也。』

《謀》八十一篇。

《言》七十一篇。

《兵》八十五篇。

《辛甲》二十九篇。紂臣，七十五諫而去，周封之。

《鬻子》二十二篇。名熊，爲周師，自文王以下問焉。周封爲楚祖。師古曰：『鬻音弋六反。』

《筦子》八十六篇。名夷吾，相齊桓公，九合諸侯，不以兵車也，有《列傳》。師古曰：『莞讀與管同。』

《老子鄰氏經傳》四篇。姓李，名耳，鄰氏傳其學。

《老子傅氏經説》三十七篇。述老子學。

《老子徐氏經説》六篇。字少季，臨淮人，傳《老子》。

《劉向説老子》四篇。

《文子》九篇。老子弟子，與孔子並時，而稱周平王問，似依託者也。

《蜎子》十三篇。名淵，楚人，老子弟子。師古曰：「蜎，姓也，音一元反。」

《關尹子》九篇。名喜，爲關吏，老子過關，喜去吏而從之。

《莊子》五十二篇。名周，宋人。

《列子》八篇。名圄寇，先莊子，莊子稱之。

《老成子》十八篇。

《長盧子》九篇。楚人。

《王狄子》一篇。

《公子牟》四篇。魏之公子也，先莊子，莊子稱之。

《田子》二十五篇。名駢，齊人，遊稷下，號天口駢。師古曰：「駢音步田反。」

《老萊子》十六篇。楚人，與孔子同時。

《黔婁子》四篇。齊隱士，守道不詘，威王下之。師古曰：「黔音其炎反。下音胡稼反。」

《宮孫子》二篇。師古曰：「宮孫，姓也，不知名。」

《鶡冠子》一篇。楚人，居深山，以鶡爲冠。師古曰：「以鶡鳥羽爲冠。」

《周訓》十四篇。師古曰：「劉向《別録》云人間小書，其言俗薄。」

《黄帝四經》四篇。

《黄帝銘》六篇。

《黄帝君臣》十篇。起六國時，與《老子》相似也。

《雜黄帝》五十八篇。六國時賢者所作。

《力牧》二十二篇。六國時所作，託之力牧。力牧，黄帝相。

《孫子》十六篇。六國時。

《捷子》二篇。齊人，武帝時説。

《楚子》三篇。

《鄒子》四十九篇。名衍，齊人，爲燕昭王師，居稷下，號談天衍。

《容成子》十四篇。

《張蒼》十六篇。丞相、北平侯。

《李子》三十二篇。名悝〔八〕，相魏文侯，富國强兵。

《商君》二十九篇。名鞅，姬姓，衛後也，相秦孝公，有《列傳》。

《申子》六篇。名不害，京人，相韓昭侯，終其身諸侯不敢侵韓。師古曰：『京，河南京縣。』

《處子》九篇。師古曰：『《史記》云趙有處子。』

《慎子》四十二篇。名到，先申、韓，申、韓稱之。

《韓子》五十五篇。名非，韓諸公子，使秦，李斯害而殺之。

《游棣子》一篇。師古曰：『棣音徒計反。』

《晁錯》三十一篇。

《鄧析》二篇。鄭人，與子産並時。師古曰：『《列子》及《孫卿》並云子産殺鄧析。據《左傳》昭公二十年子産卒，定公九年駟歂殺鄧析而用其竹刑，則非子産所殺也。』

《尹文子》一篇。説齊宣王，先公孫龍。師古曰：『劉向云與宋鈃俱游稷下。鈃音形。』

《公孫龍子》十四篇。趙人。師古曰：『即爲堅白之辨者〔九〕。』

《惠子》一篇。名施，與莊子並時。

《田俅子》三篇。先韓子。蘇林曰：『俅音仇。』

《我子》一篇。師古曰：『劉向《别録》云爲《墨子》之學。』

《隨巢子》六篇。墨翟弟子。

《胡非子》三篇。墨翟弟子。

《墨子》七十一篇。名翟，爲宋大夫，在孔子後。

《蘇子》三十一篇。名秦，有《列傳》。

《張子》十篇。名儀，有《列傳》。

《闕子》一篇。

《國筮子》十七篇。

《鄒陽》七篇。

《主父偃》二十八篇。

《徐樂》一篇。

《孔甲盤盂》二十六篇。黄帝之史，或曰夏帝孔甲，似皆非。

《大帝》三十七篇。傳言禹所作，其文似後世語。師古曰：『帝，古禹字』。宋祁曰：『一作帝。』

《五子胥》八篇。名員，春秋時爲吴將，忠直，遇讒死。

《子晚子》三十五篇。齊人，好議兵，與《司馬法》相似。

《蒯子》五篇。名通。

《由余》三篇。戎人，秦穆公聘以爲大夫。

《尉繚》二十九篇。六國時。師古曰：『尉，姓；繚，名也，音了，又音聊。劉向《别録》云繚爲商君學。』

《尸子》二十篇。名佼，魯人，秦相，商君師之。鞅死，佼逃入蜀。師古曰：『佼音絞。』

《吕氏春秋》二十六篇。秦相吕不韋輯智略士作。

《淮南内》二十一篇。王安。

《淮南外》三十三篇。師古曰：『《内篇》論道，《外篇》雜説。宋祁曰：『雜，邵本作新。』

《東方朔》二十篇。

《荆軻論》五篇。軻爲燕刺秦王，不成而死，司馬相如等論之。

《吴子》一篇。

《公孫尼》一篇。

《伊尹説》二十七篇。其語淺薄，似依託也。

《鬻子説》十九篇。後世所加。

《周考》七十六篇。考周事也。

《青史子》五十七篇。古史官記事也。

《師曠》六篇。見《春秋》，其言淺薄，本與此同，似因託也。

《務成子》十一篇。稱堯問，非古語。

《宋子》十八篇。孫卿道宋子，其言黄老意。

隋書經籍志

隋代群書，始開皇三年，牛弘表請搜訪，於是異書間出。平陳後，經籍稍該，召工書者於祕書補續殘闕，爲正副本，一藏宫中，一入祕府。煬帝立，别録副本，分三品：上軸紅琉璃、中紺琉璃、下用漆，東都及觀文殿藏焉。又聚魏以來古迹名繪於二閣，此爲奇矣。而唐舟沉於砥柱，存不一二，爲之嗟惜。《隋志》之作，盡出瀛洲學士之手，可謂極一時史筆之妙。而《志》甚淆雜，乏詮彙之工。因爲輯之，難哉。

《晏子春秋》七卷，齊大夫晏嬰撰。

《曾子》二卷，目一卷，魯國曾參撰。

《子思子》七卷，魯穆公師孔伋撰。

《公孫尼子》一卷。尼，似孔子弟子。

《孟子》十四卷，齊卿孟軻撰，趙岐注。鄭玄注七卷。劉熙注七卷。綦毋邃注亡。

《孫卿子》十二卷，楚蘭陵令荀况撰。梁有《王孫子》一卷，亡。

《董子》一卷，戰國時董無心撰。

《魯連子》五卷，録一卷。魯連，齊人，不仕，稱爲先生。

《賈子》十卷，録一卷，漢梁大傅賈誼撰〔一〇〕。

《揚子法言》十五卷，揚雄撰。李軌注六卷，宋衷注十三卷，侯苞注亡。

《揚子太玄經》九卷〔一一〕。揚雄自作章句，亡。宋衷注九卷。王肅注亡。陸績、宋衷注十卷。虞翻注十三卷。蔡文邵注十四卷。陸凱注七卷。

《桓子新論》十七卷，後漢六安丞桓譚撰。

《魏子》三卷，後漢會稽人魏朗撰。

《牟子》二卷，後漢太尉牟融撰。

《典論》五卷，魏文帝撰。

《新語》二卷，陸賈撰。

《新序》三十卷，劉向撰。

《潛夫論》十卷，王符撰。

《申鑒》五卷，荀悦撰。

《徐氏中論》六卷，魏太子文學徐幹撰。

《王子正論》十卷，王肅撰。

《杜恕體論》四卷，魏幽州刺史杜恕撰。

《顧子新語》十二卷，吴太常顧譚撰。

《譙子法訓》八卷，譙周撰。

《袁子正論》十九卷，袁準撰。

《新論》十卷，晋散騎常侍夏侯湛撰。

《志林新書》三十卷，虞喜撰。梁有《廣林》二十四卷，又《後林》十卷，虞喜撰。

《要覽》十卷，晋郡儒林祭酒吕竦撰。

《鬻子》周文王師鬻熊撰，一卷〔二二〕。

《老子》河上丈人注二卷。張嗣注二卷。蜀才注亡。鍾會注二卷。羊祜注二卷。王尚述注二卷。邯鄲氏注二卷。劉仲融注二卷。巨生注二卷。袁真注二卷。張憑注二卷。釋惠琳注二卷。盧景裕注二卷。梁曠注二卷。嚴遵《指歸》十一卷。毌丘望之《指趣》三卷。顧歡《義綱》一卷。孟智周《義疏》五卷。韋處玄《義疏》四卷。梁武帝《講疏》六卷。戴詵《義疏》九卷。何晏《序訣》一卷。葛仙翁《雜論》一卷。何、王等《私記》十卷。梁簡文帝《玄示》一卷。韓壯《玄譜》一卷。劉遺民《玄機》三卷〔一三〕。宗塞《幽易》五卷。山琮《志》一卷，並亡。孫登《音》一卷。李軌《音》一卷。戴逵《音》，亡。

《鶡冠子》三卷。楚之隱人。

《列子》鄭之隱人列禦寇撰〔一四〕，八卷。東晋光禄勳張湛注。

《莊子》李叔之《義疏》，亡。周弘正《講疏》八卷。郭象注三十卷。李頤注十八卷。梁簡文《講疏》十卷。張機《講疏》二卷〔一五〕。戴詵《義疏》八卷。梁曠《南華論》二十五卷。李軌《音》一卷。徐邈《音》三卷。又徐邈《集音》三卷。郭象《音》一卷。向秀《音》一卷。梁曠《音》三卷。

《莊成子》十二卷。梁有《蹇子》一卷，今亡。

《任子》十卷，魏河東太守任嘏撰。梁有《渾輿經》一卷，魏安成令桓威撰，亡。

《唐子》十卷，吴唐滂撰。

《抱朴子》葛洪撰，《外》《内》篇共五十一卷。

《孫子》十二卷，孫綽撰。

《符子》二十卷，東晋員外郎符朗撰。

《廣成子》十三卷，商洛公撰，張太衡注，疑近人作。

《管子》十九卷，齊相管夷吾撰。

《商君書》五卷，秦相衛鞅撰。

《慎子》十卷，慎到撰。

《韓子》二十卷，韓非撰。

《墨子》十五卷，宋大夫墨翟撰。

《隨巢子》一卷。巢似墨翟弟子。

《昌言》十二卷，仲長統撰。

《蔣子萬機論》八卷，蔣濟撰。

《胡非子》一卷。墨翟弟子。

《尸子》二十卷，尸佼撰。

《吕氏春秋》二十六卷，吕不韋撰。

《淮南子》二十一卷〔一六〕，王劉安撰。

《論衡》二十九卷〔一七〕，王充撰。

《風俗通義》三十一卷，應劭撰。

《傅子》一百二十卷，傅玄撰。

《鬼谷子》三卷。皇甫謐注，又有樂一注一卷，《占氣》一卷〔一八〕。

《金樓子》十卷，梁元帝撰。

《子鈔》三十卷，庾仲容撰。沈約二十卷，亡。

《燕丹子》一卷。

《世説》八卷，宋劉義慶撰，梁劉孝標注。

《亢桑子》二卷。天寶元年，詔《莊子》爲《南華真經》，《列子》爲《沖虚真經》，《文子》爲《通玄真經》。然《亢桑子》求之不獲，襄陽處士王士元謂《莊子》作『庚桑子』，太史公、《列子》作『亢倉子』，其實一也。取諸子文義類者補其亡〔一九〕。

《牟子》一卷，牟融撰〔二〇〕。

《太公六韜》五卷。

《太公金匱》二卷。

《司馬兵法》齊將田穰苴，三卷。

《孫子》二卷。

《尉繚子》五卷。梁惠王時人〔二一〕。

唐書藝文志

唐因漢《略》，類經、史、子、集爲四，至開元尤盛，凡五萬四千卷，唐學者自爲書二萬八千五百卷。初，隋嘉則殿書卷三十七萬，太府卿宋遵貴運入京，覆於砥柱。貞觀中〔二二〕，魏徵、虞世南、顔師古繼爲祕書監，請構書，選五品以上子孫工書者書，藏於内，以宮人掌之。宮人任籤帙之責，繆矣。玄宗詔馬懷素、褚無量整比於乾元殿東序，請相宋璟、蘇頲同署，如貞觀故事。後大明宫、東都各創集賢書院，學士通籍，支月給蜀郡麻紙，季給上谷墨，歲給河間、景城、清河、博平四郡兔千五百皮爲筆材。各聚四部，本有正副，軸帶帙籤亦異色。安禄山反，尺簡不藏。元載相奏以錢一千購一卷。文宗時，侍講鄭覃言經籍未備，詔祕閣搜訪，乃復完。黄巢亂，又益少。昭宗播遷，在京制置使孫惟晟斂書，寓教坊於祕閣，詔以書還。既徙洛，蕩無遺矣。今稽《藝文志》〔三三〕，殊虧詮敘；書之涉於瑣瑣有不可以入子類者，合分别録；若不可淆錯如此也，裁之。

《晏子春秋》七卷，晏嬰。

《曾子》二卷，曾參。

《子思子》七卷，孔伋。

《公孫尼子》一卷。

《孟子》十四卷。趙岐注十四卷。鄭玄注七卷。劉熙注七卷。綦毋邃注七卷。陸善經注七卷。張鎰《音義》三卷。

《荀卿子》十二卷。楊倞注二十卷。

《董子》一卷，董無心。

《魯連子》一卷，魯仲連。

陸賈《新語》二卷[二四]。

賈誼《新書》十卷[二五]。

桓寬《鹽鐵論》十卷。

劉向《新序》三十卷。

劉向《説苑》三十卷。

《揚子法言》六卷，揚雄。宋衷注十卷。李軌注十卷。柳宗元注十三卷。

《揚子太玄經》十二卷。陸績注十二卷。虞翻注十四卷。范望注十二卷。宋仲孚注十二卷。蔡文邵注十二卷。王涯注六卷。劉緝注十四卷。員俶《幽贊》十卷。

《桓子新論》十七卷，桓譚。

王符《潛夫論》十卷。

《仲長子昌言》十卷，仲長統。

荀悦《申鑒》五卷。

魏文帝《典論》五卷。

《徐氏中論》六卷，徐幹。

王肅《政論》十卷。

《杜氏體論》四卷，杜恕。

《顧子新論》五卷，顧譚。
《譙子法訓》八卷，譙周[二六]。
王嬰《通論》三卷。
夏侯湛《新論》十卷。
楊泉《物理論》十六卷。
王通《中説》五卷。
華譚《新論》十卷。
虞喜《志林》二十卷[二七]，又《後書》十卷。
《顧子義訓》十卷，顧夷。
干寶《正言》十卷，又《立言》十卷。
王劭《讀書記》三十二卷。
盧辯《墳典》三十卷。
《魏子》三卷，魏朗。
《譙子》五卷，譙周。
《周生烈子》五卷。
《袁子正書》三十五卷，袁準。

《崔子至言》六卷，崔靈童。

杜信《元和子》二卷。

《鬻子》一卷，鬻熊。馮行珪注。

《老子》河上公注二卷[二八]。王弼注二卷，又《指例略》二卷[二九]。蜀才注二卷。鍾會注二卷。羊祜注二卷。孫登注二卷。王尚注二卷[三〇]。袁真注二卷。張憑注二卷。劉仲融注二卷[三一]。陶弘景注四卷。樹鍾山注二卷[三二]。李允願注二卷。陳嗣古注二卷。僧惠琳注二卷。惠嚴注二卷。鳩摩羅什注二卷。義盈注二卷。傅奕注二卷。楊上善注二卷。辟閭仁諝注二卷。玄宗注二卷。盧藏用注二卷。刑南和注二卷。馮朝隱注，白履忠注，李播注，尹知章注，並亡。吴善經注二卷。成玄英注二卷。孫思邈注二卷。任真子《集解》四卷。張道相《集注》四卷[三三]。盧景裕等注二卷。毌丘望之《章句》二卷[三四]。王肅《玄言》二卷。梁曠《經品》四卷。嚴遵《指歸》十四卷。何晏《講疏》四卷。梁武帝《講疏》十卷。顧歡《義疏》五卷。孟智周《義疏》五卷。戴詵《義疏》六卷。葛洪《序訣》二卷。韓莊《玄音》二卷。劉遺民《玄譜》一卷。馮廓《指歸》十三卷。賈大隱《述義》十卷[三五]。陳庭玉《疏》十五卷。陸希聲《經傳》四卷。成玄英《疏》七卷。李軌《音》一卷。

《鶡冠子》三卷。

《列子》八卷，列禦寇。張湛注[三六]。

《莊子》十卷。郭象注十卷。向秀注二十卷[三七]。崔撰注十卷。司馬彪注二十一卷，《音》一卷。楊上善注十卷。陸德明《文句義》二十卷[三八]。李頤《集解》二十卷。王玄古《集解》二十卷。李充《釋論》二卷。梁簡文《講疏》三十卷。王穆《疏》十七卷，音一卷。成玄英《注疏》十二卷[三九]。張隱居《指要》三十三卷。元載《通微》十卷。孫思邈注，柳縱注，尹知章注，甘暉注，魏包注，李含光注，陳庭玉《疏》，並亡。

《廣成子》十二卷，商洛公撰。張太衡注〔四〇〕。

《文子》十二卷。徐靈府注。

《唐子》十卷，唐滂。

《蘇子》七卷，蘇彦。

《宣子》二卷，宣騁。

《陸子》十卷，陸雲。

《抱朴子》四十卷，葛洪。

《孫子》十二卷〔四一〕，孫綽。

《符子》三十卷，符朗。

《賀子》十卷，賀道養。

《亢倉子》二卷。天寶元年，詔號《莊子》爲《南華真經》，《列子》爲《沖虚真經》，《文子》爲《通玄真經》，《亢桑子》爲《洞靈真經》。然亢桑子〔四二〕，《太史公》《列子》作亢倉子，其實一也。取諸子文義類者補其亡。

《牟子》一卷，牟融。

《尉繚子》六卷。

《吕氏春秋》二十六卷。

《淮南子》二十一卷，許慎注。

王充《論衡》三十卷。

應劭《風俗通義》三十卷。

王肅《政論》十卷〔四三〕。

鍾會《蒭蕘論》五卷。

《傅子》百二十卷，傅玄。

《抱朴子》二十卷〔四四〕。

《金樓子》梁元帝。

陸士衡《要覽》三卷。

崔豹《古今注》三卷。

孟儀《子林》二十卷。

薛克構《子林》三十卷〔四五〕。

沈約《子鈔》三十卷。

庾仲容《子鈔》三十卷〔四六〕。

《范子計然》十五卷。

王方慶《續世説》十卷〔四七〕。

盧藏用《子書要略》一卷。

馬總《意林》三卷。

《燕丹子》一卷。

《周書陰符》九卷。

《周吕書》一卷。

《司馬法》田穰苴，二卷。

《孫子》三卷。魏文帝注。

《唐志》有陸景《典訓》《譙子法訓》、周捨《正覽》、劉徽《敧器圖》之類，非合登子録。又《帝範》《臣軌》《政範》《諫苑》之書，尤非其類，如此者數十家，裁之。

子鈔

梁諮議參軍庾仲容，潁川人。

《子鈔》百十有七家，仲容所取或數句，或一二百言，是有以契其意、入其用，而他人不可共享者也。馬總《意林》一遵庾目，多者十餘句，少者一二言，比《子鈔》更爲取之嚴、録之精且約也。戴叔倫序其書曰：『上以防守教之失，中以補比事之闕，下以佐屬文之緒。有疏通廣博潔净符信之要，無僻放拘刻激蔽邪蕩之患。』亦足以發其機、寫其志矣。孔子曰：『雖小道，亦有可觀。』是於諸子未嘗廢也。聖人既遠，承學易殊，義嚮之少純，言議之多詭，則百氏之爲家，不能盡叶乎一，亦理之所必然也。當篇籍散闕，人所未見之時，而乃先識其名，又得其語，斯足以廣聞見、助發揮，何止嘗鼎臠、啖雞蹠也。陸機氏曰：『傾群言之瀝液，漱六藝之芳潤，唐韋展《日月如合璧賦》云：『獵英華於百氏，漱芳潤於六籍。』語自此來。是庶幾焉。』總，唐貞元中任評事，字會元，扶風人。

《鬻子》《藝文志》曰：名熊，著《子》十二篇。今一卷，有六篇。

《太公金匱》二卷。

《太公六韜》六卷。

《曾子》合十八卷。

《晏子》十四卷。

《子思子》七卷。

《孟子》十四卷。

《管子》十八卷。

《魯連子》五卷。

《文子》十二卷。周平王時人〔四八〕，師老子。

《鄧析子》二卷。

《范子》十二卷。
《墨子》十六卷。
《纒子》一卷。
《隨巢子》一卷。
《胡非子》一卷。
《尸子》二十卷。
《韓子》二十卷。
《列子》八卷。
《莊子》十卷。
《鶡冠子》三卷。
《王孫子》一卷。
《慎子》一卷。
《申子》三卷。
《燕丹子》三卷。
《鬼谷子》五卷。
《尹文子》二卷。

《公孫尼子》一卷。

陸賈《新語》二卷，十篇。

晁錯《新書》二卷。

賈誼《新書》九卷。

《吕氏春秋》三十六卷。

《淮南子》二十二卷。

桓〔四九〕寬《鹽鐵論》十卷。

劉向《新序》三十卷。

劉向《説苑》二十卷。

《揚子法言》十五卷。

揚雄《太玄經》十五卷。

桓譚《新論》十七卷。

王充《論衡》三十卷。

崔元始《正論》五卷。

王符《潛夫論》十卷。

應劭《風俗通》

《商子》五卷。

《阮子》四卷。

姚信《士緯》十卷。

殷興《通論》八卷。

《抱朴子》五十卷。

王叔師《正部》六卷。

《牟子論》一卷。

《周生烈子》

荀悦《申鑒》

仲長統〔五〇〕《昌言》十二卷。

魏文帝《典論》五卷。

《魏子》十卷，魏朗。

劉邵《人物志》三卷。

《任子》十卷，任弁。

杜恕《篤論》四卷。

杜恕《體論》四卷。

《傅子》一百二十卷，傅咸。

《唐子》十卷，傍孚惠潤。

《秦子》二卷，菁。

《梅子新書》一卷。按其語，晋人也。

楊泉《物理論》十六卷。

楊泉《太玄經》〔五二〕

《蔡氏化清經》一卷，蔡洪。

《鄒子》一卷。其書多論漢人，恐是閏甫。

孫敏《成敗志》三卷，字休明。

王嬰《通論》三卷。

徐幹《四論》八卷。

蔣濟《萬機論》八卷。

譙周《法論》八卷。

譙周《五教》五卷。並是《禮記》語。

顧譚《新言》二卷。字子默，吴大常。

鍾會《蒭蕘論》五卷。

陸景《典論》十卷。

張儼《默記》三卷。字子節，吴大鴻臚卿[五二]。

裴玄《新言》五卷。字彦黄，吴大夫。

袁準《正書》

袁準《正論》

《蘇子》八卷。自云魏人。

桓範《世要》十卷。字元則。

《陸子》十卷，陸雲。

夏侯湛《新論》十卷。

張顯《析言》十卷。

虞喜《志林》二十四卷。

《顧子》十卷，顧夷。

《諸葛子》著略一卷。

《陳子要言》十四卷。

《符子》二十卷，符朗。

《神農本草經》六卷。

《本草經》華佗弟子吴普，六卷。

《相牛經》一卷。

《相馬經》二卷。

《相鶴經》一卷。

《周髀》三卷，趙裴，字君卿。

《司馬兵法》三卷。

《孫子兵法》三卷。

《黄石公記》三卷，上下中略。

《氾勝之書》二卷。

《夢書》十五卷。

《貝書》十卷。

《淮南萬畢術》一卷。

《九章算術》三卷。

張華《博物志》十卷。

戴凱之《竹譜》一卷。

《筆墨法》

通志藝文略

樞密院編修官莆田鄭樵漁仲撰。

本朝藏書家最稱參政蘇公、宣獻宋公、文忠歐陽公，又稱丞相蘇公、丞相宋公兄弟，而尤盛於邯鄲李氏，李氏其目足以與祕府敵。中興以來，垂意收拾，篤且富無如鄭氏。雖曰包括諸氏，囊括百家，厥功甚茂，然失翦繁[五三]，歸彙亦欠理擇，是又失於患多者也。似孫嘗閱天禄、石渠書，無古書，一也；無異書，二也；雜以今人所作，蕪雜太甚，三也。而又考訂欠精，彙類欠確，一也；所合下詔更加求訪，一也；其書無祕副，每出外輒易毁失，一也。當必有能任其事者。既采鄭氏目入予《子略》，爲之太息。

《晏子春秋》七卷，齊大夫晏嬰。

《曾子》二卷，魯國曾參。

《子思子》七卷，魯穆公師孔伋。

《漆雕子》十三篇，漆雕開後。

《宓子》十六篇，孔子弟子宓不齊。

《世子》名碩，陳人，七十子之弟子。二十一篇。

《公孫尼子》一卷。七十子[五四]弟子。

《孟子》十四篇，齊卿孟軻。趙岐注。鄭玄注七卷。劉熙注七卷。綦母邃注七卷。陸喜經注七卷。張鎰《音》二卷。孫奭《音》二卷。

《續孟子》二卷，唐林慎思撰。

《删孟子》一卷，馮休撰。

《荀卿子》十二卷，楚蘭陵令荀況。楊倞注三卷。

《芈子》十八篇。齊人芈嬰，七十子之後。

《王孫子》一卷。

《羊子》四篇，秦博士羊百章撰。

《徐子》四十二篇。宋外黄人。

《魯仲連子》五卷，齊人魯連。不仕，稱先生。

《賈子》十卷，漢梁太傅賈誼撰。

《秦子》三卷。

《何子》五卷。

《劉子》三卷，梁劉勰撰。

《揚子法言》《解》一卷，揚雄撰。李軌注十五卷。侯苞注六卷。宋衷注十卷。柳宗元注十三卷。司馬光集注十卷。

《桓子新論》〔五五〕十七卷，後漢六安丞桓譚撰。

《魏子》三〔五六〕卷，後漢會稽人魏明撰。

《牟子》二卷，後漢太尉牟融撰。

《王子政論》十卷，王肅撰。

《顧子新語》十二卷，吴太常顧譚撰。

《譙子法訓》八卷，譙周撰。

《譙子五教志》五卷。

《周生烈子》五卷。

《袁子正論》二十卷，袁准撰。

《袁子正書》〔五七〕二十五卷。

《顧子義訓》十卷，晋揚州主簿顧夷撰。

《崔子至言》六卷。

《賈子》一卷，開元中藍田尉撰〔五八〕。

《元子》十卷，元結撰。

《元和子》二卷，杜信撰。

《仲蒙子》三卷，唐林慎思撰。

《蒖子》五卷，蒖重〔五九〕。

《傅子》五卷，唐司隸校尉傅玄撰。舊有百二十卷。

《鹹子》一卷，趙鄰機撰。

《素履子》一卷，張弧撰。

《東莞子》〔六〇〕十卷。

《商子新書》三卷，商孝逸撰。

《孫綽子》十卷。

《樊子》三十卷，樊宗師撰。

《老子》古本二卷。河上公注二卷。河上丈人注二卷。毋丘望之注二卷，又《章句》二卷。嚴遵注二卷，《指趣》二卷，又《指歸》十一卷。鍾會注二卷，又《解釋》四卷。羊祜注二卷。蜀才注二卷。孫登注二卷。王尚楚注二卷〔六一〕，又《音》一卷。劉仲融注二卷。袁真注二卷。曹道冲注二卷。張憑注二卷。盧景裕注二卷。陶弘景注二卷〔六二〕。鍾樹山注二卷〔六三〕。陳皋注二卷。李允願注二卷。陳嗣古注二卷。僧惠嚴注二卷。僧惠琳注二卷。鳩摩羅什注二卷。僧義盈注二卷。偃松子注二卷。梁曠等注四卷。李納注四卷。道士李榮注三卷。唐明皇注二卷。辟閭仁諝注二卷。傅奕注二卷。吴善經注一卷。楊上善注二卷。成玄英注一卷。盧藏用注二卷。李軌《疏》一卷。李若愚注一卷。戴逵《疏》一卷。孟智周《疏》五卷〔六四〕。戴詵《疏》九卷〔六五〕。韋處玄《疏》四卷〔六六〕。趙至堅《疏》四卷〔六七〕。江徵《疏》十四卷〔六八〕。工顧等《疏》四卷〔六九〕。賈青夷《疏》四卷。梁武帝《疏》六卷，又《講疏》四卷。何晏《疏》四卷〔七〇〕。《政和御解》二卷。任真子集注四卷〔七一〕。程韶《集注》二卷。張道相《集注》四卷。顧歡《義疏》一卷，又《義綱》一卷。又《章門》一卷[七二]。王弼《節解》二卷，《指例略》二卷。何晏《指略論》二卷[七三]。賈大隱《述義》十卷。韓莊《元指》八卷[七四]。元景先生《簡要義》五卷。賈善翊《傳》三卷。崔少元《心鑒》一卷。《吕氏昌言》二卷。王守愚注《心鏡》一卷[七五]。李畋《音解》二卷。

《莊子》郭象注十卷。向秀注二十卷。崔撰注十卷。司馬彪注十六卷，又《音》一卷[七六]。晉李頤注三十卷，又郭象《音》三卷[七七]。孟氏注十八卷。楊上善注十卷。道士文如海注十卷。盧藏用注十二卷。道士成玄英注三十卷，又《疏》十二卷。四家注十五卷。張昭《補注》十卷。徐邈《疏》三卷。王穆《音》一卷，又《疏》十卷[七八]。戴詵《疏》八卷[七九]。周宏正《講疏》八卷。李叔之《義疏》三卷。梁簡文帝《講疏》三十卷。張機《疏》二卷。又《内篇音義》一卷[八〇]，《外篇雜音》一卷[八一]。馮廓《正義》十卷[八二]。陸德明《句義》二十八卷[八三]。又《句義》二十卷。張隱居《指要》三十篇[八四]。陳景先《内要》一卷[八五]。李充《論》二卷，又《餘事》一卷。張游朝《統略》三卷[八六]。賈參寥《通真論》三卷[八七]。李頤《集解》二十卷，徐邈《注》一卷[八八]。王玄古《集解》二十卷[八九]。賈善翔《直音》一卷。

《鬻子》一卷，周文王師楚人鬻熊。唐鄭縣尉逢行珪注。王觀注三卷。

《列子》八卷，鄭穆公時隱者列禦寇。唐加『沖虚真經』，本朝加『至德』。晉張湛注八卷。孫鶚注八卷。盧重光注八卷。《政和御注》八卷。《統略》一卷。《指歸》一卷。《釋文》二卷[九〇]。《音義》一卷。

《文子》十二卷。老子弟子。李暹《訓法》十二卷。朱弁注十二卷。徐靈府《注音》一卷。《統略》一卷。《家語要言》一卷。

《鶡冠子》三卷。楚之隱人。

《莊成子》十二卷。

《蹇子》一卷。

《唐子》十卷，吴唐滂撰。

《蘇子》十卷，晋北中郎參軍蘇彦撰。

《宣子》二卷，晋宜城令宣聘撰。

《陸子》十卷，陸雲撰。

《幽求子》二十卷，杜夷撰[九一]。

《抱朴子》葛洪撰，《内篇》二十卷，《外篇》三十卷。

《符子》二十卷，東晋員外郎符明撰。

《賀子》十卷，宋太學博士賀道養撰。

《少子》五卷，齊司徒左長史張融撰。

《無名子》一卷，張太衡撰。

《元子》五卷。

《廣成子》十三卷，商洛公撰[九二]。張太衡注。何璨注三卷。

《亢倉子》三卷，老聃之徒庚桑楚撰。王士元注。又《音略》三卷[九三]。

《無能子》三卷。唐光啓中隱者，不著名氏[九四]。

《同光子》八卷，劉無待撰。

《元真子》三卷，張志和撰。

《達觀子》一卷。

《净住子》[九五]二十卷，蕭子良撰。

《天隱子》一卷。

《元中子》三卷，杜登暉撰。

《元筌子》一卷，珞琭子撰。

《素履子》一卷。

《任子道論》一卷，魏河東太守任嘏撰。

《赤松子》一卷，陳摶撰。

《管子》十八卷，齊相夷吾撰。漢劉向録校，唐尹知章注。舊有三十卷，今存十九卷。房玄齡注二十一卷。

《慎子》一卷[九六]，戰國時處士慎到撰。舊有十卷，漢有四十二篇，隋唐分爲十卷，今亡九卷三十七篇。

《韓子》二十卷，韓非撰。唐有尹知章注，今亡。

《阮子政論》五卷，魏清凉太守阮武撰。

《陳子要言》十四卷，吳豫章太守陳融撰。

《鄧析子》一卷，戰國時鄭大夫。

《尹文子》二卷。尹文，周之處士。

《公孫龍子》一卷，戰國時人。舊十四篇，今亡八篇。陳嗣古注一卷。賈大隱注一卷。

《隨巢子》一卷。墨翟弟子。

《胡非子》一卷。墨翟弟子。

《董子》一卷，戰國時董無心撰。其説本墨氏。

《鬼谷子》三卷。皇甫謐注[九七]。鬼谷先生，楚人也，生於周世，隱居鬼谷。樂臺注三卷。唐尹知章注三卷。梁陶弘景注三卷。

《補闕子》十卷，梁元帝撰。

《尸子》二十卷，秦相衛鞅上客尸佼撰。

《淮南子》二十一卷，漢淮南王劉安撰。許慎注。又高誘注二十一卷。

《金樓子》十卷，梁元帝撰。

《子鈔》三十卷，梁黟令庾仲容撰。云諮議參軍鈔序。

《子鈔》三十卷，沈約撰。

《子林》三十卷，薛克撰。

《子書要略》一卷，盧藏用撰。
《子談論》三卷。
《范子計然》十五卷。
《農子》一卷。
《燕丹子》一卷。丹，燕王喜太子[九八]。
《青史子》一卷。
《宋玉子》一卷，楚大夫宋玉撰。
《郭子》三卷，東晉中郎郭澄之撰。賈泉注。
《猗犴子》[九九]一卷，元結撰。
《炙轂子》五卷，唐王睿撰。
《乾𦠆子》一卷，温庭筠撰。
《太公六韜》五卷。
《太公金匱》二卷。
《司馬兵法》三卷。
《孫子》三卷。
《吳子》一卷。

《尉繚子》五卷。梁惠王時人。

校勘記

〔一〕學津本將此卷置於卷四之後，四庫本無此卷。

〔二〕「韜」，原本作「叨」，宋刻本同；學津本、《漢書・藝文志》作「韜」，據改。按學津本已據《漢書・藝文志》《隋書・經籍志》等原書對本卷文字進行過校改。

〔三〕百川本、宋刻本無「一」字，據學津本、《漢志》改。

〔四〕「爛」，百川本原作「粲爛」，宋刻本有「粲」字，此下殘缺數字，據學津本、《漢志》改。

〔五〕「俟」，學津本誤作「侯」。

〔六〕「穴」，宋刻本誤作「兄」。

〔七〕「揚」，宋刻本作「楊」。下同，不再出校。

〔八〕「悝」，宋刻本作「埋」。

〔九〕「辨」，浸逮本作「辯」。

〔一〇〕本條注釋百川本、宋刻本俱作「一卷漢梁太傅賈誼撰十卷録」，據學津本、《隋志》改。

〔一一〕「九」，百川本、宋刻本作「十」，據學津本、《隋志》改。

〔一二〕學津本「一卷」在「周文王」前。

〔一三〕按《隋志》自「《老子道德論》二卷，何晏撰。《老子序決》一卷，葛仙翁撰」至「《玄機》三卷，宗塞撰」

與此條錯位。

〔一四〕『圉』，學津本同上文作『囿』，《隋志》作『御』。

〔一五〕『張』，百川本、宋刻本作『巖』，據學津本、《隋志》改。

〔一六〕宋刻本『一』字原缺。

〔一七〕『二』，百川本、宋刻本作『三』，據學津本、《隋志》改。

〔一八〕『樂一注一卷』，百川本『樂』後無『一』字，『一卷』作『三卷』，據宋刻本、學津本同、《隋志》改。又，宋刻本、學津本無『《占氣》一卷』數字，《隋志》有。

〔一九〕學津本無《亢桑子》條，《隋志》亦無。

〔二〇〕百川本原作『二卷』，且無『撰』字，據宋刻本、學津本同、《隋志》改。

〔二一〕『時』，宋刻本作『游』。

〔二二〕『貞』，百川本、宋刻本作『正』，應是宋人避諱之舊，以下不再出校。

〔二三〕百川本、宋刻本無『文』字，據學津本及慣例補。

〔二四〕『二』，百川本、宋刻本作『一』，學津本作『二十』，據《唐志》改。

〔二五〕『十』，百川本、宋刻本作『一』，據學津本、《唐志》改。

〔二六〕百川本、宋刻本無『譙周』二字，據學津本、《舊唐志》改。

〔二七〕『二』，百川本、宋刻本作『三』，據學津本、《唐志》改。

〔二八〕『二』，學津本誤作『三』。

〔二九〕百川本、宋刻本無『例』字，據學津本、《唐志》補。

〔三〇〕「王尚」，學津本「尚」字下衍「楚」字。

〔三一〕「融」，百川本、宋刻本作「熊」，據學津本、《新唐志》改。

〔三二〕「樹鍾山」，學津本誤作「鍾樹山」。

〔三三〕百川本、宋刻本無「相」字，據學津本、《唐志》補。

〔三四〕「毌」，百川本、宋刻本原無，《唐志》作「安」，學津本、《隋志》作「毌」，據改。

〔三五〕「述」，百川本、宋刻本作「違」，據學津本、《新唐志》改。

〔三六〕學津本將本條「張湛注」置於上條《鶡冠子》之後。又學津本「列禦寇」下有「撰」字。

〔三七〕「向秀」，百川本、宋刻本作「劉向」，據學津本、《新唐志》改。

〔三八〕百川本、宋刻本無「二」字，據學津本、《新唐志》改。

〔三九〕「十二」，百川本、宋刻本作「十四」，學津本作「四十二」。按《新唐書·藝文志》無成玄英注疏；《舊唐書·經籍志》：「《莊子注》十二卷，成玄英撰」，據改。

〔四〇〕「衡」，百川本、宋刻本作「衝」，據學津本、《新唐志》改。

〔四一〕「二」，百川本作「三」，宋刻本、學津本、兩《唐志》俱作「三」，據改。

〔四二〕學津本此處據《新唐志》補入「求之不獲，襄陽處士王世元謂《莊子》作庚桑子」。

〔四三〕此條上文已出，學津本因删去。

〔四四〕此條上文已出，學津本因删去。上文爲四十卷，此處爲二十卷，按《新唐志》：《抱朴子内篇》二十卷，《抱朴子外篇》二十卷（《舊唐志》作五十卷）。

〔四五〕百川本、宋刻本無「十」字，據學津本、《唐志》補。

〔四六〕百川本、宋刻本無「三」字，據學津本、《唐志》補。

〔四七〕百川本、宋刻本無「續」字，據學津本、《唐志》補。

〔四八〕「周」，百川本、宋刻本作「同」，據學津本、馬總《意林》改。

〔四九〕「桓」，宋刻本作「亘」。

〔五〇〕百川本、宋刻本無「統」字，據學津本、《意林》、《隋書・經籍志》等改。按《隋志》作「仲長子昌言」。

〔五一〕「玄」，百川本、宋刻本、學津本俱作「元」，據《隋書・經籍志》改。

〔五二〕「臚」，百川本、宋刻本作「月」，且宋刻本「月」字只占左半，應是殘字。據學津本改。

〔五三〕「失」，百川本、宋刻本作「秩」，據學津本改。

〔五四〕《通志・藝文略》、學津本「子」字下有「之」字，百川本、宋刻本無。

〔五五〕「桓」，百川本、宋刻本作「元」，下「桓譚」作「元譚」，當爲避宋真宗諱所改。今據《通志・藝文略》、學津本改從其本人。

〔五六〕「三」，百川本、宋刻本作「二」，據《通志・藝文略》、學津本改。

〔五七〕「書」，百川本、宋刻本作「語」，據《通志・藝文略》、學津本改。

〔五八〕「開元中藍田尉撰」數字百川本、宋刻本無，據《通志・藝文略》、學津本補。

〔五九〕「冀重」二字百川本、宋刻本無，據《通志・藝文略》、學津本補。

〔六〇〕「筦」，百川本、宋刻本作「語」，據《通志・藝文略》、學津本改。

〔六一〕王尚楚注二卷，百川本、宋刻本作「汪尚注二卷」，學津本作「王尚注一卷」，據《通志・藝文略》改。

按老子、莊子條下百川本錯簡甚多，學津本雖據《通志・藝文略》校正，仍有錯誤。

〔六二〕「陶弘景」，百川本、宋刻本作「陶景」，學津本作「陶宏景」，據《通志・藝文略》改從其本人。下同。

〔六三〕「樹」，百川本、宋刻本作「植」，據《通志・藝文略》、學津本改。

〔六四〕「五」，百川本、宋刻本作「一」，據《通志・藝文略》、學津本改。

〔六五〕「九」，百川本、宋刻本作「一」，據《通志・藝文略》、學津本改。

〔六六〕「四」，百川本、宋刻本作「一」，據《通志・藝文略》、學津本改。

〔六七〕「四」，百川本、宋刻本作「一」，據《通志・藝文略》、學津本改。

〔六八〕「十四」，百川本、宋刻本作「二」，據《通志・藝文略》、學津本改。

〔六九〕「四」，百川本、宋刻本作「二」，據《通志・藝文略》、學津本改。

〔七〇〕「梁武帝《疏》六卷，又《講疏》四卷。何晏《疏》四卷」，百川本、宋刻本原作「梁武帝《疏》八卷。何晏《疏》四卷，又《講疏》四卷」，似抄寫順序有誤。據《通志・藝文略》、學津本改。

〔七一〕「真」，百川本、宋刻本作「貞」，據《通志・藝文略》、學津本改。

〔七二〕學津本「又《章門》一卷」與下「《指例略》二卷」位置顛倒。按《通志・藝文略》《老子章門》不著撰人，《指例略》則注明爲王弼著，故知學津本誤。

〔七三〕「何晏」，百川本、宋刻本誤作「韓莊」，又二本無「論」字：據《通志・藝文略》、學津本改。

〔七四〕韓莊，百川本、宋刻本誤作「又」，蓋已羼入上行：據《通志・藝文略》、學津本改。

〔七五〕百川本、宋刻本無「愚」字，據《通志・藝文略》、學津本補。

〔七六〕百川本、宋刻本無「又」字，據學津本及本書體例補。

〔七七〕「郭象音」，百川本、宋刻本作「疏」，據《通志・藝文略》、學津本改。

〔七八〕此句學津本作「王穆疏一卷」，百川本、宋刻本作「王穆疏三卷」，據《通志·藝文略》改疏爲音。又百川本、宋刻本「又《疏》十卷」數字誤入戴詵之下，據《通志·藝文略》、學津本改。

〔七九〕百川本、宋刻本無「疏」字，據《通志·藝文略》、學津本補。

〔八〇〕百川本、宋刻本無「篇」字，據《通志·藝文略》、學津本補。

〔八一〕「外篇雜音」，百川本、宋刻本作「外音義」，據《通志·藝文略》、學津本改。

〔八二〕「廓」，百川本、宋刻本作「廊」，據《通志·藝文略》、學津本改。

〔八三〕「二」，百川本、宋刻本作「三」，據《通志·藝文略》、學津本改。下句「又《句義》二十卷」百川本、宋刻本誤置馮廓之下、陸德明之前，據《通志·藝文略》、學津本改。

〔八四〕「三十」，百川本、宋刻本作「三十六」，據《通志·藝文略》、學津本改。

〔八五〕「先」，百川本、宋刻本作「朝」，據《通志·藝文略》、學津本改。

〔八六〕「張游朝」，百川本、宋刻本作「賈參寥」，據《通志·藝文略》、學津本改。

〔八七〕「賈參寥」，百川本、宋刻本作「又」，蓋已羼入上行，據《通志·藝文略》、學津本改。

〔八八〕「徐邈」，百川本、宋刻本作「邈」，據《通志·藝文略》、學津本補。

〔八九〕百川本、宋刻本無「古」字，據《通志·藝文略》、學津本補。

〔九〇〕「二」，百川本、宋刻本作「一」，據《通志·藝文略》、學津本改。

〔九一〕「杜夷」，百川本、宋刻本作「杜英」，據《通志·藝文略》、學津本改。

〔九二〕百川本、宋刻本無「公」字，據《通志·藝文略》、學津本改。

〔九三〕「又音略三卷」，百川本、宋刻本作「《音略》一卷」，據《通志·藝文略》、學津本改。

〔九四〕「著」，百川本、宋刻本作「得」，據《通志·藝文略》、學津本改。

〔九五〕「住」，百川本、宋刻本作「注」，據《通志·藝文略》、學津本改。

〔九六〕「一」，百川本作「二」，據《通志·藝文略》、宋刻本、學津本改。

〔九七〕「謐」，百川本、宋刻本作「諡」，據《通志·藝文略》、學津本改。

〔九八〕「燕」，百川本、宋刻本作「青」，據《通志·藝文略》、學津本改。

〔九九〕「犴」，百川本、宋刻本、《通志·藝文略》同，學津本作「玗」。

子略卷一

黄帝陰符經

觀天之道，執天之行，盡矣。故天有五賊，見之者昌。五賊在心，施行於天：，宇宙在乎手，萬化生乎身。天性，人也：，人心，機也。立天之道，以定人也。天發殺機，日月星辰：，地發殺機，龍蛇起陸：，人發殺機，天地反覆：，天人合發，萬變定基。性有巧拙，可以伏藏，九竅之邪，在乎三要，可以動靜。火生於木，禍發必尅。姦生於國，時動必潰。知之修練，謂之聖人。天地，萬物之盜：，萬物，人之盜：，人，萬物之盜。三盜既宜，三才既安，故曰：食其時，百骸理：，動其機，萬化安。人知其神而神，不知不神所以神。日月有數，大小有定，聖功生焉，神明出焉，其盜機也。天下莫不見，莫能知。君子得之固窮，小人得之輕命。瞽者善聽，聾者善視。絶利一源，用師十倍：，三反晝夜，用師萬倍。心生於物，死於物，機在目。天之無恩而大恩生，迅雷烈風，莫不蠢然。至樂性餘，至靜則廉：，天之至私，用之至公：，禽之制在氣。生者死之根：，死者生之根。恩生於害，害生於恩。愚人以天地文理聖，我以時物文理哲。自然之道靜，故天地萬物生：，天地之道浸，故陰陽勝。陰陽相推而變化順矣。至靜之道，律吕所不能契，爰有奇器，是生萬象。八卦甲子，神機鬼藏。陰陽相勝之術，昭昭乎進乎象矣。

陰符經注

太公等注一卷，十一〔二〕家。　七家注一卷。
李靖注一卷，李筌。　張杲注一卷。
袁淑真注一卷。　蕭真宰注一卷。
黃居真注一卷。　沈亞夫注一卷。
任照一注一卷。　蹇昌辰注一卷。
杜光庭注一卷。　陸佃注一卷。
李靖陰符機一卷。　陰符太無傳一卷，張杲傳，得於《道藏》。
陰符正義一卷，唐韋洪。　陰符要義一卷。
李筌妙義驪山母傳，一卷。　陰符辨命論張杲，一卷。
陰符經一卷，杜光庭。　陰符玄談玄解先生，一卷。
陰符經疏一卷，袁淑真。　陰符十德經一卷，葛洪。
陰符經頌一卷，太元子。　陰符經一卷，無爲子撰。
陰符頌三卷，張彬卿撰。　陰符元〔玄〕義一卷，唐張魯。

陰符丹經一卷，防山長。
陰符序一卷，李筌。
陰符經序一卷。
陰符小解一卷。
陰符解題一卷。

陰符丹經一卷，驪山母注。
陰符經訣一卷。
陰符五賊義一卷。
陰符天機經一卷。
陰符丹經解一卷。

陸龜蒙讀陰符經詩

清辰整冠坐，朗詠三百言。備識天地意，獻詞犯乾坤。何事不隱德，降靈生軒轅。口銜造化斧，鑿破機關門。五賊忽迸逸，萬物争崩奔。虚施神仙要，莫救華池源。但學戰勝術，相高甲兵屯。龍蛇競起陸，鬬血浮中原。成湯與周武，反覆更爲尊。下及秦漢代，瀆弄兵亦煩。姦强自休據，仁弱無枝蹲。狂喉恣吞噬，逆翼争飛翻。家家伺天發，不肯匡淫昏。生民墜塗炭，比屋爲冤魂。秖爲讀此書，大樸難久存。微臣與軒轅，亦是萬世孫。未能窮意義，豈敢求瑕痕。曾亦愛兩句，可與賢達論。生者死之根，死者生之根。方寸了十字，萬化皆胚渾。身外更何事，眼前徒自喧。黄河但東注，不見歸崑崙。晝短苦夜永，勸君傾一樽。

皮日休讀陰符經詩

三百八十言，出自伊祁氏。上以生神仙，次云立仁義。玄機一以發，五賊紛然起。結爲日月精，融作天地髓。不測似陰陽，難名若神鬼。得之升高天，失之沈厚地。具茨雲木老，大塊煙霞委。似〔二〕顓頊以降，賊爲聖人軌。堯乃一庶人，得之賊帝摯。摯見其德尊，脱身授其位。舜惟一鰥民，冗冗作什器。得之賊帝堯，白丁作天子。禹本刑人後，以功繼其嗣。得之賊帝舜，用以平降水。自禹及文武，天機悎〔三〕然弛。姬公樹其綱，賊之爲聖智。聲詩川競大，禮樂山争峙。爰從幽厲餘，宸極若孩稚。九伯真犬彘，諸侯實虎兕。五星合其耀，白日下闕里。由是生聖人，於焉當亂紀。黄帝之五賊，拾之若青紫。高揮《春秋》筆，不可刊一字。賊子虐甚斯，姦臣痛於箠〔四〕。至今千餘年，蚩蚩受其賜。時代更復改，刑政崩且陊。余將賊其道，所動多訕毁。叔孫與臧倉，賢聖多如此。如何黄帝機，吾得多坎躓〔五〕。

陰符經

似孫曰：軒轅氏鑿天之奥，洩神之謀，著書曰《陰符》，雖與八卦相表裏，而其辭其旨涉乎幾、入乎深，唯深也故能通天下之志，唯幾也故能通天下之賾，唯神也故不疾而速、不行而至。軒轅氏皆有得於此者。堯、舜、禹以来，皆精一危微，行所無事之時。陰符之學，無所著見，豈非行之於心，仁於天下者乎？湯武有《誓》，《韜》《匱》有兵，八陣有圖，遂皆用此以神其武，而況有《風后握奇》一書，又爲之經緯乎？此黄帝心法，而後世以爲兵法者，是以此書見之兵家者流，殆未曾讀陰符矣。嗚呼！若符之學一乎兵，則黄帝之所以神其兵者，豈必皆出於此哉？古之聰明睿知，神武而不殺，故通其變，使民不倦，神而化之，使民宜之。此爲《陰符》之機矣。其曰：『天有五賊，見之者昌。』此又出於羲畫之表。人固有五賊，特莫之見耳。若能見之，何止乎昌耶？夫子曰：『老而不死之謂賊。』此之謂也。皮日休之言奇矣！皮日休和陸龜蒙《讀陰符詩》有曰『三百八十言』，出自伊耆氏，皮氏所見，亦今本耳。

風后握奇經

馬隆本作『握機』。叙云：風后，軒轅臣也。幄者，帳也，大將所居，言其事不可妄示人，故云『握機』。又稱諸子總有三本，其一本三百六十字，一本三百八十字，蓋吕尚增字以發明之。其一行簡有公孫弘等語，或云武帝令霍光等習之於平樂館，以輔少主備天下之不虞。今本衍四字。

八陣，四爲正，四爲奇。舊注：奇讀如字。後人説天、地、風、雲爲四正，龍、虎、鳥、蛇爲四奇。公孫弘曰：世有八卦陣法，其既不用奇正，似非風后所傳，未可參用。餘奇爲握奇。舊注：奇讀如奇耦之奇。解云：説奇止者多矣，而握奇云者，四爲正，四爲奇，餘奇爲握奇，陣數有九，中心奇零者，大將握之以應赴八陣之急處。或總稱之。先出遊軍定兩端，天有衝圓，地有軸，前後有衝。一作『有風雲』。風附於天，雲附於地，衝有重列，各四隊，前後之衝各三隊。風居四維，故以圓軸單列，各三隊，前後之衝各三隊。風居四角，故以方天居兩端，地居中間。總爲八陣。陣訖，遊軍從後躡敵，或驚其左，或驚其右，『驚』一作『警』。聽音望麾，以出四奇。

天地之前衝爲虎翼，風爲蛇蟠，圍繞之義也。虎居於中，張翼以進；蛇居兩端，向敵而蟠以應之。天地之後衝爲飛龍，雲爲鳥翔，突擊之義也。龍居其中，張翼以進；鳥掖兩端，向敵而翔以應之。虛實二壘，一作『三軍』。皆逐天文氣候，向背山川利害，隨時而行，以正合，以奇勝。天地以下，八重以列。或曰：握機望敵，即引其後以掎角前列不動，而前列先進以次之。公孫弘曰：傳項氏陣法依此。今按『而前列』等八字，舊文在『依此』注下，誤也，故遷次以成文。或合而爲一，因離而爲八，各隨師之多少，觸類而長。

天或圓而不動，一作『天或圓而不布』。前爲左，後爲右，天地四望之屬是也。一本下有『風象』二字。天居兩端，其次風，其次雲，一作『其次天衝，其次地衝，其次風衝，其次雲衝』。左右相向是也。地方布風雲，各在後衝之前，天居兩端，其次地居中間。一作『其次地，其次天中間』。兩地爲比是也。公孫弘曰：比〔六〕爲地，爲從，天陣變爲地陣，或即張弁〔七〕布摯，破敵功〔八〕圍，不定其形，故爲動也。一本自『公孫弘曰動靜二義』皆雜出經文中。縱布天一，一作『兩天』；一無『兩』字，而『縱』字上有『雲象龍』一句；一作『龍者象龍』。天二次之。『天二』一作『兩天』。縱布地四，次於天後。一作『縱布四地，四地次之』；一無下『四地』字。縱布四風，挾天地之左右。一無『地』字。天地前衝居其右，後衝居其左。

一無二句；一無『天地』字；一無『居其右後衝』五字。雲居兩端，虚實二壘，則此是也。一本下有『此爲動也』四字；一無『虚實』已下。公孫弘曰：人多傳韓信注釋『天或圓布』已下，與此微有差異。而范蠡、樂毅之説相雜，今亦錯綜於其中，其部隊或三五，或三十，或五十，變通之理，寄之明哲，不復備載。近古以来，其文不滿尺，多憑口訣以相傳授，予今於難解之處，增字發明之耳。一本其部隊下上五十，云陣圖如此，變通由人，以爲經文誤也。按公孫氏稱與其異者，『天或員布，次遊軍定兩端』下以爲正經，而以『天有衝止，觸類而長』列于續圖『雲爲翔鳥』之下，今馬本尚如此。

握奇經續圖

角音二：

初警衆　末收衆

革音五：

一持兵　二結陣　三行　四趨走　五急鬭

金音五：

一緩鬭　二止鬭　三退　四背　五急背背，一本作『[illegible]』。

麾法五：

一玄　二黄　三白　四青一作『赤』。　五赤一作『青』。

旗法八：

一天玄　二地黄　三風赤　四雲白　五天前上玄下赤　六天後上玄下白　七地前上玄下青一作赤。　八地後上黄下赤一作青。

陣勢八：

天　地　風　雲　飛龍　翔鳥　虎翼　蛇蟠

二革二金爲天　三革三金爲地

二革三金爲風　三革二金爲雲

四革三金爲龍　三革四金爲虎

四革五金爲鳥　五革四金爲蛇舊注：此八陣名用金鼓之制。

其金革之間加一角音者，在天爲兼風，在地爲兼雲，在龍爲兼鳥，在虎爲兼蛇；加二角音者，全師進東；加三角音者，全師進南；一作「西」。加四角音者，全師進西；一作「南」。加五角音者，全師進北；鞉音不止者，行伍不整；金革既息，而角音不止者，師並旋。

三十二隊天衝　十六隊風

八隊天前衝　十二隊地前衝

十二隊地軸合作二十四隊。　八隊天後衝

十二軸地後衝　十六隊雲

以天地前衝爲虎翼，天地後衝爲飛龍，風爲蛇蟠，雲爲翔鳥。

馬隆總述：

治兵以信，求勝以奇。信不可易，戰無常規。可握則握，可施則施。千變萬化，敵莫能知。

匹陳讚：

動則爲奇，静則爲陳。陳者陳列，戰則不盡。分苦均勞，佚輪轍定〔九〕。有兵前守，後隊勿進。

天陳讚：

天陳十六，内方外圓。四面風衝，其形象天。爲陳之主，爲兵之先。潛用三軍，其形不偏。

地陳讚：

地陳十二，其形正方。雲生四角，衝軸相當。其體莫測，動用無疆。獨立不可，配之於陽。

風陳讚：

風無正形，附之於天。變而爲蛇，其意漸玄。風能鼓動，萬物驚焉。蛇能圍繞，三軍懼焉。

雲陳讚：自太公、范蠡以来，風雲無正形，所以附天地〔一〇〕。

雲附於地，則知無形。變爲翔鳥，其狀乃成。鳥能突擊，雲能晦冥。千變萬化，金革之聲。

飛龍：

天地後衝，龍變其中。有手有足，有背有胸。潛則不測，動則無窮。陳形亦然，象名其龍。

翔鳥：

鷙鳥擊搏，必先翺翔。勢凌霄漢，飛禽伏藏。審而下之，下必有傷。一夫突擊，三軍莫當。

蛇蟠：

風爲蛇蟠，蛇吞天真。勢欲圍繞，性能屈伸。四季之中，與虎爲隣。後變常山，首尾相因。

虎翼：

天地前衝，變爲虎翼。伏虎將搏，盛其威力。淮陰用之，變化無極。垓下之會，魯公莫測。

奇兵讚：

古之奇兵，兵在陳内。今人奇兵，兵在陳外。兵體無形，形露必潰。審而爲之，百戰不昧。

合而爲一，離而爲八：

合而爲一，平川如城。散而爲八，逐地之形。混混沌沌，如環無窮。紛紛紜紜，莫知所終。合則天居兩端，地居其中；散則一陰一陽，兩兩相衝。勿爲事先，動而輒從。

遊軍：

遊軍之形，乍動乍静。避實擊虚，視羸撓盛。結陳趨地，斷繞四徑。後賢審之，勢無常定。

金革：

金有五，革有五。退則聽金，進則聽鼓。鼓以增氣，金以抑怒。握其機關，戰不失度。

鞞鼓：

紅塵戰深，白刃相臨。勝負未決，人懷懼心。乍犇乍背，或縱或擒。行伍交錯，整在鞞音。

麾角：

麾法有五，光目條流。角音有五，初驚末收。麾者指揮，角者驚覺。臨機變化，慎勿交錯。

「光目」一作「光白」。

兵體：

上兵伐謀，其下用師。棄本逐末，聖人不爲。利物禁暴，隨時禁衰。蓋不得已，聖人用之。英雄爲將，夕惕乾乾。舊闕四字。其形不偏，樂與身後。勞與身先，小人偏勝。君子兩全，爭者逆德。不有破軍，必有亡國。握機爲陳，動則爲賊。後賢審之，勿以爲惑。夫樂殺人者，不得志於天下。聖人之言，以戒来者。一作「天下」。

似孫曰：《風后握奇經》三百八十四字，其妙本乎奇正相生，變化不測，蓋潛乎伏羲氏之畫，所謂天、地、風、雲、龍、鳥、蛇、虎，則其爲八卦之象明矣。蓋注「奇」讀如奇耦之奇，則尤可與《易》準。諸儒多稱諸葛武侯八陣、唐李衛公六花，皆出乎此。唐裴緒之論，又以爲六十四陣之變。其出也無窮若此，則所謂八陣者，特八卦之統爾。焦氏易學，卦變至乎四千九十有六，奇正相錯，變化無窮，是可以名數該之乎！然觀太公武韜，且言牧野之師有天陣，有地陣，此固出於《握奇》；而又有人陣焉，此又出於天地陣之外者，非八陣、六花所能盡也。獨孤及作《風后八陣圖記》，有曰：「黄帝順煞氣以作兵法，文昌以命將，風后握機制勝，作爲陣圖。故八其陣，所以定位。衡抗於外，軸布於内，風雲負其四維，所以備物也。虎張翼以進，蛇向敵而蟠，飛龍、翔鳥，上下其勢，所以致用也。至若疑兵以固其餘地，遊軍以案其後列，門具將發，然後合戰。弛張則二廣迭舉，掎角則四奇皆出。圖成鐏俎，帝用經略。北逐獯鬻，南平蚩尤。遺風冥冥，神機未昧。項籍得之霸西楚，黥布得之奄九江，孝武得之攘匈奴。唐天寶中，客有得其遺制於《黄帝》書之外篇，裂素而圖之。』按魚復之圖，全本於《握機》，賾其妙，窮其神者，武侯而已；獨孤乃以爲項、黥、武帝得之，未之思歟？

武侯八陣圖附

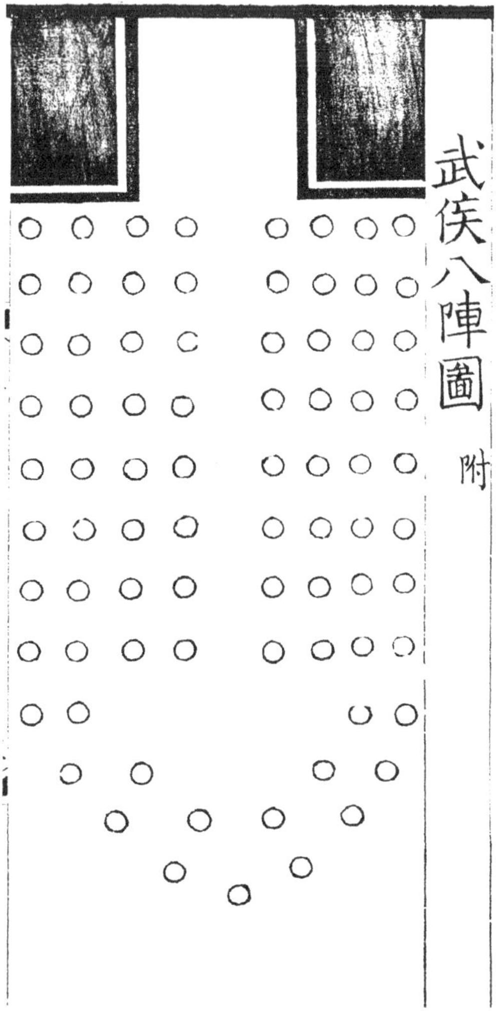

武侯八陣圖　附

似孫曰：蜀漢丞相武鄉侯諸葛亮八陣圖，其一圖在沔陽高平故壘，酈道元《水經》以爲傾而難識矣。其一圖在新都八陣鄉，峙土爲魁，植以江石，四門二首，六十四魁，八八成行，兩陣並峙，周凡四百七十二步，魁百有三十。其一圖在魚復者，隨江布勢，填石爲規，前障壁門，後倚卻月，縱八橫八，魁容二丈，内面偃月，九六鱗差。江自岷来，奔怒湍激，驚雷迅馬，不足以敵其雄也；徙華變滄，不足窮其力也。磊磊斯石，載轟載椿，知幾何年，曾不一仄，是非天所愛、神所傚者歟？昔者風后以陣法佐黄帝，戮蚩尤，若變與神，蓋出於《握奇經》者也。所謂『經』者，本乎先天，賾乎八卦，錯以九疇。非武侯窺其幾，洩其用，四頭八尾，脉絡相〔二〕聯，因隊相容，随形可首，雖曰奇正迭變，未有不出於正者。故曰『黄帝之師百戰百勝』者，此其得之。桓温固嘗驚嘆以爲『常山蛇』，杜甫又切感嗟，稱其『石不轉』，武侯之心，則二子所未深知也。惟王通氏以爲『亮而無死，禮樂可興』，吁，知武侯者通乎！昔者先王處民以井，寄兵於民，熟之以禮容，用之以節制，是誠不陣而可以服人兵者。使武侯昌諸用，勒諸功，《甘誓》《牧誓》可也。天不壽漢，圖石如泣，悲夫！武侯又有《將苑》一卷、《十六策》一卷。

鬻子

魏相奏記載霍光曰：『文王見鬻子，年九十餘，文王曰：「噫，老矣！」鬻子曰：「君若使臣捕虎逐麛，臣已老矣；若使坐策國事，臣年尚少。」文王善之，遂以爲師。』今觀其書，則曰：『發政施仁謂之道，上下相親謂之和，不求而得謂之信，除天下之害謂之仁。』其所以啓文王者決矣。其與太公之遇文王有相合者。太公之言曰：『君有六守，仁、義、忠、信、勇、謀。』又曰：『鷙鳥將擊，卑飛翩翼；武〔一二〕狼將擊，弭耳俯伏；聖人將動，必有愚色。』尤決於啓文王者矣。非二公之言，殊相經緯。然其書辭意大略淆雜，若《大誥》《洛誥》之所以爲書者，是亦漢儒之所綴輯者乎？太公又曰：『天下非一人之天下，天下之天下也。』奇矣！《藝文志》叙：『鬻子名熊，著書二十二篇。』今一卷，六篇。唐貞元間，柳伯存嘗言：『子書起於鬻熊。』此語亦佳，因録之。永徽中，逢行珪爲之序曰：『《漢志》所載六篇，此本凡十四篇，予家所傳乃篇十有二。』

太公金匱六韜

《詩》曰：『維師尚父，時維鷹揚。諒彼武王，肆伐大商，會朝清明。』鄭康成稱其天期已至，兵甲之彊，師率之武，故今伐商，合兵以清明也。《牧誓》曰：『時甲子昧爽，武王朝至於商郊牧野。』與詩合也。武王之問太公曰：『何以知人心？』王時寢疾，太公負而起之，曰：『行迫矣，勉之！』武王乃駕鶩冥之車，周旦爲之御，至於孟津。太黄參連弩，大才扶骨車，戰具。飛鳧、赤莖，白羽，以銅爲首。電影，青莖，赤羽，以銅爲首，副也。晝則爲光，夜則爲星。方頭鐵鎚，重六斤，一名鐵鉞。行馬，廣二丈，二十具。渡溝飛橋，廣五丈，轉開鹿盧。鷹爪方凶鐵把，柄長七尺。天陣，日月斗杓，杓一左一右，一仰一背，此爲天陣。地陣，丘陵水泉，有左右前後之利。人陣，車馬文武。積楹臨衡，攻具。

雲梯飛樓，視城中也。武衡大櫓，三軍所須。雲火萬炬，火具。吹鳴箛。審此，則康成所曰『兵甲之疆，師率之武』爲可考歟？亦《詩》所謂『檀車煌煌，駟騵彭彭』者也。又考諸武王曰：『殷可伐乎？』太公曰：『天與不取，反受其咎。』武王又曰：『諸侯已至，士民何如？』太公曰：『大道無親，何急於元士？』武王又曰：『民吏未安，賢者未親，何如？』太公曰：『無故無新，如天如地。』其言若有合於《書》者。《詩》之上章曰：『保右命爾，爕伐大商。上帝臨汝，無貳爾心。』此之謂歟。

孔叢子

《漢藝文志》無《孔叢子》，而《孔甲盤盂》二十六篇出於雜家，而又益以《連叢》，其《獨治篇》稱孔鮒一名甲，世因曰『孔叢子盤盂』者，其事雜也。《漢書注》又以孔甲爲黄帝之史，或夏帝時人，篇第又不同。若非今孔叢子也。《記問》篇載子思與孔子問答，如此，則孔子時子思其已長矣，然《孔子家語》後叙及《孔子世家》皆言子思年止六十二，孟子以子思在魯穆公時，固常師之，是爲的然矣。按孔子没於哀公十六年，後十六年哀公卒，又悼公立三十七年，元公立二十一年，穆公既立，距孔子之没七十年矣。當是時子思猶未生，則問答之事安得有之耶？此又出於後人綴集之言，何其無所據若此。好古之癖，每有悦乎異帙奇篇，及觀其辭，考其事，則往往差謬而同異。嗚呼！夫子没而微言絶，異端起而大義乖，皆苟簡於一時，而增疑於来世也〔一三〕。故爲學者，舍六經何師焉？

曾　子

《曾子》者，曾參與其弟子公明儀、樂正子春、單居離、曾元、曾華之徒，講論孝行之道，天地事物之原，凡十篇。自修身至於天圓，已見於《大戴禮》，篇爲四十九、爲五十八；它又雜見於《小戴禮》，略無少異。是固後人掇拾以爲之者歟？劉中壘父子奏漢《七略》已不能致辨於斯，況他人乎？然董仲舒《對策》已引其言，有曰『尊其所問則高明，行其所知則光大』，則書固在董氏之先乎？又其言曰：『君子愛日，及時而成，難者不避，易者不從。旦〔一四〕就業，夕自省，可謂守業。年三十、四十無藝，則無藝矣；五十不以善聞，則無聞矣。』質諸『吾日三省吾身』〔一五〕，何其辭費耶？予讀先太史《史記注·七十二弟子傳》，參字子輿，晋灼讀音如宋昌驂乘之參，因併及之。

魯仲連子

仲連生戰國間，可謂大不幸者矣。有其材，即無其時；有其時，無其事業。此志士之所共嗟也。若其辭氣雋放，倜儻磊落，琅琅乎誓誥之風。遺燕將一書，有曰『智者不背時而棄利，勇士不怯死以滅名，忠臣不先身而後君』，辭旨激亮，隱然出乎戰國之表，其義高矣。《史記》傳仲連，言其莫肯干仕。嗚呼！當是時，士掉三寸舌，得意天下，一言捭闔，取富貴如拾芥，往往挾詐尚謀，揉轥於名利之場，如恐不及。仲連智謀辯勇，非儀、秦、髡、衍輩可伍。因事抗議，切中事機，排難解紛，迎刃而破，心畏爵賞，如逝鴻避弋，連之意，沉冥斯世久矣。使連可縻，不過相齊耳；天下諸侯，方仄足惴惴，將一於秦，亦豈一齊所可亡秦者？逃歸海上，瞭焉蓍龜，兹其所以大過人歟？戰國以来，一人而已。

晏子春秋

孔子删《詩》而《魯頌》居周、商之中，孔子定《書》而《費誓》《秦誓》在周書之後，下僭上，臣逼君，禮義銷微，制度掃地，聖人無所施其正救，而猶惓惓於《詩》《書》。至於世日益亂，分日益陵，三綱五常，斵喪乖紊，天地之變，有不可勝言者，而《春秋》作矣。《春秋》所書，莫大於齊、晉之霸，齊、晉之霸，莫雄於管仲之謀，周室法度，爲之蕩然。其爲術至慘也，至無道也，其遺患天下後世者，仲也。三歸、反坫，仲於禮也何有！以此謀國，國安得正？而况背義違禮，桓公唯甚，君臣之際，不亦陋乎！不特是也，自太公疆於齊，至於宣公，蓋二十三傳矣，而弑死十有一。嗚呼，何其甚亂也！獻公殺其兄，襄公淫其妹，懿公、宣公，皆以淫惡而見弑。當是時，禮亡義隳，豈復知有君臣上下之分哉！在景公時，齊之爲齊，趨於弱、入於危矣。公燕羣臣，請無爲禮，是何其言之謬、法之蕩也？晏子蹴然進曰：『君言過矣！羣臣固欲君之棄禮也，力强〔一六〕足以勝其長，勇多足以殺其君，而禮不使也。』戰國之污，有臣如此，亦庶幾焉。然而田氏之宗，世世齊政，賣恩斂惠，以懷其民，民亦忘齊而歸田氏。禮之素蕩，義之素隳，魚爛冰銷，有不可禦。誦晏子之語，究晏子之心，豈不哀哉？孟子曰：『一齊人傅之，衆楚人咻之。』〔一七〕

校勘記

〔一〕『一』，百川本、宋刻本同，學津本作『七』。
〔二〕『似』，百川本、宋刻本同，學津本、皮陸唱和之《松陵集》作『自』。
〔三〕『愘』，百川本、宋刻本、《松陵集》同，學津本作『嗒』。
〔四〕『崖』，百川本、宋刻本同，學津本作『葦』，《松陵集》作『箠』。
〔五〕《松陵集》、四庫本此後尚有四句：『縱失生前禄，亦多身後利。我欲賊其名，垂之千萬祀。』
〔六〕『比』，宋刻本作『此』。
〔七〕『弁』，宋刻本作『形』，學津本作『弛』。按四庫本注『缺』。
〔八〕『功』，百川本、宋刻本同，學津本作『攻』。
〔九〕『定』，原缺，據學津本補。
〔一〇〕學津本『天地』後有『下』字。
〔一一〕『相』，百川本、宋刻本無，學津本以爲缺一字，四庫本作『相』，據補。

〔一二〕「武」，學津本作「虎」。

〔一三〕「也」，百川本、宋刻本作「一」，據學津本改。

〔一四〕「曰」，百川本、宋刻本作「且」，據學津本改。

〔一五〕「質諸吾日三省吾身」，百川本、學津本均作「質者吾自三省吾身」，據顧頡剛校本改。

〔一六〕「强」，宋刻本作「禮」。

〔一七〕四庫本此下尚有「此之謂也」四字。

子略卷二

老子

老子注

河上丈人戰國時人。

河上公漢文帝時人。

毌丘望之漢長陵三老。又《章句》二卷。

嚴遵漢處士。又《指歸》十一卷。

王弼又《老子指例略》二卷。

鍾會

羊祜又有《解釋》。

蜀才

孫登晋尚書郎。

王尚楚〔一〕晋江州刺史。

劉仲融

袁真晋中郎將。

張憑〔二〕

曹道冲

盧景裕

陶弘景

陳皐

鍾植

李允愿

陳嗣古

惠琳僧。

惠嚴僧。

義盈僧。

鳩摩羅什

程詔《集注》。

任真子《集注》。

張道相道士集三十家注。

梁曠又《道經經品》四卷。

偃松子

李納

李榮道士。

辟閭仁諝

傅奕

楊上善

吴善經又《小解》二卷。

李若愚

顧歡《義疏》一卷。又《義綱》一卷。

孟智周《義疏》五卷。

韋處元《義疏》四卷。

戴詵《義疏》九卷。

趙志堅《義疏》四卷。

王顧《義疏》四卷。

江徵《義疏》十四卷。

賈青夷《義疏》四卷。

梁武帝《講疏》四卷。又六卷。

何晏《講疏》四卷。又《道德問》二卷。

王肅《玄言[三]道德新記》二卷。

葛洪《序訣》二[四]卷。

成[五]玄英《義疏》七[六]卷。

韓莊《玄旨》二卷。

劉遺民《元譜》一卷。

扶少明道士，《道德經譜》二卷。

陸希聲《道德經傳》四卷。

杜光庭《廣聖義》三十卷。

賈大隱《老子述義》十卷。

元景先生《簡要義》五卷。

陸修静《道德經雜[七]説》一卷。

陳景先道士，《纂〔八〕微》二卷。

崔少元《老子心鑑》一卷。

賈善翊《傳》三卷。

何晏道德二論晏又有《講疏》四卷。

何平叔晏注老子始成，詣王輔嗣，見王注精奇，迺神伏，曰：『若斯人可與論天人之際矣。』因以所注爲《道德二論》。又晏注老子未畢，見弼，自説注老子旨，何意多所短，不復得作聲，但應喏喏，遂不復注，因作二論。《文章叙録》曰：『自儒者論以老子非聖人，絶禮棄學，晏説與聖人同，著論行於世。』《魏氏春秋》曰：『弼論道約美不如晏，自然出拔過之。』又曰：『晏少有異才，善談易老。』

裴徽論老子

王輔嗣弱冠詣裴徽，徽問曰：『夫無者，誠萬物之所資，聖人莫肯致言。而《老子》申之無已，何耶？』弼曰：『聖人體無，無又不可以訓，故言必及有，老莊未免於有，恒訓其所不足。』《永嘉流人名》曰：徽字文季，河東聞喜人，太常潛少弟也。仕至冀州刺史。《王弼別傳》曰：弼父爲尚書郎，裴徽爲吏部郎，徽見異之，故問。

老子總論〔九〕

卦始於犧，重於文王，成於孔子，天人之道極矣。究人事之始終，合天地之運動，吉凶悔吝，禍福興衰，與陰陽之妙，迭爲銷復，有無相乘，盈虚相盪，此天地之用、聖人之功也。《易》有憂患，此之云乎？《書》紀事，《詩》考俗，《春秋》以明道，《禮》《樂》以稽政，往往因其行事，書以記之者也。《易》之作，極聖人之藴奥，而天下無遺思矣。《老子》之學，於道深矣。反覆其辭，鈎研其旨，其造辭立用，特欲出於天地範圍之表，而道前古聖人之所未道者。然而不出於有無相乘、盈虚相盪之中，所謂道者，蓋犧皇之所鑿，周、孔之所貫，豈復有所增損哉！六經之學，立經垂訓，綱紀萬世。老氏用心，又將有得於六經之外，非不欲返世真淳，挈民清浄。然善用之者，蓋可爲黄、昊，爲唐、虞；其不善用之，則兩晋、齊、梁之弊，有不可勝言者。此非言者之過也。世之言老氏者，往往以爲其道出於『虚無恬漠非道之實』而病之，其又偏矣。太史公所謂尊孔氏者，則黜老子；尊老子者，則黜孔氏。柳宗元獨曰：『老子，孔子之異流也，不得以相抗。』何斯言之審且安也？揚雄氏《太玄》則曰：『孔子文足者也，老君玄足者也。』淵乎斯言。

莊　子

莊子注

向秀二十卷。

司馬彪十六卷。

郭象十卷。

李頤〔一〇〕晉，三十卷。

崔撰十卷。

楊上善十卷。

盧藏用十二卷。

文如海道士，十卷。

成玄英道士，三十卷。又《義疏》十二卷。

張昭十卷。

李頤《集解》二十卷。

王元古《集解》二十卷。

梁簡文帝《講疏》三十卷。

張機《講疏》二卷。

李叔之《義疏》三卷宋處士。

戴詵《義疏》八卷。

王穆《義疏》十卷。

周宏正《講疏》八卷。

陸德明《文義句》二十卷。

馬廓《古本正義》十卷。

梁曠《南華論》二〔三〕十五卷。

李充《論》二卷。

張隱居《指要》三十三篇。

張游朝《南華罔象説》十卷。

賈參寥《通真論》三卷，唐人。

碧虚子《南華總章》二卷，又《章句》七卷。

元載《南華通微》十卷。

向秀莊子解義

初注《莊子》者數十家，莫能究其旨要。向秀於舊注外爲《解義》，妙析奇致，大暢玄風。秀别傳曰：秀與嵇康、吕安爲友，趣舍不同。嵇康傲世不羈，安放逸邁俗，而秀雅好讀書，二子頗以此嗤之。後秀將注《莊子》，先以告康、安，康、安咸曰：『此書詎復須注？徒棄人作樂事耳。』及成，以示二子，康曰：『爾故復勝不？』安乃驚曰：『莊周不死矣！』後注《周易》，大義可觀，而與漢世諸儒互有彼此，未若隱莊之絶倫也。秀本傳或言秀遊託數賢，蕭屑卒歲，都無注述，唯好《莊子》，聊隱崔撰所注，以備遺忘云。《竹林七賢論》云：秀爲此義，讀之者無不超然，若已出塵埃而窺絶冥，始了視聽之表，有神德玄哲能遺天下、外萬物，雖復使動競之人顧觀所徇，皆悵[一二]然自有振拔之情矣。唯《秋水》《至樂》二篇未竟而秀卒。秀子幼，義遂零落，然猶有别本。郭象者，爲人薄行，有儁才，《文士傳》曰：象字子玄，河南人。少有才理，慕道好學，託[一三]志老莊，時人咸以爲王弼之亞。辟司空掾、太傅主簿。見秀義不傳於世，遂竊以爲己注，乃自注《秋水》《至樂》二篇，又易《馬蹄》一篇，其餘衆篇，或定點文字而已。《文士傳》曰：象作《莊子注》最有清辭道旨。後秀義别本出，故今有向、郭二《莊》，其義一也。

支道林莊子逍遥義

《莊子・逍遥》篇舊是難處，諸名賢所可鑽味，而不能拔理於郭、向之外。支道林在白馬寺中，將馮太常共語，《馮氏譜》曰：馮懷，字祖思，長樂人，歷太常、護軍將軍。因及《逍遥》。支卓然標新理於二家之表，立異義於衆賢之外，皆是諸名賢尋味之所不得，後遂用支理。向子期、郭子玄《逍遥義》曰：夫大鵬之上九萬尺，鷃之起榆枋，小大雖差，各任其性，苟當其分，逍遥一也。然物之芸芸，同資有待，得其所待，然後逍遥耳。唯聖人與物真而循大變，爲能無待而常通，豈獨自通而已。又從有待者，不失其所待，不失則同於大通矣。支氏《逍遥論》曰：夫逍遥者，明至人之心也。莊生建言大道，而寄指鵬鷃，鵬以營生之路曠，故失適於體外；鷃以在近而笑遠，有矜伐於心内。至人乘天正而高興，遊無窮於放浪，物物而不物於物，則遥然不我得；玄感不爲不疾而速，則逍然靡不適。此所以爲逍遥也。若夫有欲，當其所足，足於所足，快然有似天真。猶飢者一飽、渴者一盈，豈忘烝嘗於糗糧，絶觴爵於醪醴哉？苟非至足，豈所以逍遥乎？此向、郭之注所未盡。

晋人好言老莊

魏阮籍《達莊論》曰：天道貴順，地道貴静。聖人修之，以建其名。吉凶有分，是非有經。務利高勢，惡死重生。故天下安而大功成也。今莊子周乃齊禍福而一死生，以天地爲一物，以萬類爲一指，無乃繳惑以失〔一四〕真，而自以爲誠者也？

殷仲堪精覈玄論，人謂莫不研究。殷乃嘆曰：『使我解四本，談不翅爾。』周祗《隆安記》曰：仲堪好學而有理思也。

殷仲堪云：『三日不讀《道德經》，便覺舌本間强。』《晋安帝紀》曰：仲堪有思理，能清言。

庾子嵩讀《莊子》，開卷一尺許便放去，曰：『了不異人意。』《晋陽秋》曰：庾敳，字子嵩，潁川人，侍中峻第三子。恢閎有度量，自謂是老莊之徒，曰：『昔未讀此書，嘗謂至理如此。今見之，正與人意暗同。』仕至豫州刺史。

支道林、許、謝盛德共集王家，許詢、謝安、王濛〔一五〕。謝顧謂諸人：『今日可謂彦會，時既不可留，此集固亦難常，當共言詠，以寫其懷。』許便問主人有《莊子》不，正得《漁父》一篇。《莊子》曰：孔子遊乎緇帷之林，休坐乎杏壇之上。孔子絃歌鼓琴，奏曲未半，有漁者下船而來，須眉交白，被髮揄袂，行原以上，距陸而止，左手據膝，右手持頤以聽。曲終而招子貢、子路，語曰：『彼何爲者也？』曰：『孔氏。』曰：『孔子何治？』子貢曰：『服忠信，行仁義，飾禮樂，選人倫，孔氏之所治也。』曰：『有土之君歟？』〔一六〕曰：『非也。』漁人曰：『仁則仁矣，恐不免其身。』孔子聞而求問之，遂言八疵四病以誡孔子。謝看題便各使四坐，適〔一七〕支道林先通，作七百許語，叙致精麗，才藻奇拔，衆咸稱善。於是四坐各言懷畢，謝問曰：『卿等盡不？』皆曰：『今日之言，少不自竭。』謝後粗難，因自叙其意，作萬餘語，才峯秀逸，《文字志》曰：安神情秀悟，善談玄遠。既自難干，加意氣擬托，蕭然自得。四坐莫不厭心，支謂謝曰：『君一往奔詣，故復自佳耳。』

阮宣子有令聞，太尉王夷甫見而問曰：『老莊與聖教同異？』對曰：『將無同。』太尉善其言，辟之爲掾，世謂三語掾。《名士傳》曰：阮修字宣子，陳留人，好《老》《易》，能言理。

郭子玄有儁才，能言老莊。庾敳嘗稱之，每曰：『郭子玄何必減庾子嵩！』《名士傳》曰：郭象字子玄，自黄門郎爲太傅主簿，任事用勢，傾動一府。敳謂象曰：『卿自是當世大才，我疇昔之意都已盡矣。』其伏理推心皆此類也。

《道德》三千言，辭絜旨謐，澹然六經之外，其用則《易》也。莊周則不然，浚滌沈潛，若老於玄者，而泓峥蕭瑟，乃欲超遥於老氏之表。是以其説意空一〔一八〕塵，倜儻峻拔，無一毫蹈襲沿仍之陋。極天之荒，窮人之僞，放肆迤演，如長江長河，衮衮灌注，泛濫乎天下；又如萬籟怒號，澎湃洶湧，聲沉影滅，不可控摶。率以荒恠詭誕、狂肆虚眇、不近人情之説，瞽亂而自呼。至於法度森嚴，文辭雋健，自作瓌新，亦一代之奇才乎。戰國多奇士。荀卿之學，有志斯世者也；魯連之辯，獨善其身者也。寓言一書，非深乎道者，未易造此。顧獨以滑稽發之，士至於無所用其才，而猶區區於矯拂世俗之弊者，不亦恝恝乎？方是時，天下大壞，蕩不可支，攘奪争凌，斬然一律，其意思有以激之回之，矯之夷之，肆意無忌，以放乎辭。矯世之私，曾不一二，而亂天下之過，特不可免於中。若其言託孔子以自致其過者，二十有九章。又言堯、禹、文王、太公之事，皆非《詩》《書》所見，而竊快其無稽之論，狎聖侮道，兹爲已甚矣，學者知之乎。

列　子

劉向論《列子》書穆王湯問之事，迂誕恢詭，非君子之言。又觀穆王與化人游，若清都紫微，鈞天廣樂，帝之所居，夏革所言，四海之外，天地之表，無極無盡，傳記所書，固有是事也，人見其荒唐幻異，固以爲誕。然觀太史公史，殊不傳列子，如莊周所載許由、務光之事。漢去古未遠也，許由、務光往往可稽，遷猶疑之，所謂禦寇之説，獨見於寓言耳，遷於此詎得不致疑耶？《周》之末篇，叙墨翟、禽滑釐、慎到、田駢、關尹之徒，以及於周，而禦寇獨不在其列，豈禦寇者其亦所謂鴻蒙列缺者歟？然則是書與《莊子》合者十七章，其間尤有淺近迂僻者，特出於後人會稡而成之耳。至於西方之人有聖者焉，不言而自信，不化而自行，此固有及於佛，而世尤疑之。夫『天毒之國，紀於《山海》』；竺乾之師，聞於柱史』〔一九〕，此楊文公之文也。佛之爲教，已見於是，何待於此時乎？然其可疑可恠者不在此也。

文子

柳子厚以《文子》徐靈府注十二卷，李白進訓注十二卷。天寶中，以《文子》爲《通玄真經》。文〔二〇〕子爲老子弟子，其辭指皆本之《老子》，其傳曰：老子弟子，雖其辭指柳子厚以爲時有若可取，蓋駁書也。凡《孟子》數家，皆人剽竊，文詞乂牙〔二一〕相抵而不合，人其損益之歟，或聚斂以成其書歟？乃爲刊去謬亂，頗發其意。子厚所刊之書，世不可見矣。今觀其言，曰：『神者智之淵，神清則智明；智者心之府，智公則心平。』又曰：『上學以神聽之，中學以心聽之，下學以耳聽之。』又曰：『貴則觀其所愛，富則觀其所欲，貧則觀其所愛。』又曰：『人性欲平，嗜欲害之。』此亦《文子》之一臠也。

校勘記

〔一〕「王尚楚」，百川本、宋刻本作「汪尚」，據學津本及《通志·藝文略》改，詳見《子略目》《通志·藝文略》部分。

〔二〕「憑」，百川本、宋刻本作「馮」，學津本作「憑」。按《隋志》有張憑無張馮，據改。

〔三〕「玄言」，百川本、宋刻本作「妙言」，據學津本、兩《唐志》改。

〔四〕「二」，百川本作「一」，其位置偏下，似上半部分殘缺；據宋刻本、學津本改。

〔五〕「成玄英」，百川本、宋刻本作「李元英」，學津本作「成玄英」。按《隋志》、兩《唐志》、《宋史·藝文志》均不見「李元（玄）英」，《通志·藝文略》《宋志》有「成玄英《道德經開題序訣義疏》七卷」，據改。

〔六〕「七」，百川本作「十」，據宋刻本、學津本改。

〔七〕「雜」，百川本、宋刻本作「新」，據學津本、《通志·藝文略》《宋志》改。

〔八〕「纂」，百川本、宋刻本作「以」，據學津本、《通志·藝文略》《宋志》改。

〔九〕「總論」二字據四庫本加。下「莊子總論」同。

〔一〇〕「頤」，百川本、宋刻本作「賾」，據學津本、《通志·藝文略》《宋志》改。下「李頤」同。

〔一一〕「二」，顧頡剛校本作「三」。

〔一二〕「悵」，學津本作「怡」。

〔一三〕「託」，學津本作「篤」。

〔一四〕「失」，學津本作「矢」。

〔一五〕「濛」，學津本作「公」。

〔一六〕「土」，百川本、宋刻本作「上」，據學津本、《莊子》改。

〔一七〕「適」，百川本作「通」，據學津本改。

〔一八〕「一」，諸本同，四庫本作「世」。

〔一九〕「聞」，百川本、宋刻本作「問」，據學津本、楊億《武夷新集》改。

〔二〇〕百川本、宋刻本無「文」字，據學津本增。

〔二一〕「义牙」，學津本作「又互」。按《柳河東集》作「义牙」。

子略卷三

戰國策

班固稱太史公取《戰國策》《楚漢春秋》《陸賈新語》作《史記》，三書者，一經太史公采擇，後之人遂以爲天下奇書。予惑焉，每讀此書，見其叢脞少倫，同異錯出，事或著於秦、齊，又復見於楚、趙，言辭謀議，如出一人之口。雖劉向校定，卒不可正其淆駁，會其統歸。故是書之汨，有不可而辨者，况於《楚漢春秋》《陸賈新語》乎？二書紀載，殊無奇耳，然則太史公獨何有取於此？大載戰國楚漢之事，舍三書，他無可考者，太史公所以加之采擇者，在此乎？柳子厚嘗謂：『左氏《國語》，其閎深傑異，固世之耽嗜而不已也，而其説多誣淫，不槩於聖。余懼世之學者，惑其文采而淪於〔一〕是非，作《非國語》。』昔讀是書，殊以子厚言之或過矣；反覆《戰國策》，而後三嘆，《非國語》之作，其用意切、用功深也。予遂效此，盡取《戰國策》與《史記》同異，又與《説苑》《新序》雜見者，各彙正之，名曰《戰國策考》。

管子

尹知章注，三十卷。杜佑《管氏指略》二卷。

古者盛衰之變，甚可畏也。先王之制，其盛極於周，后稷、公劉、太王、王季、文、武、成康、周公之所以制周者，非一人之力、一日之勤，經營之難，積累之素，况又有出於唐虞、夏商之舊者。及其衰也，一夫之謀、一時之利，足以銷靡破鑿，變徙剗蝕，而迄無餘脉。吁，一何易耶？九合之力、一霸之圖，於齊何有也？使天下一於兵而忘其爲農，天下一於利而忘其爲義。孰非利也？而乃攻之以貪，騁之以詐；孰非兵也？而乃趨之以便，行之以險〔二〕，一切先王之所以經制天下者，煙散風靡，無一可傳。嗚呼！仲其不仁也〔三〕哉？而况井田既壞，槩量既立，而商鞅之毒益滋矣；封建既隳，詩書既燎，而李斯之禍益慘矣，繄誰之咎耶？漢唐之君，貪功苟利，兵窮而用之無法，民削而誅之無度，又有出於管仲、鞅、斯之所不爲者。豈無一士之智、一議之精，區區有心於復古者？而卒不復可行，蓋三代之法其壞而掃地久矣。壞三代之法，其一出於管仲乎？劉邵之志人物也，曰管仲、曰商鞅，皆以隷之法家。李德裕以邵之索隱精微，研幾玄妙，實天下奇才，至以管仲與商鞅俱，人物之品，往往不倫；德裕顧未嘗熟讀其書耳。邵所謂皆出於法者，其至論歟？孔子曰：『齊一變，至於魯；魯一變，至於道。』使齊盡變其功利之習，僅庶幾於魯耳，然則安得而變哉？聖人非有志於變齊也，古之不可復也，爲可嘆耳。

尹文子

班固《藝文志》名家者流，録《尹文子》。其書言大道，又言名分，又言仁義禮樂，又言法術權勢，大略則學老氏，而雜申韓也。其曰：『民不畏死，由過於刑罰者也。刑罰中則民畏死，畏死則知生之可樂，知生之可樂故可以死懼之。』此有希於老氏者也。又有不變之法、齊等之法、理衆之法、平準之法，此有合於申韓。然則其學雜矣，其學淆矣，非統乎道者也。仲長統爲之序，以子學於公孫龍。按龍客於平原君，趙惠文王時人也，齊宣王死下距趙王之立四十餘年〔四〕矣，則子之先於公孫龍爲甚明，非學乎此者也。晁氏嘗稱其宗六藝、數稱仲尼，熟考其書，未見所以稱仲尼、宗六藝者，僅稱誅少正卯一事耳。嗚呼！士之生於春秋戰國之間，其所以熏烝染習、變幻捭闔，求騁於一時而圖其所大欲者，往往一律而同歸，其能屹立中流，一掃羣異，學必孔氏、言必六經者，孟子一人而已。

韓非子

士生戰國，才不一伸，抱智懷謀，其求售殊切切，亦可憐也。商鞅以法治秦，李斯又以法治秦，秦之立國，一出於刑罰法律。而士以求合者，非此不可。始皇一見韓非之書，喟然嘆曰：『寡人得見斯人，與之游，死不恨矣。』始皇所以惓惓於非者，必有所契者〔五〕。今讀其書，往往尚法以神其用，薄仁義，厲刑名，背《詩》《書》，課名實，心術辭旨皆商鞅、李斯治秦之法，而非又欲凌跨之。此始皇之所投合而李斯之所忌者，非迄坐是爲斯所殺，而秦即以亡，固不待始皇之用其言也。《説難》一篇，殊爲切於事情者，惟其切之於求售，是以先爲之説而後説於人，亦庶幾萬一焉耳。太史公以其説之難也，固嘗悲之。太史公之所以悲之者，抑亦有所感慨焉而後發歟？嗚呼！士生不遇，視時以趨，使其盡遇，固無足道；而況《説難》《孤憤》之作，有如非之不遇者乎？揚雄氏曰：『秦之士賤而拘。』信哉！

墨　子

《韓非子》謂墨子死，有相里氏之墨、相芬氏之墨、鄧陵氏之墨。孔、墨之後，儒分爲八，墨離爲三，其爲説異矣。《墨子》稱堯曰『采椽不斲，茅茨不剪』，稱周曰『嚴父配天，宗祀文王』，又引『若保赤子』『發罪惟均』，出於《康誥》《泰誓》篇，固若依於經、據於禮者。孟子方排之，不遺餘力。蓋聞之夫子曰：『惡似而非者。惡莠，恐其亂苗也；惡鄭聲，恐其亂雅也；惡紫，恐其亂朱也；惡鄉原，恐其亂德也。』墨之爲書，一切如莊周，如申商，如韓非、惠施之徒，雖不闢可也；唯其言近乎譎，行近乎誣，使天下後世人盡信其説，其害有不可勝言者，是不可不加闢也。嗚呼！孟子之學，一於羽翼羣經，推尊聖人者歟？異時有纏子者，修墨子之業，唯曰『勸善兼愛』，墨子重之。嗚呼！學墨子者豈學此乎？

鄧析子

劉向曰：『非子産殺鄧析，推《春秋》驗之。』按《左氏》魯定公八年，鄭駟歂嗣子太叔爲政，明年殺鄧析而用其竹刑，君子謂駟歂於是爲不忠〔六〕。考其行事，固莫能詳。觀其立言，其曰『天於人無厚，君於民無厚』，又曰『勢者君之輿，威者君之策』，其意義蓋有出於申、韓之學者矣。班固《藝文志》乃列之名家，《列子》固嘗言其操兩可〔七〕之説，設無窮之辭，數難子産之治，而子産誅之。蓋則與《左氏》異矣。《荀子》又言『其不法先王，不是禮義，察而不惠，辯而無用』，則亦流於申、韓矣。夫《傳》者乃曰歂殺鄧析，是爲不忠，鄭以衰弱。夫鄭之所以爲國者，有若禆諶草創之、世叔討論之、東里子産潤色之，庶幾於古矣。子産之告太叔曰：『有德者能以寬服人，其次莫如猛。』子産，惠人也，固已不純乎德，他何足論哉，不止竹刑之施而民懼且駭也。嗚呼！春秋以来，列國棊錯，不以利勝，則以威行，與其民蹂躪於争抗侵凌之域，豈復知所謂仁漸義摩者？其民苦矣。固有惠而不知爲政者，豈不賢於以薄爲度、以威爲神乎？析之見殺，雖歂之過，亦鄭之福也。

亢桑子

孔子曰：『上有好者，下有甚焉。』《亢桑子》之謂歟？開元、天寶間，天子方鄉道家者流之説，尊老氏，表莊、列，皇皇乎清虚冲澹之風矣。又以《亢桑子》號《洞靈真經》，上既不知其人之僊否，又不識其書之可經，一旦表而出之，固未始有此書也。襄陽處士王褒来獻其書，書，褒所作也。按《漢略》《隋志》皆無此書，褒之作也，亦思所以趨世，好迎上意耶？今讀此編，往往采諸《列子》《文子》，又采諸《吕氏春秋》《新序》《説苑》，又時采諸《戴氏禮》，源流不一，往往論殊而辭異，可謂雜而不純、濫而不實者矣。太史公作《莊周列傳》，固嘗言其語空而無實，而柳宗元又以爲空言之尤，皆足知其人、决其書。然柳氏所見，必是王褒所作者。

鶡冠子

春秋戰國間，人才之偉且多，有不可勝數者〔八〕。不得其時，不得其位，不得其志，退而藏之山谷林莽之間，無所泄其謀慮智勇，大抵見之論著。然其經營馳騁天下之志，未始一日忘，而其志亦可窺見其萬一者矣。是以功名之念有以怵其心，利害之機有以蕩其慮，而特立獨行之操，不足以盡洗見聞之陋也。是其爲書不出於黄老，則雜於刑名，是蓋非一《鶡冠子》而已也。柳子厚讀賈誼《鵩賦》，嘉其詞，而學者以爲盡出《鶡冠子》。得其書讀之，殊爲鄙淺，唯誼所引用者爲甚美，餘無可言者。《列仙傳》曰：『鶡冠子，楚人，隱居，衣弊履穿，以鶡爲冠，莫測其名。著書言道家事。』則蓋出於黄老矣。其書有曰：『小人事其君，務蔽其明，塞其聰，乘其威，以灼熱天下。天高而難追，有福不可請，有禍不可違。』其言如此。是蓋未能忘情於斯世者。至曰：『鳳鳥陽之精，麒麟陰之精，萬民者德之精。』嗚呼，亦神矣。

孫子

昭文章，明貴賤，辨等列，順少長，魯兵也。不重傷，不禽二毛，不以阻隘，明恥教戰，宋兵也。少長有禮，八節和睦，晋兵也。制國作政，以寄軍令，齊兵也。僕三千人，有紀有綱，秦兵也。伐晋之舉，喪乃止焉，楚兵也。周衰，制隳法蕩，政不克綱，强弱相〔九〕凌，一趨於武，侈兵圖霸，干戈相尋，甚可畏也。其間謀帥行師，命意立制，猶知篤禮信、尚訓齊，庶幾三代仁義之萬一焉耳，殊未至於毒也。兵流於毒，始於孫武乎。武稱雄於言兵，往往舍正而鑿奇，背義而依詐，凡其言議反覆，奇變無常，智術相高，氣驅力奮，故《詩》《書》所述，《韜》《匱》所傳，至此皆索然無餘澤矣。先儒曰：『無以學術殺天下後世。』是猶言學者也。吴越交兵，勝負未决，武居其間，豈無所以爲强吴勝越者？二十年間，闔廬既以戰死，夫差旋喪其國，方是時，武之術不行於他國，特見信於吴，而武之言兵，亦知爲吴計而已。成敗興亡，易如反掌，固毋待於殺天下後世。兵其可以智用歟？

吴子

自有春秋而天下日窮於兵，孫武以言兵進於吴，吴起以言兵售於魏，各以書名家。然讀《吴子》，其説蓋與孫武截然其不相侔也。起之書幾乎正；武之書一乎奇。起〔一〇〕之書尚禮義、明教訓，或有得於司馬法者；武則一切戰國馳騁戰争、奪謀逞詐之術耳。武侯浮西河，下中流，喟然嘆曰：『美哉山河之固！魏之寶也。』起言之曰：『在德不在險，德之不修，舟中之人盡敵國也。』斯言之善，質於經，求之古，奚慚焉？反覆此編，則所教在禮，所貴在禮。夫以湯武仁義律之，起誠有間；求之於齊魯晉衛秦楚之論兵者，起庶幾乎！武侯賢矣，聽起者篤矣，君臣之遇，不爲不厚矣，讒間一生，棄如敝屣，勳名志業，迄不一就。士之思古，安得不嘆息於斯？若其當新難之國，輔未壯之君，馭不附之大臣，臨未信之百姓，而乃明法審令，廢疏遠之公族，捐不急之庶官，持意太過，操制太嚴，是所以速禍耳；起乃疏於此耶？

范子

范子之事，不亦奇乎？蠡相越王勾踐，深謀隱策者一十二年，迄亡吴〔一一〕，大雪越恥，勾踐霸，拜蠡上將軍，蠡即日上書勾踐，扁舟五湖，闃然〔一二〕無聲。又浮海入齊，變姓名鴟夷子皮，父子治貲數十萬。齊聞之，延爲相。有頃，上相印，盡〔一三〕散其所有，獨懷重寶行。次乎陶，天下稱陶朱公。嗚呼智哉！唐王績詩：『范蠡何智哉，單舟戒輕裝。』與吾言合節。蠡方居齊，以書儆大夫種曰：『鷙鳥盡，良弓藏。狡兔死，走狗烹。王長頸，可共患難，不可共樂，合亟圖之。』嗚呼！此非蠡之言，計然之言也。初，有計然者，遨遊海澤，自稱漁父，蠡有請曰：『先生有陰德，願令越社稷長保血食。』計然曰：『越王鳥喙，不可以同利。』蠡之智，其有決於此乎？此編卷十有二，往往極陰陽之變，窮曆數之微，其言之妙者，有曰『聖人之變，如水隨形』。蠢之所以俟時而動[一四]，見幾而作者[一五]，其亦有得乎此。計然，濮上人，姓章名文子，其先晋國公子也。

鬼谷子《隋志》有樂一注三卷[一六]，又有《鬼谷先生占氣》一卷。

戰國之事危矣！士有挾儁異豪偉之氣求騁乎用，其應對酬酢，變詐激昂，以自放於文章，見於頓挾險恠，離合揣摩者，其辭又極矣。《鬼谷子》書，其智謀、其數術、其變譎、其辭談，蓋出於戰國諸人之表。夫一闢一闔，《易》之神也；一翕一張，老氏之幾也。鬼谷之術，往往有得於闔闢、翕張之外，神而明之，益至於自放潰裂而不可禦。予嘗觀諸《陰符》矣，窮天之用，賊人之私，而陰謀詭祕，有《金匱》《韜略》之所不可該者。而鬼谷盡得而泄之，其亦一代之雄乎。按劉向、班固録書無《鬼谷子》，隋志始有之，列於縱横家，《唐志》以爲蘇秦之書。然蘇秦所記，以爲周時有豪士隱者，居鬼谷，自號『鬼谷先生』，無鄉里族姓名字。今考其言，有曰：『世無常責[一七]，事無常師。』又曰：『人動我靜，人言我聽。知性則寡累，知命則不憂。』凡此之類，其爲辭亦卓然矣。至若《盛神》《養志》諸篇，所謂『中稽道德之祖，散入神明之賾』者，不亦幾乎。郭璞《登樓賦》有曰：『揖首陽之二老，招鬼谷之隱士。』又《遊仙詩》曰：『青溪千餘仞，中有一道士。借問此何誰，云是鬼谷子。』可謂慨想其人矣。徐廣曰：『潁川陽城有鬼谷。』注其書者，樂臺、皇甫謐、陶弘景、尹知章。知章唐人。

校勘記

〔一〕「淪於」，百川本、宋刻本同，學津本作「不論其」。按《柳河東集》此句作「溺其文采而淪於是非」。

〔二〕百川本、宋刻本無「險」字，據學津本、四庫本補。

〔三〕「也」，學津本作「者」。

〔四〕百川本、宋刻本無「年」字，據學津本、四庫本補。

〔五〕「者」，學津本作「焉」。按此句四庫本作「其有所契乎」。

〔六〕「驅歘」，百川本、宋刻本誤作「歘嗣」。

〔七〕「可」，百川本、宋刻本作「奇」，學津本作「歧」。按《列子・力命》作「操兩可之説，設無窮之辭」，據改。

〔八〕百川本、宋刻本原無「數」字，據學津本補。按四庫本作「言」。

〔九〕「相」，宋刻本作「潰」。

〔一〇〕「起」，百川本、宋刻本原作「吴」，據學津本及上文改。

〔一一〕「亡吴」，學津本作「吴亡」。

〔一二〕宋刻本無「然」字。按，百川本「然無」二字用小字並排書寫，此亦百川本源自宋刻本之明證。

〔一三〕「盡」，百川本、宋刻本原作「書」，據學津本改。

〔一四〕「動」，百川本、宋刻本原作「功」，據學津本改。

〔一五〕百川本、宋刻本「見」字前有「以」字，蓋涉上文「所以」而衍。據學津本删。

〔一六〕「欒一注三卷」，百川本作「欒注三卷」，宋刻本作「欒注一卷」，學津本作「欒法三卷」。按《隋志》有「《鬼谷子》三卷，欒一注」，據改。疑條末注其書者「欒臺」或爲「欒壹」之訛。

〔一七〕「責」，四明叢書本作「貴」。

子略卷四

吕氏春秋

淮南王尚奇謀，募奇士，廬館一開，天下雋絶馳騁之流，無不雷奮雲集，蠭議横起，瓌詭作新，可謂一時傑出之作矣。及觀《吕氏春秋》，則淮南王書殆出於此者乎？不韋相秦，蓋始皇之政也。始皇不好士，不韋則徠英茂、聚畯豪，簪履充庭，至以千計。始皇甚惡書也，不韋乃極簡册、攻筆墨，采精録異，成一家言。吁，不韋何爲若此者也？不亦異乎？《春秋》之言曰：『十里之間，耳不能聞；帷墻之外，目不能見；三畝之間，心不能知。而欲東至開悟，南撫多鷃，西服壽靡，北懷靡耳，何以得哉。四極國名。』此所以譏始皇也，始皇顧不察哉？不韋以此書暴之咸陽門[一]，曰：『有能損益一字者，與千金。』人卒無一敢易者，是亦愚黔之甚矣！秦之士其賤若此，可不哀哉？雖然，是不特人可愚也，雖始皇亦爲之愚矣。異時亡秦者，又皆屠沽負販[二]，不[三]一知書之人，嗚呼！

黄石公素書

梁肅《圯橋石表》曰：『黄帝氏方平蚩尤時，乃玄女啓符，風后行誅。漢祖方征秦、項時，乃黄石授兵，留侯演成。《易》稱「人謀鬼謀，百姓與能」，又曰「神道設教，而天下服」。蓋謂是矣。』東坡以爲子房授書於圯上老人，其事甚恠，安知非秦之世有隱君子者，出而試之，世不察，以爲鬼物，亦已過矣。子房以蓋世之才，不爲伊尹、太公之謀，而特出於荆軻、聶政之計，以僥倖於不死，此圯上老人之所深惜。老人者以爲子房才有餘，而憂其度量之不足，故深折其少年剛鋭之氣，使之忍小忿而就大謀。高祖之所以勝，項籍之所以敗，在能忍與不能忍之間耳。項籍惟不能忍，是以百戰百勝而輕用其鋒；高祖忍之，養其全鋒而待其弊。豈出於張良者乎？按黄石公又有《三略》三卷，《兵書》三卷，《三奇法》一卷，《陰謀軍祕》一卷，《五壘圖》一卷，《内記敵法》一卷，《祕經》一卷，《記》一卷。又有《張良經》一卷，其出於《三略》《素書》者乎？

淮南子

少愛讀《楚辭・淮南小山》篇，聱峻瓌磊〔四〕，他人制作不可企攀者。又慕其《離騷》有傳窈窕，多思致，每曰：『淮南，天下奇才也。』又讀其書二十篇，篇中文章，無所不有，如與《莊》《列》《吕氏春秋》《韓非子》諸篇相經緯表裏，何其意之雜出、文之沿複也？淮南之奇，出於《離騷》；淮南之放，得於《莊》《列》；淮南之議論，錯於不韋之流。其精好者，又如《玉杯》《繁露》之書，是又非獨出於淮南，所謂蘇飛、李尚、左吴、田由、雷被、毛被、伍被、大山、小山諸人，各以才智辯謀，出奇馳雋，所以其書駁然不壹。雖然，淮南一時所延，蓋又非止蘇飛之流也。

當是時，孝武皇帝雋鋭好奇，蓋又有甚於淮南。《内篇》一陳，與帝心合，内少君，下王母，聘方士，搜蓬萊，神仙譎恠，日日作新，其有感於淮南所謂『崑崙增城，璇室懸圃，弱水流沙』者乎。武帝雖不僊[五]，猶饗多壽，王何爲者，卒不克終？士之誤人，一至於此。然其文字殊多新特，士之厭常玩俗者，往往愛其書，况其推測物理、探索陰陽，大有卓然出人意表者。唯揚雄氏曰：『淮南説之用，不如太史公之用。太史公之用，聖人將有取焉，淮南鮮取焉耳。』悲夫！

賈誼新書

養氣之學，孟子一人而已。士之有所激而奮者，極天地古今之變動，山川草木之情狀，人物智愚賢否，是非邪正之銷長，有觸於吾心，有奸於吾氣[六]，慮遠而志善，事切而憂深，其言往往出於危激哀傷之餘。而其氣有不可遏者[七]，舉天地、今古、山川、草木、人物、盛衰之變，皆不足以敵之。嗚呼！此屈原、賈誼之所爲者乎？皮日休讀賈誼《新書》，嘆其心切，其憤深，其辭隱而麗，其藻傷而雅。唯蘇公軾以爲『非才之難，所以自用者實難。惜乎！賈生王者之佐，而不能自用其才』，論亦奇矣。以余觀之，雖東坡亦不能自用其才，况賈生乎？又曰：『觀其過湘作賦以弔屈原，紆鬱憤悶，趯然有遠舉之志，其後卒以自傷哭泣，至於夭絶，是亦不善處窮者。夫謀之一不見用，安知終不復用？』嗚呼！此東坡以志量才識論誼者，非誼之所及也。是蓋《孟子》之所謂『持其志，無暴其氣者』耳，蘇公有之。

桓寬鹽鐵論

《鹽鐵論》者，漢始元六年，公卿、賢良、文學所與共議者也。漢制近古，莫古乎議，國有大事，詔公卿、列侯、二千石、博士、議郎雜議，是以廟祀議、伐匈奴議、捐朱厓議〔八〕，而石渠論經亦有議，皆所謂詢謀僉同者也。初，武帝以師旅之餘，國用不足，縣官悉自賣鹽鐵酤酒，海内虚耗，户口減半，帝務本抑末，不與天下争利，乃詔有司問郡國所舉賢良文學民所疾苦，議罷之。班氏一贊，專美乎此。顔師古曰：《元帝紀贊》，班彪所作。然觀一時論議，其所問對，非不伸異見、騁異辭，亦無有犖然大過人者。其曰『行遠者因於車，濟海者因於舟，成名者因於資』，則一時趣尚可乎矣。又曰『九層之臺傾，公輸子不能正；大朝一邪，伊望不能復』，則一時事體可知矣。夫上有樂聞，下無隱議，得失明者其言達，利害决者其慮輕，不决一言，何取羣議？審此亦足以占士氣、觀國勢矣。然元帝詔書乃曰『公卿大夫好惡不同，雅説空進而事亡成功』，此誠言也，天下後世同此患也，吁！

王充論衡

《論衡》者，後漢治中王充所論著也。書八十五篇，二十餘萬言，其爲言，皆叙天證，敷人事，析物類，道古今，大略如仲舒《玉杯》《繁露》。而其文詳，詳則理義莫能覈而精，辭莫能肅而括，幾於蕪且雜矣。漢承滅學之後，文、景、武、宣以来，所以崇厲表章者，非一日之力矣。故學者嚮風承意〔九〕，日趨於大雅，多聞之習，凡所撰録，日益而歲有加，至後漢盛矣。往往規度如一律，體裁如一家，是足以雋美於一時，而不足以準的於来世。何則？事之鮮純，言之少擇也。劉向《新序》《説苑》奇矣，亦復少探索之工，闕詮定之密，其叙事有與史背者，不一二書，尚爾况他書乎？袁崧《後漢書》云：『充作《論衡》，中土未有傳者。蔡邕入吴始見之，以爲談助。』談助之言，可以了此書矣。客有難充書繁重者，曰：『石多玉寡，寡者爲珍；龍少魚衆，少者爲神乎。』充曰：『文衆可以勝寡矣。人無一引，吾百篇；人無一字，吾萬言：爲可貴矣。』予所謂乏精覈而少肅括者，正此謂歟。

太玄經注

宋衷

蔡文邵

范望

王涯又有《説文》一卷。

林瑀又有《説文》一卷。

郭元亨

陸績

虞翻

章察《講疏》四十六卷，《發隱》三卷。

宋惟幹

杜元穎

陳漸

范諤昌　林共《圖》一卷。

王長文晋。《通玄》一卷。

太玄經

《易》可準乎？曰：難矣。何爲其難也？曰：天、地、人之理混淪於未畫之前，二三聖人察天之微，窺地之奥，以神明夫人之用。文王因伏羲，孔子因羲、文，而《易》道極矣。文王非舍伏羲、孔子非舍羲文而自爲之書也。《易》經三聖以經天地人之道，是道也，吉凶悔吝、消息盈虚，雖天地鬼神無所藏其藴，而匹夫匹婦可與知者也。揚雄氏欲以一人之力而規三聖所成之功，是爲難乎。子雲豈不知此者？然則子雲亦有得於《易》之學而欲自神其用。其曰：『天以不見爲玄，地以不形爲玄，人以腹心爲玄。』此子雲之所以神者也。子雲之意，其疾莽而作者乎？哀平失道，莽輒亂常，子雲酌天時、行運盈、縮消長之數，推人事進退、存亡成敗之端，存之於玄：三方象三公，九州象九卿，二十七家象大夫，八十一部象元士。而玄者，君象也，總而治之，起牛宿之一度，終牛宿之二十二度，而成八十一首、七百二十九贊、二萬六千二百四十四策，明天人終始逆順之理，正君臣上下去就之分，順之者吉，逆之者凶，以爲違天咈人、賊臣盗國之戒〔一〇〕，子雲之意也。子雲敢以此準《易》言者，蓋以卦氣起於中孚，震、離、兑、坎分配四方，六十四卦各主六日七分，以周一歲三百六十五日四分日之一。據此言之，窒矣。桓譚曰：

『《玄》與大《易》準。』班固曰：『經莫大乎《易》，故作《太玄》。』是知子雲者乎，不知子雲者乎？

新序説苑

河間王大雅文獻，蔚然風流，崇經尚文，殫極禮樂，而所尚醇正，言議彬彬，何其雍容不羣如此也。三代以下，一人而已，抑其時所遭者然歟？磐石之宗，莫可及之者。向以區區宗臣，老於文學，窮經之苦，崛出諸儒，炯炯丹心，在漢社稷，奏篇每上，無言不危。吁！亦非以其遭時遇主者如是歟？先秦古書甫脱燼劫，一入向筆，采擷不遺。至其正紀綱、迪教化、辨邪正、黜異端，以爲漢規監者，盡在此書，兹《説苑》《新序》之旨也。嗚呼！向誠忠矣，向之書誠切切矣！漢之政日益萎苶而不振，迄終於大亂而後已。一杯水不足以救輿薪之火，此之謂歟。觀此，則向之抱忠懷誼，固有可憐者焉。視河間之雅正不迫，亦一時歟。

抱朴子

自《陰符》一鑿而天地之幾盡洩，《玄經》一吐而陰陽之妙益空，所謂道者非他，只天地之奥、陰陽之神而已。神而明之，可以贊化育、經範圍，可以治國平天下，可以修身養性而致長年，可以清净輕虚而與之俱化。予自少惑於方外之説，凡丹經卦義、秘笈幽篇，以至吐納之旨〔一一〕、餐鍊之粹，沉潛啓策，幾數百家，靡不竭其精而賾其隱，破其鋌而造乎中。猶未以爲得也，於是棄去，日攻《易》，日讀《繫辭》，所謂天地之幾、陰陽之妙，相與橐籥之、甄治之，而吾之道盡在是矣。所謂吾之道者，非他道也，吾自得之道矣。及間觀稚川、弘景諸人所録，及《内》《外》篇，則往往皆糟粕而筌蹄矣。今輒書此以斷《内》《外》篇，則吾之道亦幾於鑿且吐矣。後之悟者，必有會於吾言。

文中子

道始於伏羲，終於孔子，孔子以来二千餘年矣，孟軻氏、揚雄氏、王通氏、韓愈氏皆祖述孔子而師尊之，若通拳拳於六經之學，自孟子而下未有也。續《書》以考漢晋之事，續《詩》以觀六代之俗，修《玄經》以斷南北之疑，《易》止於贊，《禮》《樂》止於論。嗚呼，通之用心，足以知聖人矣。世率以是疵王氏，是殆未知其所以知聖人者乎。善乎日休皮氏之言曰：『《禮》之篇二十有五，《詩》之篇三百六十，《玄經》之篇三十一，《易》之篇七十。孟子能踵孔子而贊其道，夐乎千世可繼孟子者，通也。』按杜執禮所作《文中子世家》，又有《樂論》三十篇，《續書》一百五十篇，《玄經》凡五十篇，蓋受《書》於東海李育，學《詩》於會稽夏琠，問禮於河東關子明，正樂於北平霍汲，考樂於族父仲華，聖人之大旨，天下之能事，至是畢矣。陸龜蒙序之〔一二〕，謂之『王氏六經』。嗚呼！蓋自孟子歷兩漢數百年而僅稱揚雄，歷六朝數百年而僅稱王通，歷唐數〔一三〕百年而唯一韓愈，六經之學，其著於世者若此已，是匪難乎〔一四〕？異時房、衛諸公共恢文武，以濟貞觀之盛，亦天命也。此蓋出於司空表聖之言，其尚知道乎。

元子

《元子》曰：『人之毒於鄉，毒於國，毒於鳥獸草木，不如毒其形，毒其命。人之媚於時，媚於君，媚於朋友郡縣，不如媚於廄，媚於室。人之貪於權，貪於位，貪於取求聚積，不如貪於道，貪於閑静。人之忍於毒，忍於媚，忍於詐惑貪溺，不如忍於貧苦，忍於棄廢。』英哉斯言！次山平生辭章奇古峻絶，不蹈襲古今，其視〔一五〕柳柳州，抑又英崛〔一六〕，唐代文人惟二公而已。猶有一説，頌者，所以美盛德之形容也，如《江漢》諸詩所以寫宣王中興之美者，皆系之雅。唐既中興，而磨崖一碑乃以頌稱漫郎，豈不能致思乎此耶？初，結居商餘山著書，其序謂『天寶九年庚寅至十二年癸巳，一萬六千五百九十五言，分十卷』，是蓋有意存焉。卷首有《元氏家録》，紀其世次。

皮子隱書

皮日休《隱書》六十篇，有曰：『古之用賢也爲國，今之用賢也爲家。』又曰：『古之官人也以天下爲己累，故己憂之；今之官人也以己爲天下累，故人憂之。』又曰：『古之隱也志在其中，今之隱者爵在其中。』又曰：『古之決獄得民情也哀，今之決獄得民情也喜。古之殺人也怒，今之殺人也笑。』嗚呼，斯言也痛快哉！

校勘記

〔一〕百川本無『不』字，據學津本、四庫本增。

〔二〕『皆』，百川本原作『能』，據學津本改。按四庫本作『在』。

〔三〕『不』，顧頡剛校本作『無』，注：『一本作不。』

〔四〕『聳』，學津本作『聳』。

〔五〕百川本原無『帝』字，據學津本、四庫本增。

〔六〕『奸』，學津本、四庫本作『干』。

〔七〕『遏』，學津本、四庫本作『過』。

〔八〕百川本無『議』字，據學津本、四庫本增。

〔九〕『意』，學津本、四庫本作『宣』。

〔一〇〕『賊臣』，百川本作『賊君臣』，四庫本作『賊臣』，學津本則於兩字間空一字。據文義，不應有『君』字，從四庫本改。

〔一一〕『旨』，百川本原作『香』，據學津本、四庫本改。

〔一二〕『龜蒙序』三字學津本作墨釘。『陸龜蒙序之』數字四庫本作『昔者相傳』。

〔一三〕「數」，百川本原作「三」，據學津本改。

〔一四〕「於世者若此已是」數字，學津本作墨釘，四庫本作「而不泯傳而不墜」。

〔一五〕「視」，百川本原作「觀」，據學津本改。

〔一六〕「又」，百川本原作「文」，據學津本改。此句四庫本作「雄才英藻」。

四庫全書總目提要

《子略》四卷目録一卷，宋高似孫撰。似孫有《剡録》，已著録。是書卷首冠以目録，始《漢志》所載，次《隋志》所載，次《唐志》所載，次庾仲容《子鈔》、馬總《意林》所載，次鄭樵《通志·藝文略》所載，皆削其門類而存其書名，略注撰人卷數於下。其一書而有諸家注者，則惟列本書，而注家細字附録焉。其有題識者，凡《陰符經握奇經》《八陣圖》《鬻子》《六韜》《孔叢子》《曾子》《魯仲連子》《晏子》《老子》《莊子》《列子》《文子》《戰國策》《管子》《尹文子》《韓非子》《墨子》《鄧析子》《亢桑子》《鶡冠子》《孫子》《吴子》《范子》《鬼谷子》《吕氏春秋》《素書》《淮南子》、賈誼《新書》《鹽鐵論》《論衡》《太元經》《新序》《説苑》《抱朴子》《文中子》《元子》《皮子》《隱書》，凡三十八家。其中《説苑》《新序》合一篇，而《八陣圖》附於《握奇經》，實共三十六篇。惟《陰符經》《握奇經》録其原書於前，餘皆不録，似乎後人删節之本，未必完書也。馬端臨《通考》多引之，亦頗有所考證發明。然似孫能知《亢桑子》之僞，而於《陰符經》《握奇經》《三略》《諸葛亮將苑》《十六策》之類乃皆以爲真，則鑒别亦未爲甚確。其盛稱《鬼谷子》，尤爲好奇。以其會梓諸家，且所見之本猶近古，終非焦竑《經籍志》之流輾轉販鬻，徒搆虚詞者比，故録而存之，備考證焉。

學津討原本跋

續古氏取鬻熊以下三十八家，著之論説，其卑法術、拒刑名、黜玄虚、掃捭闔，可謂卓然絶識矣。唯能决洞靈之妄而樂治丹經，能戒黷武之殘而侈譚陳法，未免目淆五色，見涉兩歧。至謂殷楹既奠，子思未生，竟忘泰山未頽，伯魚早卒，偶疏點檢，未足訾謷。要其類首孟氏，折衷孔經，揚子有云『好書而不要諸仲尼，書肆也；好説而不要諸仲尼，説鈴也』，續古其免於此議歟。宋槧久廢，兹從《百川學海》中録出，爲校正脱僞四百餘處，復取隋唐諸志及馬、鄭兩家之書核其篇目，悉爲釐正，稍還高氏之面目云。嘉慶甲子夏五張海鵬跋。

緯略

緯略整理説明

《緯略》版本衆多，傳世者有十二卷本，六卷本和一卷本(可參見《中國古籍總目·子部》，上海古籍出版社，二〇一〇)。

其中《四庫全書》《墨海金壺》《守山閣叢書》本較爲常見。《守山閣叢書》本源出《墨海金壺》本，刻印、校讎俱精，後《叢書集成初編》即據以排印，又附録《墨海金壺》石印本抄補曹學佺序一篇及闕文二則於後。整理本有左洪濤等校注的《高似孫〈緯略〉校注》(浙江大學出版社，二〇一二年)，則徑以叢書集成本爲底本，以四庫本參校。然細校諸本，實以四庫本爲最善，《墨海金壺》本、守山閣本反有誤刻之處。本次整理，即以影印文淵閣《四庫全書》本爲底本，以《守山閣叢書》本(以下簡稱『守山閣本』)參校，時亦參考《墨海金壺》本(以下簡稱『墨海本』)。又楊守敬《日本訪書志》(續修四庫全書本)著録其在日本所見影宋本，録有諸本所缺之『序』及十二卷『筆橐』『金剛石經贊』『漢令甲』『竹宫』『甲觀畫堂』『八陣圖』『風馬牛』數條，今據補。高氏此書引用至多，部分條目抄撮甚爲疏略，且部分引文原書已不存，不暇一一檢核，僅於文義不通處略爲校訂，讀者諒之。

緯略目録

序……（五〇七）
緯略卷一……（五〇八）
漢唐詔……（五〇八）
暍……（五〇九）
少女風……（五〇九）
欸乃……（五〇九）
蚊民……（五一〇）
賦體……（五一一）
食雪……（五一一）
旁午……（五一二）
洗玉池銘……（五一二）
寧馨……（五一三）
遺母鲊……（五一三）
貝經……（五一四）
布帆無恙……（五一五）
五星聚……（五一五）
乾鵲……（五一六）
悼騷愍騷……（五一六）
著……（五一七）
碧芙蓉頌……（五一七）
招隱詩……（五一八）
箕子名……（五一九）
楚辭……（五一九）
湘君……（五二〇）
玉帶……（五二一）

茂陵中書……（五二一）
黛……（五二二）
脂澤……（五二二）
熊經鳥伸……（五二三）
軀息……（五二三）
笳卻敵……（五二四）
雞鳴度關……（五二四）
獵碣……（五二四）
燒香……（五二五）
千弩俱發……（五二五）
解鳥語……（五二六）
解六畜語……（五二六）
陸羽水品……（五二七）
劉伯芻水品……（五二八）

緯略卷二……（五三三）
五神車……（五三三）
周玉律……（五三三）
魚先至……（五三四）
三素雲……（五三四）
代將……（五三五）
老將……（五三五）
使酒……（五三六）
月寵……（五三七）
琴心三疊……（五三七）
真真……（五三七）
五圖……（五三八）
截肪蒸栗……（五三八）
白瑶宫……（五三八）
文君誄……（五三九）
嚏占……（五三九）
習舊事……（五三九）
故事之始……（五四〇）

諂政……（五四一）
給札……（五四二）
文章不起草……（五四二）
重席……（五四二）
鹵簿……（五四三）
天公牋……（五四四）
八風……（五四四）
避風……（五四六）
風經……（五四六）
雲貫斗……（五四六）
漢唐人物……（五四六）
御撰晋書……（五四七）
白鸕……（五四八）
棋……（五四八）

緯略卷三……（五五三）
鳳毛……（五五三）
門多好事……（五五三）
麈尾……（五五四）
秦醫越醫……（五五四）
春秋時論養生……（五五五）
雜卜……（五五六）
對策射策……（五五七）
唐科……（五五七）
鹽梅鹽豉……（五六〇）
商賓玉……（五六〇）
玉馬……（五六一）
二十四圖……（五六一）
鼅……（五六二）
鼅曆……（五六三）
天里……（五六三）
日月里……（五六四）
地里……（五六四）

天部……（五六五）
風流……（五六五）
子雲千賦……（五六六）
古人儀度……（五六六）
古人文章……（五六八）
水精鹽……（五六九）
野鵞……（五六九）
緯略卷四……（五七二）
細氈……（五七二）
青氈……（五七二）
氍㲪毾㲪……（五七三）
李尤牀銘……（五七三）
毛布……（五七四）
火浣布……（五七四）
白疊……（五七五）
五時食……（五七六）
食檄……（五七六）
弈……（五七六）
擊壤……（五七七）
扑……（五七八）
安哉……（五七八）
鴟夷……（五七八）
酒臺……（五七九）
古鐺……（五七九）
下榻……（五七九）
捫蝨圖……（五八〇）
澡盤……（五八〇）
剔齒纖……（五八一）
菴摩勒油……（五八一）
蜀石……（五八二）
東藟……（五八二）
甘脆……（五八二）

筮雨……（五八三）
舐痔……（五八三）
糅……（五八三）
烏禦火……（五八四）
茶……（五八四）
番虜矜茶……（五八五）
諺……（五八五）
鑒古物……（五八六）
詩卜筮……（五八七）
書卜筮……（五八八）
春秋卜筮……（五八八）
漢官……（五八九）
壓角……（五九〇）

緯略卷五……（五九三）

黄銀……（五九三）
玉剛卯……（五九四）
金鋪……（五九四）
鶂金……（五九五）
瑟瑟……（五九五）
藻井……（五九六）
雁塔……（五九七）
璜……（五九七）
辟邪研匜……（五九八）
養和……（五九八）
太玄經……（五九九）
書訛……（五九九）
易文言……（六〇〇）
十五國風一……（六〇〇）
十五國風二……（六〇一）
嘯……（六〇一）
載事物之法……（六〇二）
玉窐……（六〇四）

佛鉢……（六〇四）
紫團參……（六〇五）
蟹斷……（六〇六）
賦句相埒……（六〇六）
芍藥……（六〇七）
三焦……（六〇八）
位絶席……（六〇九）
諱……（六〇九）
帶甲百萬……（六〇九）
緯略卷六……（六一二）
和香方……（六一二）
竊香……（六一二）
香物……（六一三）
好香……（六一三）
奔月……（六一四）
石流丹……（六一四）
龍門……（六一五）
八蠶……（六一五）
蠶理……（六一六）
輞川圖……（六一六）
萬年觴……（六一七）
方響……（六一七）
賜古物……（六一八）
琛版……（六一九）
累代文集……（六一九）
累代列傳……（六二〇）
諸子各習一藝……（六二〇）
青陸……（六二〇）
冰魚……（六二一）
懷果……（六二一）
坤王兑相……（六二二）
魚負冰……（六二二）

冬至……（六二二）
豹尾……（六二三）
河冰合……（六二三）
日觀……（六二四）
术序……（六二五）
花信麥信……（六二五）
漢九州……（六二六）
女史……（六二七）
天子目送之……（六二八）
濯纓……（六二八）
太史公詩論……（六二九）
蔡子池石硯……（六二九）
太牢……（六三〇）
丙穴……（六三〇）
襱襶……（六三一）
燭龍……（六三一）
蓬萊……（六三二）
探策十八……（六三二）
舜祠絃歌聲……（六三三）
辛菜……（六三三）
緯略卷七……（六三五）
流黃素……（六三五）
罨畫……（六三六）
茗一車……（六三六）
雪茶……（六三六）
羊裘……（六三七）
素丞相……（六三七）
致拳拳……（六三七）
種瓜……（六三八）
襲六爲七……（六三八）
易聖……（六三八）
賣文……（六三九）

曆日……（六三九）
離騷傳……（六三九）
八百碑……（六四〇）
三本書……（六四〇）
四愁詩……（六四一）
古學……（六四二）
研眼……（六四二）
誤筆成畫……（六四三）
臥雪圖……（六四三）
三十六玉皇……（六四四）
泰階六符經……（六四四）
礶礰……（六四五）
納音……（六四五）
冰丸霜散……（六四六）
鹽生……（六四七）
沈香山火……（六四七）
三儺……（六四八）
小雨由山……（六四八）
沃焦……（六四九）
沓潮……（六五〇）
入閣……（六五〇）
數行俱下……（六五二）
通五經……（六五二）
論石渠……（六五二）
待詔金馬門……（六五三）
酒法……（六五三）
狽……（六五四）
雁子……（六五四）
狒狒讚……（六五五）
珧……（六五五）
三嚴……（六五六）
相經……（六五六）

茶爐筆床……（六五八）
香水……（六五九）
緯略卷八……（六六二）
通爾雅……（六六二）
水事……（六六二）
孔硯……（六六三）
笏……（六六三）
熬波出素……（六六四）
春秋列國文章……（六六五）
文筆遲速……（六六五）
太玄法言……（六六五）
幼文言……（六六六）
葛洪論史記……（六六六）
玉蟾蜍……（六六七）
蘭賦……（六六七）
鍊石補天……（六六七）
屏風隔坐……（六六八）
十種琉璃……（六六九）
碧……（六六九）
木難……（六七〇）
水仙賦……（六七〇）
畫二疏……（六七〇）
順下風……（六七一）
不喜俗人……（六七一）
削藁……（六七一）
罰酒……（六七二）
楷書……（六七二）
孔子因史作春秋……（六七三）
瑪璧……（六七三）
雲夢……（六七三）
玄圖……（六七五）
太素……（六七五）

天圓地方……（六七六）
天九野……（六七六）
天宇……（六七七）
渾天記……（六七七）
漢渾儀土圭……（六七七）
月節……（六七八）
天雞……（六七八）
雲占……（六七九）
天賦……（六七九）
裁成風雨……（六八〇）
相雨……（六八〇）
雲扶日……（六八一）
陽關三疊……（六八一）
樂石……（六八一）
緯略卷九……（六八四）
劉孝標世説……（六八四）
太乙青藜……（六八九）
四扈……（六九〇）
顧愷之作父傳……（六九〇）
艾納……（六九二）
護門草……（六九二）
鰒魚……（六九三）
郭有道碑……（六九三）
禹鼎……（六九四）
第七車……（六九四）
人面子……（六九四）
紫玉……（六九五）
耶悉茗油……（六九五）
古泉貨……（六九五）
醮……（六九六）
律室……（六九七）
秦碑三句一韻……（六九八）

漏刻銘……（六九八）
漢複道……（六九九）
上雍……（六九九）
凌煙閣贊……（七〇〇）
唐樂曲……（七〇二）
太宗四曲……（七〇二）
高宗七曲……（七〇三）
明皇三十四曲……（七〇三）
代宗二曲……（七〇五）
德宗四曲……（七〇五）
文宗二曲……（七〇五）
武宗一曲……（七〇六）
宣宗一曲……（七〇六）
竹簡……（七〇六）
八磨……（七〇七）
腦能柔物……（七〇八）
陳琳賦……（七〇八）
鎖香……（七〇九）
大小山猶二雅……（七〇九）
北酥……（七〇九）
承露盤銘……（七一〇）

緯略卷十

緯略卷十……（七一四）
孝碑……（七一四）
守庚申……（七一四）
鳳尾諾……（七一五）
冰蠶……（七一五）
青雲干吕……（七一六）
娘子兵……（七一六）
比干墓銘……（七一七）
水麝……（七一七）
辟寒香……（七一七）
史叙事……（七一八）

餶餅……（七一八）
滕王蛺蝶圖……（七一九）
七入書府……（七一九）
爾雅……（七一九）
滕六降雪……（七二〇）
答客難……（七二〇）
紅鞢韊……（七二一）
乾坤一彈丸……（七二一）
水精如意……（七二二）
北風圖……（七二二）
芸臺……（七二二）
徐陵謝饌啓……（七二三）
金仙氏……（七二三）
昭華玉……（七二四）
車渠椀……（七二四）
流蘇……（七二五）
若下水……（七二五）
神氣……（七二六）
東坡論文選……（七二六）
屬車……（七二七）
龜礎……（七二七）
白字本草……（七二七）
寒具……（七二八）
古硯……（七二八）
瘞鶴銘……（七二九）
范蠡遊五湖圖……（七二九）
列女圖……（七三〇）
養生……（七三〇）
宅經……（七三〇）
碧落碑……（七三一）
分風送船……（七三一）
賀雪……（七三一）

五夜……（七三三）
圓覺……（七三四）
青硯……（七三五）
翠粲……（七三五）
卷什……（七三六）

緯略卷十一

……（七三八）
儲胥……（七三八）
豕苓……（七三八）
周祇月賦……（七三九）
結醬……（七三九）
五色雁　赤雁……（七三九）
東南一尉……（七四〇）
錦瑟……（七四〇）
新舊火……（七四一）
金像銘……（七四一）
靈芝宫……（七四二）
泰節二卦……（七四三）
文火……（七四四）
松煙石墨……（七四四）
三代鼎器名……（七四五）
房中樂……（七五〇）
珊瑚筆格……（七五一）
荀况雲賦……（七五一）
虹……（七五二）
詩用六經字……（七五二）
辟雍……（七五三）
靈臺……（七五三）
八桂……（七五四）
黄庭圖……（七五四）
成公綏叙乾文……（七五五）
漂……（七五五）
新宫銘……（七五六）

窮奇……（七五七）
承明廬……（七五八）
方諸……（七五八）
潮繫日月……（七五九）
封禪……（七五九）
洛水無冰……（七六〇）
八紘八極……（七六〇）
接花……（七六一）
鹽田……（七六一）
潑生麪……（七六二）

緯略卷十二

讀碑……（七六六）
習外國事……（七六六）
三韓紙……（七六七）
古器……（七六七）
桂蠹……（七六八）
牛膝酒……（七六八）
柳書陰符經……（七六九）
龜鼎……（七六九）
崑崙丘贊……（七七〇）
砥柱銘……（七七〇）
秋蘭……（七七一）
巫咸山賦……（七七一）
猧牙……（七七二）
衛夫人……（七七三）
潤筆……（七七三）
三十六鱗……（七七三）
陰璞……（七七四）
青女……（七七四）
艾……（七七五）
太史圖法……（七七五）
研巖……（七七六）

擊鮮……（七七七）
歐宋唐書……（七七七）
通鑑……（七七七）
孝水……（七七八）
九藪……（七七八）
金錯刀……（七七九）
漢甘露鼎……（七八〇）
筆槖……（七八〇）
如意輪畫贊……（七八一）
金剛石經贊……（七八二）
漢令甲……（七八三）
竹宫……（七八四）
甲觀畫堂……（七八四）
八陣圖……（七八五）
風馬牛……（七八五）
墨海金壺本序……（七八九）
緯略跋……（七九一）
四庫提要……（七九二）

序[一]

嘉定壬申春，程氏准新刊尚書公《演繁露》成，以寄先公，先公得書，晝夜看不休。雖行墅中，必與俱。對賓客飯，亦不舍。似孫從旁問曰：『書何爲奇古，而耽視若此？』先公曰：『是皆吾所欲志者，筆不及耳。』似孫盡晝夜之力，省侍旁見聞者，鈔作二卷，急課筆史仍裝褫成册，曉以呈先公。先公翻閱再三，且曰：『此書好於《演繁露》，何人所作？』對曰：『似孫嘗聞尊訓有所欲志，而筆不及，是乃夜來旋加輯録者。』先公喜曰：『吾志也，宜增廣卷軼，庶幾成書。』一月後，甫得卷十二，而先公已捐館。展卷輒墮淚。然不可因此而失傳，略識其事，以爲之序。嗚呼！後四年，乙亥正月十日似孫書。

校勘記

〔一〕此序各本無，據楊守敬《日本訪書志》卷七補。《兩宋浙東高氏家族研究》第八十五頁亦録此序，唯無『筆不及耳』四字。

緯略卷一

似孫既輯《經略》《史略》《子略》《集略》，又輯《騷〔一〕略》，事有逸者、瑣者，爲《緯略》。蓋與諸略相爲經緯，不以彙分者，可續也。

漢唐詔

西漢詔令四百有一。自唐虞夏商周上下千數百載，爲書五十八篇，又自五十八篇而後，起衰周至五代千數百載間，詔令温醇簡盡，有三代遺法，唯西漢耳。其進退美惡，不以溢言没其實，其中飭訓戒皆至誠明白，節緩而思深。至叢脞大壞之餘，其施置雖已不合古道、當人心，然猶陳義懇到，雍容而不迫。此其一代之文，流風未泯，爲不可及。王通嘗以續《典》《謨》《訓》《誥》《誓》《命》之文，書雖不傳，漢詔皆可考也。唐開元中，陳正卿纂漢至唐十二代詔、策、章、疏、歌、頌、符、檄、議論，謂之《續尚書》，雖襲河汾之意，然其書雜矣。宋景文《筆記》曰：『文有屬對、平側、用事，供公家一時宣讀〔二〕，施行似健快，然不可施於史傳。余修《唐書》，未嘗以唐人一詔一令載於傳者，惟拾對偶之文近高古者乃可著於篇。大抵史近古，對偶宜今，以對偶之文入史，如粉黛飾壯士、笙匏佐鼙鼓，非所施也。』今觀唐史，蓋無一詔如文、景、武、宣之世。

吁，難哉！

暍

《史記》曰：『夏禹扇暍。』按《淮南子》曰：『文王葬死骸而九夷順，武王蔭暍人於樹下而天下懷，越王決獄不當，援刀自割，而戰士畢死感於恩也。』此但言『蔭暍』，不言『扇暍』也。京房《易飛候》曰：『有雲如大車蓋十餘，此陽沴之氣，必有暑暍。』《抱朴子》曰：『指冰室不能起暍死之熱，望炎冶不能止噤凍之寒。』暍者，暑沴也。

少女風

劉孝威《雨詩》：『電舒長男氣，枝摇少女風。』《管輅别傳》曰：『輅過清河太守，時天旱，輅曰：「今夕當雨。時樹中已有少女微風，又有陰鳥和鳴，又少男風起，衆鳥亂翔，其應至矣。」須臾風雲興，玄氣四合，大雨注傾。』《易》曰：『艮三索而得男，故謂之少男；兑三索而得女，故謂之少女。』又曰：『兑爲少女。』

欸乃〔三〕

柳子厚《漁翁》詩：『欸乃一聲山水緑。』欸音襖〔四〕，乃音靄。唐劉言史《瀟湘》詩：『夷女采山蕉，緝紗浸江水。野花滿髻粧色新，閒歌曖迺深峽裏。曖迺知從何處生？當時泣舜斷腸聲。』言史之詩，則又以『欸乃』爲泣舜之餘聲，夷女皆能之，不必爲漁父棹船相應聲也。二字音雖同，而字則異，以『欵』爲『曖』，以『乃』爲『迺』。元結樂府《欸乃曲》曰：『誰能聽欸乃，欵乃感人情。不恨湘波深，不怨湘水清。所嗟豈敢道，空羨江月明。昔聞扣斷舟，引釣歌此聲。始歌悲風起，歌竟愁雲生。遺曲今何在，逸爲漁父行。』次山又有《欸乃歌》五章章四句，其序曰：『大曆丁未中，漫叟以軍事詣都使還州，逢春水，舟行不進，作《欸乃》五曲，舟子唱之。』蓋取適於道路耳。其中一章曰：『千里楓林煙雨深，無朝無暮有猿吟。停橈靜聽曲中意，好是雲山韶濩音。』審其末章，亦是泣舜之意也。

蚊民

東方朔《蚊賦》曰：『長喙細身，晝伏夜存。存一作伸〔五〕。其屬惡煙，爲掌所捫。臣朔愚戇，名之曰民。』崔豹《古今注》曰：『河内有人嘗見人馬滿地如黍米大，取火燒，皆作蚊蚋飛去，因號蚊蚋爲黍民。』《潘子真詩話》載《紫姑神蚊賦》曰：『其來繽繽紛紛，如煙如雲。』嘗聞之，秦謂之蚋，楚謂之民，用東方朔賦中字也。

賦體

梁武帝《賦體》曰：『草迴風以照春，木承雲以含化。芳競飛於陽和，花争開於日夜。樂萬類之得所，豈此心之云舍？欣分竹其厲精，慙戎車之屢駕。』梁任昉《賦體》曰：『俶征侣兮艤行舟，奉君命兮不俟駕。屬軒軌之易循，值堯民之可化。慙孺雉之聲朝，惡鰥魚之在夜。奉玉簡之陸離，侍金罍之云舍。』梁王僧孺《賦體》曰：『雜沓兮翠旌，容與兮龍駕。新桐兮始華，乳雀兮初化。思治兮終朝，求人兮永夜。竟大德之未訓，何飛光之徒舍。』陸倕《賦體》曰：『奉欽明之睿后，沐隆平乎玄化。參振鷺之充庭，侍長徒之曾舍。冀無恨於終南，豫告成於芝駕。雖就列而陳力，終胡顔於長夜。』六朝人好作賦體，今録數家於此。

食雪

單于幽蘇武置大窖中，絶不與飲食。雨大雪，武卧齧雪與氊毛并咽之。段熲破羌，羌復寇張掖，熲下馬大戰，力盡，羌〔六〕亦引退，且行，晝夜食雪四十日。《漢紀》。陳删詩：『食雪天山近，思歸海路長。』王維詩：『路繞天山雪，家臨海樹秋。』温庭筠詩：『紅淚文姬洛水春，白頭蘇武天山雪。』三詩皆用蘇武事，而庭筠末句甚奇。

旁午

《儀禮》曰：『度尺而午。』注[七]曰：『一縱一横曰午。』《漢書·霍光傳》曰：『使者旁午。』師古曰：『一縱一横爲午，猶言交横也。』蓋用此。《劉向傳》曰：『𧑓蠙𧑓午。』如淳曰：『𧑓午，猶言雜沓也。』

洗玉池銘

東坡爲龍眠李伯時作《洗玉池銘》曰：『世忽不踐，以用爲急。秦漢以還，軀玉道熄。六器僅存，五瑞莫輯。趙璧婦玩，一作完。魯璜盜竊。鼠亂鄭璞，鵲抵晋棘。維伯時父，吊古啜泣。道逢玉人，解驂推食。劒璏瑊珌，錯落其室。晚獲拱寶，遂空四壁。哀此命世，久就淪蟄。時節沐浴，以幸斯石。孰[八]推是心，施及王國？如伯時父，琅然環玦。援手之勞，終睨莫拾。得喪在我，匪玉欣戚。仲和父銘之，維以詠德。』按伯時石刻序跋曰：『元祐八年，伯時仕京師，居紅橋，子弟得陳峽州峽州名彦默，字子真。馬臺石，愛而致之齋中。一日，東坡過而謂曰：「斲石爲沼，當以所藏玉時出而浴之，且刻其形於四旁。予爲子銘其脣，而號曰洗玉池。」而所謂玉者，凡一十六，雙琥璩、三鹿盧、帶鈎、琫珌、璊瑑、杯水、蒼佩、螳螂、鉤佩柄、珈瑱、拱璧是也。』伯時既下世，池亦湮晦。徽宗嘗即其家訪之，得於積壤中，其子碩以蘇文有禁，磨去銘文以授使者，於是置宣和殿。十六玉唯鹿盧環從葬龍眠，餘者咸歸内府矣。伯時序跋世不多見，庸載於此[九]。

寧馨

唐張謂詩：『家無阿堵物，門有寧馨兒。』以寧爲去聲。劉夢得《贈日本僧智藏》詩：『爲問中華學道者，幾人雄猛得寧馨？』以寧爲平聲。蓋《王衍傳》曰：『何物老嫗，生寧馨兒？』山濤叱王衍語也。又《南史》曰：『宋王太后疾篤，使唤廢帝。帝曰：「病人間多鬼，那可往？」太后怒謂侍者：「取刀來剖我腹，那得生寧馨兒！」』所謂寧馨者，晋宋間人語耳。今吴人語音尚用寧馨字爲問，猶言若何也。東坡詩：『六朝文物餘丘壠，空使英雄笑寧馨。』張謂詩、東坡詩用寧馨爲是。

遺母鮓

《世説》曰：陶侃作魚吏，以坩鮓餉母。母返書責侃曰：『汝爲吏，以物見餉，非惟不能益吾，反以增吾憂。』按《列女傳》：孟宗爲監魚司馬，罷職還，道作兩器鮓以奉母。母曰：『吾老爲母，嘗言唯飲彼[一〇]水，何吾言之不從也？』乃還鮓於宗。宗扶伏，遂沉於江。二事相類有如此者。魚吏爲監魚，字佳。謝玄與妹書曰：『昨出釣獲魚，以爲三坩鮓，今奉送。』亦用坩字。

《説文》曰：『鲊，藏魚也。』藏魚二字更佳。坩音龕。《纂文》曰：『大坩爲坊。』《東宮舊事》曰：『白坩五枚。』

貝經

師曠有《禽經》，浮丘公有《鶴經》，雖相畜亦有《牛經》《馬經》《狗經》，下至蟲、魚，有《龜經》《魚經》。朱仲所傳《貝經》怪奇，今録於此。仲受經於琴高，嚴助爲會稽太守，仲遺助以徑尺之貝，并致此文。曰：黄帝〔一一〕唐堯夏禹，三代之貞瑞，靈奇之秘寶。其有次此者，貝盈尺，狀如赤電黑雲，謂之紫貝；素質紅黑，謂之朱貝；青地緑文，謂之綬貝；黑文黄晝，謂之霞貝。紫愈疾，朱明目，綬消氣瘴，霞伏蛆蟲，雖不能延齡增壽，其禦害一也。復有下此者，鷹啄蟬脊，以逐濕去水，無奇功。貝大者如輪。文王得大秦貝，徑半尋。穆王得其殼，懸於昭觀。秦穆公以遺燕黿，可以明目遠察，宜玉宜金。南海貝如珠如礫，或白駮，其性寒，其味甘，止水毒，浮一作伏〔一二〕貝使人寡欲，無以近婦人，黑白各半是也。濯貝使人善驚，無以親童子，黄脣點齒，有赤駮是也。雖〔一三〕貝使病瘧，黑鼻無皮是也。瞬〔一四〕一作瞬貝使胎消，勿以示孕婦，赤帶通脊是也。慧貝使人善忘，勿以近人，赤熾肉殼赤絡是也。醬貝使童子愚、女人淫，有青脣赤鼻是也。碧貝使童子盜，脊上有縷句脣是也，雨則重，霽則輕。委貝使人志强，夜行晝伏，迷鬼狼豹百獸，赤中圓是也，雨則輕，霽則重。

布帆無恙

顧愷之爲殷仲堪參軍，嘗因假還，以布帆借之。至破冢，遭風大敗，愷之與仲堪牋曰：『地名破冢，真破冢而出。行人安穩，布帆無恙。』《楚辭·九辨》曰：『還及君之無恙。』此言及君之無憂耳。《爾雅》曰：『恙，憂也。』漢元帝詔貢禹曰：『今生有恙，何至不已，乃上疏乞骸骨？』此言病何憂不差，而乞骸骨，豈如被虫食心邪？凡言無恙，謂無憂耳。《戰國策》曰：趙威后問使者曰：『歲亦無恙耶？民亦無恙耶？』《説苑》曰：魏文侯語倉唐曰：『擊無恙乎？』又曰：『子之君無恙乎？』《聘禮》亦曰：『公問君，賓〔一五〕對公再拜。』鄭注曰：『拜其無恙。』《蘇氏演義》曰：『時人以無憂疾謂之無恙。』《神異經》曰：『北方大荒中，有獸食人，咋人則病，罹人則疾〔一六〕，名之曰獇。獇，恙也，常近人村落，入人屋室，皆患之。黄帝殺之，由是北方人得無憂疾，謂之無恙。』應劭《風俗通》曰：『上古之時，草居露宿。恙，噬人虫也，善食人心，大患苦之，凡相問云無恙。』

五星聚 四星聚附

殷紂之時，五星聚房。房者，蒼神之精，周據之而興。周興於房宿，分星變蒼，得天下之祥。《春秋元命苞》。高祖元年十月，五星聚於東井，以曆推之，從歲星也。李奇曰：『歲星得其正度，其四星北行，故曰從也。』孟康曰：『歲星先至爲主。』《漢天文志》。崔浩考古今曆云：『五星以前三月聚東井。』按《晉・天文志》東井三十三度，分野最闊，以《乾曜度》論之，一度二千九百餘里，則東井之分合十萬里。《石氏星經》曰：『是年歲星在東井，五星皆從，故爲有天下之象。』然以左氏歲星合之，又復不然，蓋左氏論其常也。五星旋於冀方，而魏有天下。魚豢《典略》。元帝登祚，是歲鎮太白星等聚於牛女之間。《晉陽秋》。皇朝太宗即位，五星在奎，居兖州地分，太宗時爲晉王領兖海。《漢史・岑出師頌》曰：『五曜宵暎，素靈夜嘆。』晉傅玄《高祖像贊》曰：『五星恊象，神母告徵。』

乾鵲

詩人以乾鵲對濕螢，唯王荆公以爲虔字音，見於『鵲之彊彊』。《易統卦》曰：『鵲者陽鳥，先物而動，先事而應。』《淮南子》曰：『乾鵲知來而不知往，此修短之分也。』

悼騷愍騷

後漢班彪《悼離騷》曰：『夫華植之有零茂，故陰陽之度也；聖哲之有窮達，亦命之故也。惟達人之進止，得時行以遂伸，否則詘而尺蠖，體龍蛇以幽潛。』晉摯虞《愍騷》曰：『蓋明哲之處身，固度時以進退。泰則摅志於宇宙，否則澄神於幽昧。摛之莫究其外，函之罔識其内。順陰陽以潛躍，豈凝〔一七〕滯乎一槩。』漢賈誼《吊屈原文》曰：『鸞鳳〔一八〕伏竄兮，鴟梟翱翔。謂隨夷溷兮，謂跖蹻廉；莫耶爲鈍兮，鉛刀爲銛。騰駕罷牛驂蹇驢，驥垂兩耳服鹽車。所貴聖人之神德，遠濁世而自藏。使麒麟可係而羈，豈云異夫犬羊。』後漢蔡邕《弔屈原文》曰：『鷄鳩軒翥，鸞鳳挫翮。啄一作琢碎琬琰，寳其瓴甂。皇車奔而失轄，執轡忽而不振，顧抱石其何補。』宋謝延之《祭屈原文》曰：『蘭薰而摧，玉貞則折。物忌堅芳，人諱明潔。曰若[一九]先生，逢辰之闕。』三公弔屈原之辭，筆力皆高，併録於此。

蓍

梁范筠《詠蓍》詩曰：『數奇不可偶，性直誰能紆？禎蔡伏靈異，祥雲降温腴。』晋傅玄《蓍賦》曰：『邁衡德於青陽，混百卉而萌生。逮朱夏而修茂，曁商秋而堅貞。雖離霜而未彫，與潛龜乎通靈。於是原極以道，形極以度，以類萬物之情，以通天下之故。豈唯終始於事業，乃參天而倚數。』《洪範五行傳》曰：『蓍之爲言耆也，草木之壽，知吉凶者也。』此説甚奇。夫揲蓍之法，四十九蓍，聚之則一，而四十九隱於一中；散之則四十九，而一隱於四十九中。一者，道也，謂之無則一在，謂之有則不可取焉；四十九者，用也，静則歸於一，動則唯覩[二〇]其用。一在其間而不可取，此所謂大衍之數五十，其用四十有九也。

碧芙蓉頌

顔延之《碧芙蓉頌》曰：『澤芝芳豔，擅奇水屬。練氣紅荷，比符縹玉。擢麗滄池，飛映雲屋。實紀仙方，名書靈躅。』水屬二字，全未見人用。齊王融《謝紫鮓啟》曰：『東越水羞，實罄乘時之美,南荆任土,方揖鮓魚之味。』劉孝威《謝藕啟》曰:『凡厥水羞,莫敢相輩。』水羞二字亦新。

招隱詩

晋張華《招隱詩》曰:『隱士托山林,遁世以保真。連惠亮未遇,雄才屈不伸。』又詩:『栖遅四野外,陸沈背當時。循名奄不著,藏器待無期。羲和策六龍,弭節越崦嵫。盛年俛仰過,忽若振輕絲。』晋張載《招隱詩》:『出處雖殊途,居然有輕易。山林有悔悋,人間實多累。鵷雛翔窮冥,蒲且不能視。鶴鷺遵皋渚,數爲矰所繫。隱顯雖在心,彼我共一地。不見巫山火,芝艾豈相離。去來捐時俗,超然辭世僞。得意在丘中,安事愚與智。』晋張協《招隱詩》:『結宇窮嵐曲,耦耕幽藪陰。荒庭寂以閒,山岫峭且深。凄風起東谷,有渰興南岑。雖無箕畢期,膚寸自成霖。澤雉登壟〔一二〕雊,寒猿擁條吟。谿壑無人迹,荒楚鬱蕭森。投竿修岸垂,時聞樵采音。重棋可擬志,回淵可比心。養真尚無爲,道勝貴陸沈。遊思竹素園,寄辭翰墨林。』晋閭丘冲《招隱詩》:『大道曠且夷,蹊路安足尋。經世有險易,隱顯自存心。嗟哉巖岫士,歸來從所欽。』右晋人《招隱詩》四家,今録於此〔一三〕。梁昭明所采《招隱》唯左太冲、陸士衡、王康琚耳。

箕子名

司馬彪《莊子注》曰：『箕子名胥。』餘書傳所不載。

楚　辭

《楚辭注[一二三]》：『楚有先王之廟及公卿祠堂，圖畫天地山川神靈奇偉及古賢聖[一二四]怪物行事。屈原周流罷倦[一二五]，休息其下，仰見圖畫，因書其壁，呵而問之，以洩憤懣，舒寫愁思。』讀此，則《九歌》之意，全本於此。圖畫鬼神之間，猶足以洩憤懣、寫愁思，况其餘乎？今觀屈宋騷辭所以激切頓挫，有人所不可爲者，蓋皆發於天，如羌、誶、蹇、紛、侘、傺、些、只者，楚語也；沅、湘、江、澧、修門、夏首者，楚地也；蘭、茝、荃、葯、蕙、若、蘋、蘅者，楚物也。以其土風，形於言辭，故風雅比興，一出於國風二雅之中，不可及已。嚴助薦買臣，召見，言楚辭，帝甚説之。宣帝修武帝故事，徵能爲楚辭者九江被公等。自漢以還，文人詞客慕其一作摹擬軌躅，摛華競秀，而識其體要者亦寡爾。後才士但襲其體，追其韻，言雜燕粵，事兼夷夏，亦謂之『楚辭』，失其旨矣。

湘君

《山海經》曰：『洞庭之山，帝之二女居之。』郭璞疑二女者舜后，不當降小水〔二六〕爲其夫人，因以二女爲天帝之女。又曰：『天帝之女，處江爲神，即《列仙傳》所謂江妃二女也。』劉向《列女傳》曰：『帝堯之二女，長曰娥皇，次曰女英，堯以妻舜於溈汭。舜既爲天子，娥皇爲后，女英爲妃。舜死於蒼梧之野，二妃死於江湘之間，俗謂之湘君。』羅含《湘中記》曰：『舜二妃死爲湘水神，故曰湘妃。』韓愈《黄陵廟碑》曰：『秦博士對始皇帝云：湘君者，堯之二女，舜妃者也。劉向、鄭康成亦皆以二妃爲湘君。而《離騷》《九歌》既有湘君，又有湘夫人，王逸以爲湘君者自其水神，而謂湘夫人乃二妃。』洪興祖曰：『堯之長女娥皇爲正妃，故曰君；其二女女英自宜降曰夫人也。故《九歌》謂娥皇爲君，女英爲帝子。』如《山海經》凡言帝者皆爲天帝，如所謂帝之密都、帝之下都、帝之平圃，至言帝俊、帝顓，兼稱其號。其以娥皇、女英曰帝之二女者，其稱謂審矣。《九歌》所謂帝子者，亦本《山海經》言之。《禮》曰：『舜葬於蒼梧之野，蓋三妃未之從也。』鄭康成注曰：『帝嚳立四妃象后妃四星，其一明者爲正妃，餘三者爲次妃。帝堯因焉。至舜不告而娶，不立正妃，但三妃而已，謂之三夫人。《離騷》所歌湘夫人，舜妃也。夏后氏增以三三而九，合十二人。《春秋説》曰「天子娶十二」，即夏制也。』康成之論，本取《帝王世紀》耳。《世紀》曰：『長妃娥皇無子，次妃女英生商均，次妃癸比生二女，宵明、燭光是也。』乃知康成所注爲有據依。又按《秦紀》曰：『死而葬焉。』今王逸以爲溺死，非矣。

玉帶

王荆公作《謝玉帶表》，甚根無玉帶事。既上表，有客失記姓名曰：『何不用虹玉圍腰？』公惋悵良久。『虹玉圍腰』四字出常袞《謝賜玉帶表》，可謂奇事。李賀詩『曲沼芙蓉波，腰圍白玉冷』便不及常公四字。薛逢詩『帶文瑚白玉，符理篆黄金』，帶文二字亦佳。如李賀又用『金魚公子夾衫長，密裝腰鞓割玉方』，玉方二字亦佳。賀詩又云：『越衫羅袂迎春風，玉刻麒麟腰帶紅。』王光庭詩：『玉碾盤龍帶，金裝鳳頸驄。』李郭詩：『玉雁排方帶，金鵝立仗衣。』此三詩，當時侍衛供奉之人所服者。然唐制三品以上皆服玉帶，韓愈詩：『不知官高卑，玉帶懸金魚。』

茂陵中書

武帝遺詔，以雜道書四十卷置棺中。元康二年，河東功曹李及入上黨抱犢山采藥，於巖室中得此書，盛以金箱，卷後題日月，是武帝時也。河東太守張純以箱及書奏上之，武帝時左右見之流涕，曰：『此是帝崩時殯物。』宣帝愴然，以書付茂陵。《内傳》。宋元憲公詩：『怪牒汲郡來，幽經茂陵聚。』此事與《蘭亭》入昭陵相類。《尚書故實》曰：『唐太宗酷好書，有大王真蹟三千六百紙，率以一丈二尺爲一軸。内行書有五十八卷，褚遂良以《蘭亭》爲第一，太宗寶惜者，獨此爲最，於座側朝夕觀覽。嘗一日附耳語高宗曰：『吾千秋萬歲後，與吾《蘭亭》將去也。』及奉諱之日，用玉匣貯之，藏於昭陵。『《江南別録》曰：『鄭玄素，温韜之甥也。從韜入昭陵，見太宗散髮，以玉架桁之。玄堂兩廂皆石揭[二七]，以五金之匣藏鍾王墨蹟僅千軸，《蘭亭》亦在其中。自是散在人間，不知流落何所。』

黛

《楚辭》曰：『粉白黛黑施芳澤，長袂拂面善留客。』《後漢書》曰：『明德馬后眉不施黛，獨左眉角小闕，補之如粟。』宋《起居注》曰：『西河王沮渠蒙遜獻青雀頭黛百斤。』《説文》曰：『黱，畫眉也。』黱與黛同。《釋名》曰：『黛，代也，滅去眉毛，以此代其處也。』《通俗文》曰：『染青石謂之點黛。』武元衡詩：『艷歌愁翠黛，寳瑟思清商。』張謂詩：『殘粧添石黛，艷舞落金鈿。』用石黛二字，正用通俗文也。

脂澤

蔡邕《女誡》曰：『傅脂則思其心之和，澤髮則思其心之潤。』《馮衍集》衍與婦弟任武達書曰：『惟一婢，武達所見，頭無釵澤，面無脂粉。』《世説》曰：『江淮以北，謂面脂爲面澤。』《釋名》曰：『澤，人髮恒枯瘁，以此濡澤之。』脣脂，以丹作，象脣赤也。《北史·后妃傳》曰：『晋舊儀典櫛三人，掌宫中櫛膏沐。』『膏沐』二字出《詩》『豈無膏沐』。王維詩：『邀人傅脂粉，不自着羅衣。』此言脂也。夏英公詩：『絳脣不敢深深注，卻怕〔二八〕香脂污玉簫。』用脂字尤妙。温庭筠詩：『蘭膏墜髮紅玉春，燕釵拖頸抛盤雲。』即澤也。

熊經鳥伸

《莊子》曰：『吹呴呼吸，吐故納新，熊經鳥申，爲壽而已矣。此導引之士，養形之人也，彭祖壽考者之所好也。』《魏志》曰：『吴普嘗問道於華佗，佗謂普曰：「人體欲得勞動，但不當使極耳。如摇動則穀氣易消，血脈流通，病不得生，譬猶户樞不蠹，流水不腐，以其常動故也，是以仙者法之。及漢時，有居士舊爲導引之事，熊經鴟顧，引挽腰體，動諸關節，以求難老。吾有一術，名五禽之戲，汝可行之。一曰彪，二曰鹿，三曰熊，四曰猿，五曰鳥。亦以除疾病、利蹄足，以當導引。體中不快，起作一禽之戲。」普行之，年九十餘。』《春秋繁露》曰：『猿長臂，所以壽，好引其氣也。』陸龜蒙詩：『所以親逋客，兼能助五禽。』宋景文詩：『五禽習（一作雜）戲探〔二九〕仙術，萬法觀空證佛〔三〇〕緣。』又詩：『驚猿參唳鶴，伸鳥雜經熊。』

龜息

《抱朴子》曰：『城陽郄儉少時行獵，墮空冢中。饑，見冢中先有大龜數迴轉，所向無常，張口吞氣，或俛或仰。儉素亦聞龜能導引，乃試隨龜所爲，遂不復饑。百餘日後，人有偶窺冢中，見儉而出之。後竟能咽氣斷穀。魏王拘置土室中，閉試之一年，不食，顔色悦澤，氣力自若。』《龜策傳》〔三一〕曰：『南方老人以龜支床，行二十年，老人死而龜猶活，以龜吐納息也。』王維詩：『鳩形將刻杖，龜殼用支床。』許渾詩：『遊從依野鶴，休息過靈龜。』宋景文公詩：『度日銜花翻翠鳥，經年支榻養靈龜。』

笳卻敵

晋劉琨在晋陽爲胡騎所圍，乃乘月登樓清嘯，賊聞之皆悽然長嘆。中夜奏胡笳，賊〔三二〕又流涕，並棄圍走。劉疇爲羣胡欲害之，疇無懼色，援笳而吹，爲出塞之聲以動其遊客之思。於是羣胡垂涕而去。二公皆以笳聲卻敵，真壯士也。

雞鳴度關

雞鳴度關，皆曰孟嘗君出秦關中，雞未鳴，關未開，下客爲雞聲，群雞和之，乃得出。然燕太子丹質於秦，逃歸到關，丹爲雞聲，遂逃。前乎此已有之矣。

獵碣

周宣王《石鼓文》，韋應物、韓退之最所贊善，如老杜《李潮八分小篆歌》亦曰：『陳倉石鼓亦已訛。』唯歐陽公以爲可疑者三。蘇勗《載記》曰：『石鼓文謂之獵碣，共十鼓。其文則史籀所篆，周宣王所創。』『獵碣』二字甚生，蘇氏用此必有所據。任昉《述異記》曰：『崆峒山有堯碑禹碣。』亦用碣字。

燒香

《佛圖澄傳》曰：『襄國城塹水源暴竭，石勒問澄，澄曰：「今當勑龍取水。」乃置澄上坐，繩床燒安息香，咒數百言，水大至。』李相之《賢己集》曰：『燒香蓋始於此。』按《漢武故事》曰：『昆邪王殺休屠王，以其衆來降，得其金人之神，置之甘泉宮。金人者皆長丈餘，其祭不用牛羊，唯燒香禮拜。』事又在佛圖澄之前也。

千弩俱發

漢李陵至浚稽山，與單于相值，騎可三萬，圍陵軍居兩山間。以大車爲營，引士出外爲陣，前行持戟盾，後行持弓弩，令曰：『聞鼓聲而縱，聞金聲而止。』虜〔三三〕見漢軍少，直前就營。陵轉戰攻之，千弩俱發，應弦而倒。虜走上山，漢軍擊殺千人，單于大驚。漢丞相亮出軍圍祁〔三四〕山，魏司馬宣王使張郃拒於祁山。亮糧盡軍還，至清風木門，郃追之。亮駐車，大削樹皮，題曰：『張郃死此樹下。』預令兵夾道以數千弩備之。郃果至，千弩俱發，射郃而死。《袁希之列傳》。龐涓追孫臏，臏度其行暮當至馬陵，馬陵道狹而旁〔三五〕多阻隘，可伏兵，乃斫大樹，白而書之曰：『龐涓死此樹下。』涓果夜至斫木下，見白書，乃鑽火讀之，未畢，齊軍萬弩俱發，魏軍大亂相失。涓乃自剄，曰：『遂成豎子之名！』《史記》。此言萬弩俱發也。

解鳥語和菟有《鳥鳴書》一卷，王喬有《解鳥語書》一卷。

魏尚字文仲，高皇帝時爲太史，曉鳥語。謝承《後漢書》。楊宣爲河内太守，行縣，有群雀鳴桑樹上，宣謂吏曰：『前有覆車粟，此雀相隨欲往食。』行數里，果有覆車粟。《益州耆舊傳》。秦仲知百鳥之音，與之語，皆應。《史記》。管輅聞有鳴鵲來在閣屋上，其聲甚急，輅曰：『東北一婦昨殺夫，牽引西家父離婁。候不過日在虞泉之際，告者至矣。』到時果有東北五人，來告隣婦手殺其夫，詐言西家人與夫有嫌，來殺我聟。《管輅別〔三六〕傳》。

解六畜語

廣漢陽翁偉能聽鳥獸之音，嘗乘蹇馬之野，而田間有放馬者，相去數里，鳴聲相聞。翁偉謂其御曰：『彼放馬目眇。』其御曰：『何以知之？』曰：『罵此轅中馬曰蹇馬，蹇馬亦罵之曰眇馬。』御者不信，往視，馬目竟眇。《論衡》。李南乘赤馬行道，逢人白馬先鳴，而赤馬應之，南謂從者曰：『此馬言汝今當見一黄馬，左目盲者，是吾子也，可告之快行相及。』從者不信。行二里，果逢黄馬而左目盲，南之馬先鳴而盲者應之，其盲果白馬子。《抱朴子》。介葛盧來朝，聞牛鳴，曰：『是生三犧皆用之矣。』《左傳》。東方有國人，數數解六畜語，蓋偏智之所得矣。《内傳》[三七]。廷尉沈僧照校獵，中道而還，左右問其故，答曰：『國有邊事，當選人丁。』『何以知之？』答曰：『南山彪嘯，所以知爾。』《梁典》。

陸羽水品

一、廬山康王谷簾水。

二、無錫惠山石泉水。東坡詩：『閒擕天上小團月，來試人間第二泉。』

三、蘄州蘭溪石下水。

四、峽[三八]州扇子峽蝦蟆口水。

五、武丘寺井水。

六、廬山招賢寺下方橋潭水。

七、揚子江南零水。

八、洪州西山瀑布水。

九、桐柏淮源水。

十、廬山龍池山頂水。

十一、丹陽觀音寺井水。

十二、揚州大明寺井水。

十三、漢江中零水。

十四、歸州玉虚洞香谿水。

十五、商州武關西洛水。

十六、吴松江水。

十七、天台千丈瀑布水。

十八、郴州圓泉水。

十九、嚴陵灘水。

二十、雪水。

劉伯芻水品張又新《煎茶水記》曰：劉伯芻謂水之宜茶者有七，較之陸氏品固有異同也。

一、揚子江南零水。

二、惠山石泉水。

三、武丘石井水。

四、丹陽觀音寺井水。

五、揚州大明寺井水。

六、吴松江水。

七、淮水。最下。

六一居士曰：『陸羽《茶經》其論水曰：「山水爲上，江水次之，井水爲下。」又曰：「山水乳泉石池漫流者上，瀑湧湍漱[三九]勿食，食之令人有癭疾。江水取去人遠者，井水取汲多者。」其説止於此，未嘗品第天下之水也。』張又新《煎茶水記》曰：代宗朝李季一作秀卿刺湖州，至維揚，逢陸處士命謹信者操舟取南零水至，陸以杓揚水曰：非南零者。既傾而半，陸曰：此南零矣。使大駭曰：至岸，舟蕩覆，半挹岸水增之。李德裕常令所親取揚子江中零水，其人醉忘，乃汲石頭城水以給之，德裕能辨其非是。蓋不止羽能辨也。德裕好惠山泉，置驛取水。有僧言長安昊天觀井水與惠山泉通，雜他水十餘缶試之，僧獨指其一曰：此惠山泉水也。文饒爲罷水驛。東坡愛玉女洞泉，日致兩瓶，恐爲使者所給，因破竹爲契，使寺僧藏其一爲信，謂之調水符。洞在大秦寺。按蒲元傳曰：元性多奇思，於斜谷爲諸葛亮鑄刀三千口，刀成，以漢水鈍弱不任淬，乃取水蜀江。水至，元曰：水雜涪水，不中用。取水者捍言不雜，元以刀畫水，言雜八升。取水者叩頭云：於涪津覆水，以涪水八升益之。然則別水固有此事。淄澠之辨，蓋始於易牙也。易牙名巫，牙其字也，見孔穎達《左傳疏》。如東坡《汲江水煎茶》詩：『活水還須活火烹，自臨釣石取深清。』此二句直入茶泉理窟。夫天下名泉，不知有幾，豈止如二公所品而已哉？歐公《汝陰》詩：『水味甘於大明井。』山谷《省中烹茶》詩：『閤門井不落第二，竟陵谷簾空誤書。』謂此也。

校勘記

〔一〕『騷』，守山閣本作『詩』，誤。

〔二〕『讀』，守山閣本作『對』。

〔三〕墨海本作『款乃』，蓋舊刻二字不甚分别。

〔四〕『襖』，守山閣本作『燠』，二字同音。

〔五〕『伸』，守山閣本作『呻』。

〔六〕『羌』，守山閣本作『虜』。

〔七〕『注』，守山閣本作『法』，誤。

〔八〕『熟』，守山閣本作『就』，誤。

〔九〕『此』，守山閣本誤作『北』。

〔一〇〕守山閣本『彼』下有『中』字。

〔一一〕『黄帝』，守山閣本作『皇帝』，誤。

〔一二〕『伏』，守山閣本作『代』。按『伏』『浮』音同，故得『一作』，守山閣本誤。

〔一三〕『雖』，守山閣本作『濯』，與上重複，誤。

〔一四〕『瞬』，守山閣本作『嚼』。

〔一五〕「賓」，原作「寶」，據守山閣本改。

〔一六〕「疾」，守山閣本作「病」。

〔一七〕「凝」，守山閣本作「疑」，誤。

〔一八〕「鳳」，守山閣本作「鳥」，誤。

〔一九〕「曰若」，墨海本作「白若」。

〔二〇〕「覩」，墨海本作「都」。

〔二一〕「龔」，守山閣本作「龍」。

〔二二〕「此」，守山閣本作「世」。

〔二三〕「注」，守山閣本作「曰」。按以下語出自注而非《楚辭》原文，以四庫本爲善。

〔二四〕「賢聖」，守山閣本作「聖賢」。

〔二五〕「屈原」二字守山閣本無。又兩本「倦」作「卷」。

〔二六〕「降小水」，守山閣本作「稱爲」。

〔二七〕「石榻」，墨海本、守山閣作「名搨」，誤。

〔二八〕「自」，守山閣本作「自」。

〔二九〕「探」，守山閣本作「深」。按《景文集》卷十四亦作「探」。

〔三〇〕「佛」，守山閣本作「法」。按《景文集》卷十四亦作「佛」。

〔三一〕「龜策傳」守山閣本作「南方經」。按《史記·龜策列傳》載此事。

〔三二〕「賊」，守山閣本作「則」。此似四庫館臣抄寫未改字而清刻本反改字。

〔三三〕「虜」，守山閣本作「敵」，下「虜走上山」同。又兩本下文「丞相」上無「漢」字。

〔三四〕「祁」，守山閣本誤作「祈」，下「祁山」字又作「祁」。

〔三五〕「旁」，原作「傍」，據守山閣本改。

〔三六〕「別」，守山閣本作「列」，似誤。

〔三七〕「内傳」，原作「缺」，據守山閣本改。

〔三八〕「峽」，守山閣本作「岐」。

〔三九〕「漱」，守山閣本作「激」。按《文忠集》卷六十三作「漱」。

緯略卷二

五神車

《金匱》曰：武王伐紂，都洛邑。雪深丈餘，甲子平旦，不知何神五大夫乘馬車從兩騎止門外。王使太師尚父謝五大夫賓幸臨之，尚父使人持粥一器出，進五車兩騎。王曰：『不知有名乎？』曰：『南海神曰祝融，東海曰勾芒，北海曰玄冥，西海曰蓐收，河伯雨師。』請使謁者於殿下門内引祝融，五神皆驚，相視而嘆。徐陵雪詩：『明朝闕門外，應見海神車。』李嶠詩：『大周天闕路，今日五神車。』劉庭琦雪詩：『姑射山中符聖壽，芙蓉闕下降神車。』蓋用此事。

周玉律

《晋諸公讃》曰：世祖時以荀勗所造律得周時玉律比校，正同。荀勗奏曰：『中所出御府銅竹律二十五具，其三具與杜夔、左延年法同。』周庾信上《玉律表》曰：『零陵廟前，徒尋舜琯；始平城下，空論談天。上制其禮，下習其儀，君定其法，臣行其事。謹造玉律一具，并玉秤尺斗合等。至於分粟累黍，量兹數籥，仰禀聖規，參詳神思。節移陰管，無勞河内之灰；氣動陽鍾，不待金門之竹。而琰琬事輕，般倕慮淺，不足展采成均，增輝度量。』庾開府之文亦佳作也。

魚先至

《大戴禮》曰：『二月祭鮪。』鮪者魚之先至也。《月令》曰：『季春薦鮪於寢廟。』注曰：『進時美味也。』《毛詩義疏》曰：『鮪魚出海，三月從河上。形似鯉而色青，黑頭小而尖如鐵兜鍪，口在頷下。』《淮南子》曰：禹决江疏河，鑿龍門，闢伊闕。龍門本有水門，鮪魚由其中上行，得上過者便爲龍。門乃禹辟而大之，故言鑿。

三素雲

《修真入道秘言》曰：立春日清朝北望，有紫緑白雲者爲三元君三素飛雲也，乘八輿之輪，上詣天帝。天子候見，再拜自陳：某乞得侍。給輪轂三過。見元君之輦者，白日昇天。一云出洞真黄老經。唐試進士以立春日望三素雲詩爲題，蓋出於此。陶弘〔一〕景《水仙賦》曰：『迎九玄於金闕，望三素於太清。』李義山《送宫人入道》詩：『九枝燈外朝金殿，三素雲中侍玉樓。』吴筠詩：『瓊臺劫爲仞，孤曠大羅表。常有三素雲，凝光自飛繞。』《黄庭經注》曰：『紫、青、紅謂之三素雲。蘇魏公作《春帖子詞》：萬年枝上看春色，三素雲中望玉宸。許冲元《春帖子詞》：三素雲飛依北極，九農星正見南方。鮑溶《温泉宫詩》：山蒸陰火雲三素，落日温泉鷄一鳴。

代將

樂毅爲燕王合五國之兵攻齊，下七十餘城，盡郡縣以屬燕，唯莒、即墨二城未下。昭王死，惠王即位，用齊人反間疑樂毅，而使騎劫代之。樂毅奔趙。《戰國策》。秦師伐趙，王使廉頗禦之。頗固壁不戰，趙王惑秦之間，以趙奢之子代頗，趙師大敗。《史記》。晋杜預都督荆州，襲吴西陵督張政，大破之。政，吴之名將，據要害之地，恥無備取敗，不以實告於孫皓。預欲間吴邊將，乃請還其所獲之衆於皓。皓果召政，遣武昌監劉憲代之。晋軍將至，將帥移易，傾蕩之勢，竟殄滅焉。《晋書》。成敗之機，在於信間，輕易有如此者。

老將

《史記》曰：秦始皇問李信曰：『吾欲攻荆，用幾何人而足？』信曰：『不過用二十萬人。』始皇問王翦，翦曰：『非六十萬人不可。』始皇曰：『王將軍老矣，何怯也？』翦謝疾歸老於頻陽。李信攻鄢郢，破之，引兵而西，與蒙恬會城父。荆人因隨之，三日三夜不得頓舍，大破李信軍。始皇聞之大怒，自馳如頻陽[二]，謝翦曰：『不用將軍計，李信果辱秦！將軍獨忍棄寡人乎？』翦謝曰：『老臣罷病悖亂，唯大王更擇賢將。』始皇謝曰：『已矣！將軍勿復言。』王翦曰：『大王必不得已用臣，非六十萬人不可。』始皇曰：『聽將軍計耳。』於是王翦將六十萬人代信擊荆，大破荆軍，虜荆王負芻，平荆地爲郡。西羌反時，趙充國年七十餘，上老之，使御史大夫丙吉問誰可將者，充國對曰：『無踰於老臣耳。』上遣問焉曰：『將軍度羌虜何如？當用幾人？』充國曰：『百聞不如一見。兵難隃度，臣願馳至金城，圖上方略。然羌戎小夷，逆天背叛，滅亡不久，願陛下以屬臣，勿以爲憂。』上笑曰：『諾。』充國日饗軍士，士皆欲爲用。虜數挑戰，充國堅守，捕得生口，言羌豪相數責曰：『語汝無反，今天子遣趙將軍來，年八九十矣，善爲兵，今欲一鬬而死，可得耶？』建武二十四年，武威將軍劉尚擊武陵五溪蠻夷，深入，軍没。馬援因復請行，時年六十二，帝愍其老，未之許。援自請曰：『臣尚能被甲上馬。』帝令試之，援據鞍顧眄，以示可用。帝笑曰：『矍鑠哉是翁也！』遂遣援。夫翦、充國、援以區區老臣，策勳秦漢；李廣之視三子，特伯仲間耳，請擊匈奴，上以其老，不許，竟坐數奇引兵失道，豈非天哉？

使酒

《漢書》曰：灌夫剛直使酒，不好面諛。漢季布任俠有名，孝文時召爲御史大夫，有言其勇，使酒難近。宋孔顗一作凱〔三〕使酒仗氣，醉則彌日不醒，僚寀一作類之間多所凌忽。

月窰

顔延年詩：『月窰來賓，日際奉土。』窰，窟也。杜子春《周禮注》曰：『今南陽人呼穿土爲窰。』木玄虛《海賦》曰：『大明轆轡於金樞之穴。』注曰：『月窟也。』

琴心三疊

《黄庭經》曰：『端居蘂珠十九年，琴心三疊化胎仙。』梁丘子曰：『三疊琴心，三丹田也。』《黄庭經》一曰『琴心文』，大率黄庭妙處，全以三丹田爲根，吐納爲用也。

真真

《聞奇録》曰：唐趙顔於畫工處得一圖，畫美女，工曰：『神畫也，呼真真百日即應。』果如其言。一友人以爲妖，贈之寶劍，欲斬之。真真曰：『某南嶽地仙也。君呼妾來，今又疑妾，妾不可住。』即攜其子上圖，圖上添一小兒矣。簡齋一作山谷《墨梅》詩：『窗間光景晚來新，半幅溪藤萬里春。從此不貪江路好，朥拚心力喚真真。』

五圖

鮑明遠詩：『五圖發金記，九籥隱〔四〕丹經。』采芝法有五，故曰『五圖』，出《太清金匱記》；仙經有九轉金液丹法，故云九籥。沈休文詩：『淹留訪五藥，顧步佇三芝。』五藥草、木、石、虫、穀也，三芝石芝、靈芝、肉芝。

截肪蒸栗

玉書稱玉白如截肪，黑譬純漆，赤擬鷄冠，黄侔蒸栗。魏文帝書。或問玉符，曰：赤如鷄冠，黄如蒸栗，白如猪脂，黑如純漆，玉之符也。王逸《玉部》。《唐寶記》曰：『玄黄天符，色如蒸栗，澤若凝脂。』仙人山玄卿《新宫銘》曰：『碧瓦鱗差，瑶階肪截。』用肪截奇甚。

白瑶宫

李賀卒，母夢賀言：上帝建白瑶宫，令作記。又創凝虚殿，使某纂樂章。今爲神仙中人，甚樂也。《物類相感志》。上帝遷都於月圃，構新宫，命曰『白瑶』，召李賀爲記。《塵外記》。長吉忽晝日見一緋衣人駕一赤虬，持一版書若太古篆或霹靂石文者，云當召長吉。長吉了不能讀，倏下榻叩頭言：『阿孀老且病，不願去。』緋衣人笑曰：『帝成白玉樓，召君爲記，天上差樂不苦也。』長吉獨泣道邊，人盡見之。少之，長吉氣絶。常所居窗中勃勃有煙氣，聞行車嘒管之聲，太夫人急止人哭，待之，如炊五斗黍許時，長吉竟死。李義山作《賀小傳》。義山之傳蓋得於長吉姊嫁王氏者。

文君誄

《西京雜記》曰：『司馬相如死，文君爲作誄。』《列女傳》曰：『柳下季死，妻自爲誄，門人不能損一字。』古人已如此。

嚏　占

《隨筆》謂：『《終風詩》「願言則嚏」，鄭氏箋曰：「女思我心如是，我則嚏也。」今俗人嚏，云「人道我」，此古之遺語也。此風自古已有之。』按《漢・藝文志》有《嚏耳鳴占》十六卷，其多如此，則嚏者亦古人深以爲事。《月令》曰：『季秋行夏令，則人多鼽嚏。』是爲病也。

習舊事

黄瓊遷尚書令，明習故事。李直爲侍中，章帝西謁園陵，直陪乘，問舊事輒對。《東觀漢記》。蔣疊爲太僕，久居臺閣，明習故事，在九卿位，數言便宜，奏議可觀。胡廣爲太傅時，年八十四，練達事體，明解朝章，屢有補闕之益，京師號曰『萬事不理問伯始』。龔遂拜尚書侍郎，彌綸舊章，深識故典，每入朝奏事，當廷所問，應時捷對。謝承《後漢書》。王傅拜尚書，習漢家舊事，在臺歷載，夙夜警戒，内外不漏。楊喬〔五〕拜尚書，明習國家舊事，故幹機密之職，夙夜周慎，退食自公。劉裕爲尚書侍郎，自在臺閣，閒習國家故事，每有奏議，決之於口。魏王粲拜侍郎，博物多識，問無不對，時舊典廢弛，興造制度，粲恒定之。李固薦楊淮累世服事臺閣，練達舊典。《益部耆舊傳》。刁協爲左僕射，時中興草創，協以早歷中朝，多諳諸事，朝廷政體一稟於協。《晉起居注》。

故事之始

韋賢爲丞相，老病乞骸骨，罷歸，丞相致仕自賢始。封丞相弘爲平津侯，後以爲故事。丞相封侯自弘始。梁丘賀爲郎，祠孝昭廟。賀筮有兵謀，故事：上常夜入廟，其後待明而入，自此始。武帝征伐四夷，令民産子二十歲乃出口錢。口錢自此始。惠帝遊離宫，叔孫通曰：『古者春嘗果，方今櫻桃熟，可獻之。』宗廟獻果由此始。諸葛豐爲司隸，舉節收許章，章自歸，上於是收豐節。司隸去節自豐始。任隗爲大匠，建武以來常侍謁者大匠置自隗始。尚書郎舊典科補長史，鄭弘爲僕射，奏臺職任尊而賞薄，人無樂者，補二千石自此始。魏許褚從太祖征馬超，韓遂破之，遷武衛中郎將。武衛中郎號自此始。崔邑爲司空，封安陽亭侯，邑六百户。三公封侯自此始。鄭默拜大鴻臚，母喪，舊法既葬還職，默陳懇至久而見許。聽大臣終喪自默始。傅初母憂去職，及葬母，詔給太常五等吉凶導從。其後諸卿大夫給導，自此始。石苞拜驃騎加侍中，羽葆鼓吹出，參軍於都督無敬，孫楚揖於苞，更相表上，故參軍有敬自楚始。謝尚采拾樂人制鍾石，以備太常樂。江表有鍾石之樂，自尚始。中宗賜謚多由封爵，不考德行。王導上疏曰：『臣聞大行受大名，小行受小名。近代已來唯爵謚，宜體前訓，使行以謚彰。』中宗納焉。公卿無爵而謚自導始。何法盛《晋中興書》。王導拜丞相，漢魏以來群臣不拜山陵，導以中宗契闊布衣，匪止君臣而已，每一崇進，無不親拜山陵，哀動左右。拜陵自導始。《晋書》。後魏李崇除襄州刺史，懸鼓捕盜。諸州置樓鼓自崇始。《後魏書》。

諮政

漢張禹居家，國家每有大政，必與定議。董仲舒去位歸家，朝廷有大議，使使者及廷尉張湯就其家問之，其對皆有明法。趙充國乞骸骨就第，朝廷每有四夷大議，常與參兵謀、問籌策焉。後漢橋玄徵拜大鴻臚，老乞骸骨，經傳有疑，使小黄門就問之。晋劉寔以侯就第，懷帝詔曰：『國之大政，就諮於君。』

給札

上讀相如《子虛賦》，善之，召相如。相如曰：『此諸侯之事，未足觀。請爲《天子遊獵賦》。』上令尚書給筆札，乃爲《上林賦》。《史記》。荀悦志在獻替一作納，獻帝好典籍，常以班固《前漢書》文繁難省，乃依《左氏傳》體以作《漢紀》，辭約事詳，詔尚書給筆札。《後漢書》。張華有文才，晋儀制度鼇革，勑有司給筆札，多所損益。王隱《晋書》。

文章不起草

北齊杜弼，從高祖破西魏，命爲露布，手即書絹，曾不起草。魏收以文章見知，奉詔爲封禪文，下筆便就，不起草藁。

重席

戴憑正旦朝賀，帝與群臣説經義，不通輒奪其席。憑重十五席。殷亮拜博士，諸儒講論勝者賜席，亮重席八九。《殷氏世傳》。

鹵簿

蔡邕《獨斷》曰：『天子車駕次第謂之鹵簿。有大駕小駕，有法駕。大駕屬車八十一乘，祠天於甘泉備之。官有其注，名曰甘泉鹵簿。中興以來希用之。法駕公卿不在鹵簿中，惟河南尹、執金吾、洛陽令奉引小駕，屬車三十六乘，祠宗廟則用之。』《後漢志》曰：『乘輿大駕，公卿奉引，太僕、卿、大將軍驂乘。』賈誼《過秦論》曰：『伏屍百萬，流血漂鹵。』孔璋《檄文》曰：『伏屍千萬，流血漂櫓。』鹵乃從木。《通典》所載『鹵簿』則戰楯居外，刀楯居内。《漢書注》曰：『櫓，大楯也。』《復古編》：『鹵所以進船，或作櫓字。』鹵者干櫓之義，簿者記籍之稱也。應劭有《漢官鹵簿圖》，《古秘畫珍圖目》有《天地郊祀鹵簿圖》一卷，《大駕鹵簿圖》三卷，晋有《鹵簿圖》一卷，齊有《鹵簿儀》一卷，陳有《鹵簿儀》三卷、《鹵簿圖》一卷。唐世鹵簿正用漢制，行列次第並著《儀衛志》。唐王象有《畫鹵簿圖》。皇朝天聖中，王欽若撰《鹵簿圖》三卷。皇祐中詔修《鹵簿圖》，宣憲宋公修撰，凡十卷，至犦槊不得其義。《爾雅》曰：『犦牛，犎牛也。』此獸抵觸百獸，無敢當者，故金吾仗刻犦牛於槊首，以碧油囊之。《荆楚歲時記》説與《爾雅》同。宣和間亦修《鹵簿圖》。温庭筠詩：『早雁驚沉細波起，晚花鹵簿龍飛回。』此施之奉引者也。張祐詩：『晏車悲鹵簿，廣樂遏簫韶。』王建詩：『拜陵日到公卿發，鹵簿分頭入太常。』此施之凶禮者也。閻朝隱詩：『鹵簿山川暗，琵琶道路長。』此施之於臣下者也。清畫詩：『紅塵驅鹵簿，白羽擁嫖姚。』此又兵事也。

天公牋

晋劉謐之與天公牋曰：『昔辛酉之際，遭湯旱流煙。今子亥之歲，值堯水滔天。火延其盧，水壞其田。何人小子，頓偷雙船。由是行無擔石，室如罄懸。』宋吴道玄與天公牋曰：『道玄居在城南，接水近塘。草木幽蔚，蚊虻所藏。茆茨漏宇，纔容數牀。無有高門大屋，來風致凉。積汗累熏，體日萎黄。未免夏暑，逆愁冬霜。闕。則兩幅之薄被，上有牽綿與敝絮。徹以三股之絲綖，聯以四升之麤布。狹領不掩其巨形，促緣不覆其長度。伸腳則足出，攣踡則脊露。』王逸《天問章句》曰：『天問者，屈原之所作也。何不言問天？天尊不可問，故曰天問。』劉禹錫《問大鈞賦》先儒有言其不然者，而况牋耶？柳宗元《天對》精深瓌古，成一家言，離騷而後，一人而已。

八風

《易通卦驗》曰：『冬至廣莫風至，誅有罪，斷大刑。立春條風至，赦小罪，出稽留。春分明庶風至，正封疆，修田疇。立夏清明風至，出幣帛，禮諸侯。夏至景風至，辨大將，封有功。立秋凉風至，報土功，祀四鄉。秋分閶闔風至，解懸垂，琴瑟不張。立冬不周風至，修宫室，完邊城。八風以時則陰陽變化道成，萬物得以育生。王當順八風，行八政，當八卦也。』《春秋考異郵》曰：『八風殺生以節翺翔。距冬至四十五日條風至。條者，達生也。距，猶起也，自冬至後四十五日而立春，東北〔六〕風應其方而來，生萬物。四十五日明庶風至。明庶者，迎惠也。春分之後。庶，衆也，陽以施惠之恩德迎衆物而生之。四十五日清明風至。清明者，精芒挫收也〔七〕。立夏之後。挫，猶止也，時薺麥之屬秀出已備，故剉止其鋒芒，收之使成實。四十五日景風至。景者，强也，强以成之。夏至之候也。强，言萬物强盛也。四十五日涼風至。涼風者，寒以閉也。立秋之候也。閉，收也，言陰寒收成萬物也。四十五日閶闔風至。閶闔者，當寒大收也。秋分之候也。閶闔，盛也，時盛收物蓋藏之閶闔或爲當。四十五日不周風至。不周者，不交也，陰陽未化合也。立冬之候也。未化合，言消息純坤無陽也。《月令》曰：天地不交而閉塞成冬也。四十五日廣莫風至。廣莫者，精大滿也。冬至之候也。言冬物無見者，風精大美滿無偏。風之爲言萌也，其立字虫動於凡〔八〕中者爲風。虫動於凡，言陽氣無不周也。明昆虫之屬得陽乃生，遇陰則死，故風爲陰中之陽者也。《易緯》曰：八節之風謂之八風。立春條風至，東北方風。春分明庶風至，東方風。立夏清明風至，東南方風。夏至景風至，南方風。立秋涼風至，西南方風。秋分閶闔風至，西方風。立冬不周風至，西北方風。冬至廣莫風至。北方風。』《呂氏春秋》曰：『何謂八方風？東北曰炎風，高誘注：一曰融風。東方曰滔風，一曰明庶風。東南曰薰風，一曰清明風。《淮南子》作景風。南方曰巨風，一曰凱風。西南曰凄風，淮南子作涼風。西方曰飂風，一曰閶闔風。西北方曰厲風，一曰不周風。北方曰寒風。一曰廣莫風。』

避風

《養性經》曰：『治身之道，春避青風，夏避赤風，秋避白風，冬避黑風。』孫思邈論衛生以爲人當避暗風、箭風者，蓋此之謂也。

風經

黄帝《風經》曰：『調長祥和，天之喜風也。抑揚奔厲，天之怒風也。』晋江逌《風賦》所謂『若飀厲狂〔九〕，觸物怒號，捲揚江海，回拔陵嶠』，此蓋用《莊子》中事。喜風二字，未經人用也。

雲貫斗〔一〇〕

韓休《喜雨賦》曰：『天垂貫斗之雲，神召離星之月。』此二語瓌新之甚。按《天文集要》曰：『北斗不欲雲覆之，有黑雲覆，天大雨休。』正用此事。

漢唐人物

《公孫弘傳贊》曰：『儒雅則公孫弘、董仲舒、倪寬；篤行則石建、石慶；質直則汲黯、卜式；推賢則韓安國、鄭當時；律令則趙禹、張湯；文章則司馬遷、相如；滑稽則東方朔、枚皐；

應對則嚴助、朱買臣；；曆數則唐都、洛下閎；；協律則李延年；；運籌則桑弘羊；；奉使則張騫、蘇武；；將帥則衛青、霍去病；；受遺則霍光、金日磾。其餘不可勝紀。是以興造功業，制度儀文，後世莫及。孝宣承統，纂循〔二二〕洪業，招選茂異，而蕭望之、梁丘賀、夏侯勝、韋玄成、嚴彭祖、尹更始以儒術進；；劉向、王褒以文章顯；；將相則張安世、趙充國、魏相、丙吉、于定國、杜延年；；治民則黄霸、王成、龔遂、鄭弘、邵信臣、韓延壽、尹翁歸、趙廣漢、嚴延年、張敞之屬，皆有功迹，見述於世。參其名臣，亦其次也。』後世非唯無此人物，亦無此文章，每讀此爲之太息。以武帝人才之盛，而固所贊殊不及相業也。王珪嘗侍宴，太宗謂珪曰：：『卿識鑒精通，尤善談論。自房玄齡等，咸宜品藻；；又可自量，孰與諸子？』珪對曰：：『孜孜奉國，知無不爲，臣不如玄齡；；才兼文武，出將入相，臣不如李靖；；敷奏詳明，出納惟允，臣不如彦博；；處煩理劇，衆務畢舉，臣不如戴胄；；以諫諍爲心，耻君不及堯舜，臣不如魏徵。至如激濁揚清，嫉惡好善，臣於數子，亦有一日之長。』太宗深然其言，群公亦各以爲盡己所懷，謂之確論。此殊有典謨氣象。唐人物之盛至如此，似非漢所及。

御撰晋書

《晋書》之首，置以御撰。今觀《天文志》曰：：『天聰明自我人聰明。』以『民』爲『人』，太宗不應自避其名。又『洛書乾曜度』以『乾』爲『甄』，太宗又不應爲太子承乾避也。只是史官所修，間有經御覽裁整者。謂之御撰，則不可也。

白麏

《晋中興書》曰：『中興所在獻白麏。』王述有《上白麞表》曰：『毛色潔素，斯誠嘉祥。』按《穆天子傳》有曰：『天子賜黄金之鹿，白銀之麏。』正謂是也。《爾雅》曰：『麏，牡麌魚矩反牝曰麜音栗，其子麆音助。』

棋

後漢馬融《圍棋賦》曰：『三尺之局，爲戰鬭之場。陳聚士卒，兩敵相當。怯者無功，貪者先亡。先據四道，保〔一二〕角依傍。緣邊遮列，往往相望。離離馬目，連連雁行。踔度間置，徘徊中央。收取死卒，無使相傷〔一三〕。當食不食，反受其殃。離亂交錯，更相度越。守規不固，爲所唐突。深入貪地，殺亡士卒。狂攘相救，先後并没。計功相除，以時早訖。事留變生，拾棋欲疾。營或窘乏，無令詐出。深念遠慮，勝乃可必。』晋曹攄《圍棋賦》曰：『二敵交行，星羅宿列。雲會中區，網布四裔。合圍促陣，交相侵伐。用兵之象，六軍之際也。張甄設伏，挑敵誘寇。縱敗先鋒，要勝復後〔一四〕。尋道爲場，頻戰累鬭。夫保角依邊，處山營也。隔道相望，夾水兵也。二鬭共生，皆自并也。持棋合連，擇地形也。覽斯戲以廣思，儀群方之妙理。訝奇變之可嘉，思孫吳與白起。世既平而功絶，局告成而巧止。』晋蔡洪《圍棋賦》曰：『旅進旅退，二騎迭驅。翻翻馬合，落落星敷。各嘯歌以發憤，運變化以相符。乍似戲鶴之干霓，又類狡兔之繞丘。散象乘虚之飛電，聚類絶貫之積珠。然後枕以大羅，繕以城郭，綴以懸險，經以絶落。眇望翼舒，翺翔容與。彎掌南指，情實西射。揚塵奮迹，雖動詳悉。或臨局寂然，惟棋是陳，静昧無聲，潛來若神，抑舒之役，成子之賢也。或聲手俱發，諠譁譟擾，色類不定，次措無已，再衰三竭，鋭氣已朽，登軾望軼，其亂可取也。爾乃心鬭𢧵競，勢使撝謙，攜手詆欺，朱顔相〔一五〕嫌。然局不弘席，子不盈捲，秉二儀之極要，握衆巧之至權。若八卦之初兆，遂消息乎天文。屈則尺蠖，舒則龍翻。崔嵬雲起，巃嵸浪傳。峑岑山結，沓如霧分。静若清夜之列宿，動若流彗之互奔。殿未結而算了，隸首不得窺其門；局覆亂而不惑，妍一作研。桑不足識其源。或設死而稱枉，臯陶不能治其怨；或巧逸以樂胥，后夔不足以之讚。亂云：勢貌多矣，孰能究傳？遠求近取，予一以貫。』梁武帝《圍棋賦》曰：『圓奩象天，方局法地。枰則廣羊文犀，子則白瑶玄玉。方眼無斜，直道不曲。爾乃建將軍，布將士，列兩陣，驅雙軌。徘徊鶴翔，差池燕起。用忿兵而不顧，亦憑河而必危；無成術而好鬭，非智者之所爲。運疑心而猶豫，志無成而必虧。今一棋之出手，思九事而爲防。敵謀斷而計屈，欲侵地而無方。不失行而致寇，不助彼而爲强，不讓他以增地，不失子而云亡。落重圍而計窮，欲佻巧而行促。劇疏勒之迍邅，甚白登之困辱。或龍化而迢絶，或神變而速悟。勿膠柱以調瑟，專守株而待兔。或有少基，已有活形。失不爲悴，得不爲榮。若其苦戰，未必能平。用折雄威，致損令名。故城有所不攻，地有所不争。東西馳走，左右周章。善有翻覆，多致敗亡。雖蓄鋭以將取，必居謙以自牧。譬猛獸之將擊，亦俛耳而固伏。若局勢已勝，不宜過輕。禍起於所忽，功墜於垂成。至如玉壺銀臺，車廂井欄，既見知於曩日，亦在今之可觀。或非劫非持，兩懸兩生。局有衆勢，多不可名。或方四聚五，花六持七。雖涉戲之近事，亦臨局而應悉。或取結角，或營邊鄙，或先點而亡，或先〔一六〕撇而死。故君子以之遊神，先達以之安思。盡戲弈之要道，窮情理之奥祕。』梁宣帝《圍棋賦》曰：『蜂起百塗，縱横萬制。或無厭而反失，或先贏而後濟。』後漢班固《弈旨》曰：『或虚設豫置，以自衛護，蓋象庖犧網罟之制。隄防周起，障塞漏决，有似夏后治水之勢。一孔有闕，壞頹不振，有似瓠子汎濫之勢。作伏設詐，突圍横行。田单之奇，要厄相劫，割地取賞；蘇張之姿，參分有勝〔一七〕。伐而不誅，周文之德。逡巡徐行，保角依旁。卻自補續，雖敗不亡。繆公之智，中庸之方。上有天地之象，次有帝王之治，中有五霸之權，下有戰國之事。覽其得失，古今略備。』魏應瑒《弈勢》曰：『蓋棋弈之制，所由來尚矣，有象軍戎戰陣之紀。旍旗既列，權慮蜂起。絡驛雨集，魚鱗雁峙。奮維闐翼，固衛邊鄙。或飭遁僞旋，卓轢軿列。贏師延敵，一乘虚絶。歸不得合，兩見擒滅。淮陰之謨，拔旗之勢也。或匡設無常，尋變應危。寇動北壘，備在南麾。中基既捷，四表自虧。亞夫之智，耿弇之奇也。或假道四布，周爰繁昌。雲合星羅，侵逼郊埸。師弱衆寡，臨據孤亡。披掃彊禦，廣略土疆。昆陽之威，官渡之方也。挑誘既戰，見欺敵對。紛拏相救，不量進退。群聚俱殞，力行唐突。瞋目恚憤，覆局奔潰。項將之咎，楚懷之悖也。時或失謬，收奔攝北。還自保固，完聚補塞。見可而進，先負後克。燕昭之賢，齊頃之德也。長驅馳逐，見利忘害。輕敵寡備，所喪彌大。臨疑猶豫，算慮不詳。苟貪少獲，不知所亡。當斷不斷，還爲所謀。項羽之失，吴王之尤也。持棋相守，莫敢先動。猶楚漢之兵，相拒索鞏也。」梁沈約《棋品序》曰：「奕之時義大矣哉！體希微之趣，含奇正之情。静則合道，動必適變。若夫入神造極之靈，經武緯文之德，故可與和樂等妙，上藝齊工。支公以爲手談，王生謂之坐隱。是以漢魏名賢，高品間出；晋宋盛士，逸思争流。雖復理生於數，研求之所不能涉；義出乎幾，爻象未之或盡。凝神之性難限，入玄之致不窮。」

右棋之賦五，棋之論三，有能造悟其一，當所向無敵，况盡得其理乎？

校勘記

〔一〕「弘」，守山閣本作「宏」。以下不再出校。

〔二〕「頻陽」，守山閣本作「頴陽」。按《史記·王翦列傳》作「頻陽」。

〔三〕三字唯四庫本有。下「一作類」同。

〔四〕「隱」，守山閣本作「引」。按《文選》卷二十八作「隱」。

〔五〕「楊喬」，墨海本、守山閣本作「喬楊」，四庫本作「楊喬」。按《後漢書》有尚書楊喬，不見喬楊。

〔六〕「東北」，守山閣本作「此」。

〔七〕「清明者精芒挫收也」，四庫本僅有「精芒挫收」四字，據墨海本、守山閣本補。

〔八〕「凡」，墨海本、守山閣本作「几」。小注中「虫動於凡」同。

〔九〕此句不通。按《藝文類聚》作「若乃飀厲狂震」。

〔一〇〕「斗」，守山閣本作「耳」，下「天垂貫斗」同。按《文苑英華》卷十四引作「斗」。

〔一一〕「循」，守山閣本作「緒」。

〔一二〕「保」，守山閣本作「守」。按《藝文類聚》卷七十四引作「保」。此條全鈔《藝文類聚》卷七十四，而守山閣本異文甚多，以下僅出校四庫本與《藝文類聚》不同之處。

〔一三〕「傷」，守山閣本、《藝文類聚》作「迎」。

〔一四〕「復後」，守山閣本、《藝文類聚》作「後復」。

〔一五〕「相」，守山閣本、《藝文類聚》作「妒」。

〔一六〕「先」，《藝文類聚》同，守山閣本作「後」，似作「後」是。

〔一七〕「勝」，守山閣本、《藝文類聚》作「二」。

緯略卷三

鳳毛

王敬倫姿容似父，作侍中，公服從門入，桓公望之，曰：『大奴故自得鳳毛也。』大奴，王劭〔一〕也。《世説》。亦見《中興書》。謝超宗祖靈運，父鳳。宗好學，曾作誄，奏之，帝大嗟賞，曰：『超宗殊有鳳毛，恐靈運復出。』《南齊書》。北平王貞字仁賢，世祖第五子也，沉審寬恕，太祖稱『此兒得我鳳毛』。《北齊》。一本無我字。晋尚書閔鴻見陸雲，奇之曰：『此兒若非龍駒，即是鳳雛。』龐統字士元，人目爲鳳雛。《襄陽記》。杜詩：『欲知世掌絲綸美，池上於今有鳳毛。』岑參詩：『中郎一鳳毛，世上獨賢豪。』此用鳳毛也。劉商〔二〕詩：『鳳雛皆五色，鴻漸又雙飛。』此用鳳雛也。宋元憲詩：『羽毛丹穴種，頭角玉麟兒。』尤更奪胎。

門多好事

漢張竦以列侯居長安，貧無賓客，時時好事者從之質疑問事，論道説書。揚雄家貧嗜酒，人稀至其門，有好事者載酒饌從學。李楷《述身賦》曰：『座有清譚之客，門多好事之車。』好事二字已見竦傳。

麈尾

王導《麈尾銘》曰：『誰謂質卑，御於君子。拂穢静暑，虚心以俟。』許詢《白麈尾銘》曰：『蔚蔚秀格，偉偉奇姿。荏弱軟潤，雲散雪霏。君子運之，探玄理微。』陸龜蒙《麈尾賦》有曰『叩易論玄，驅今駕古。散入神明之賾，中含道德之祖』，此形容揮用之趣。獨孤授《竹如意賦》有曰『發奥滌玄，遐鈎獨索』，亦是形容用處，優於龜蒙。二公所作，全不似唐人文章。麋之大者曰麈，群麋一作鹿隨之，皆依一作視麈尾所轉。出《名苑》。又《恩平郡譜》曰：『麈謂之荒麈。』《埤雅》曰：『其尾辟塵。』

秦醫越醫

晋侯疾病，求醫於秦。秦伯使醫緩爲之。未至，公夢疾爲二豎子曰：『彼良醫也，懼傷我，焉逃之？』其一曰：『居肓之上，膏之下，若我何？』醫至曰：『疾不可爲也。在肓之上，膏之下，攻之不可，達之不及，藥不至焉。不可爲也！』公曰：『良醫也。』厚爲之禮而歸之。《左氏·成公十五年》。齊桓公六年，越醫扁鵲過齊，桓侯客待之。入朝見，曰：『君有疾在腠理，不治將深。』桓侯曰：『寡人無疾。』扁鵲出，桓侯謂左右曰：『醫之好利，欲以不疾病爲功。』後五日復見，曰：『君疾在血脈。』後五日，復見，曰：『疾在腸胃。』後五日，見桓侯而還走。桓侯使人問其故，曰：『疾在骨髓，臣是以無請也。』桓侯遂卒。《春秋後語》。

春秋時論養生

晉侯有疾，鄭伯使公孫僑如晉聘，且問疾。叔向問焉，曰：『寡君之疾病，卜人曰實沈、臺駘爲祟，史莫之知，敢問此何神也？』子産曰：『若君身，則亦出入飲食哀樂之事也，山川星辰之神又何爲焉？僑聞之，君子有四時：朝以聽政，晝以訪問，夕以修令，夜以安身。於是節宣其氣，勿使有所壅閉。湫子小切底以露其體，湫，集也。底，滯也。露，羸也。壹之則血氣集滯而體羸露。今無乃壹之，則生疾矣。』《左氏·昭公》。晉侯求醫於秦伯，秦伯使醫和視之，曰：『疾不可爲也。是謂近女室，疾如蠱，非鬼非食，惑以喪志。良臣將死，天命不祐。』公曰：『女不可近乎？』對曰：『節之。先王之樂所以節百事也，故有五節。五聲之節。遲速本末以相及，中聲以降，五降之後，不容彈矣。於是有煩手淫聲，慆堙心耳，乃忘和平，君子弗聽也。物亦如之。至於煩，乃舍也已，無以生疾。君子之近琴瑟以儀節也，非以慆心也。天有六氣，降生五味，發爲五色，徵爲五聲，淫生六疾。六氣曰陰、陽、風、雨、晦、明也，分爲四時，序爲五節，過則爲菑。陰淫寒疾，陽淫熱疾，風淫目〔三〕疾，雨淫腹疾，晦淫惑疾，明淫心疾。女，陽物而晦時，淫則生内熱惑蠱之疾。今君不節不時，能無及此乎？』趙孟曰：『何謂蠱？』對曰：『淫溺惑亂之所生也。於文皿蟲爲蠱，穀之飛亦爲蠱。在《周易》，女惑男、風落山謂之蠱。皆同物也。』趙孟曰：『良醫也。』厚其禮而歸之。

雜卜

蠡卜者，《春秋後語》曰：『蘇秦事鬼谷子，學終辭歸，道乏困行，以燕人蠡卜傳説自給。』彪卜者，《博物志》曰：『彪知衝破，又能畫地卜，今人有畫物上下者，推其奇偶，謂之彪卜。』雞卜者，《史記》曰：『越巫立越祀而以雞卜。』鳥卜者，《隋書》曰：『女國在葱嶺之南，其國俗事阿修羅神及樹神，歲初以人祭，或用獼猴祭。畢，入山祝之。有一鳥如雌雉，來集掌上，破其腹而視之，有粟則年豐，沙石則有灾，謂之鳥卜。開皇六年遣使朝貢，其後遂絶。』摴蒱卜者，《博物志》曰：『老子入西戎，造摴蒱。摴蒱者，五木也，或云胡人亦爲摴蒱卜。』十二棋卜者，《異苑》曰：『十二棋卜出自張文成，受法於黄石公。行師用兵，萬不失一。逮至東方朔，密以占衆事。自此以後祕而不傳。晋寧康初，襄成寺法味道人忽見一老翁着黄皮衣，竹筒盛此書以授法味，無何失所在。遂復流於世。』竹卜者，《荆楚歲時記》曰：『秋分以牲祠社，具供帳盛於仲春之月，社之餘胙，悉貢饋鄉里，周於族。社餘之會，其在兹乎？此其會也，擲茭於社神以占來歲豐歉，或折竹以卜。』《楚詞》曰『索瓊茅以筳篿』，楚人折竹結草以卜，謂爲篿也。牛蹄卜者，《晋書》曰：『夫餘國若有軍事，殺牛祭天神，以其蹄占吉凶。蹄解者爲凶，合者爲吉。』楊方

《五經鉤沉》曰：『東夷之人以牛骨占事，呈吉示凶。』

對策射策 甲乙科，謂作簡策難問，列置案上，在試者意投射取而答之，謂之射策。上者爲甲，次爲乙。若録政紀得失，顯而問之，謂之對策也。出《漢書音義》。

翟方進射策甲科爲郎。晁錯舉賢良，上親策之，詔策百餘人，錯爲高第。董仲舒以賢良對策爲天下第一。王嘉射策甲科爲郎。何武射策甲科爲郎。後漢蘇章對策高第，拜議郎。劉淑桓帝時對策爲天下第一，拜議郎。建初元年，詔舉賢良方正，對策者百餘人，魯平策在高第，拜爲議郎。司馬彪《續漢書》。漢射策與對策不同。按《蕭望之傳》注：『射，謂爲難問疑義書於策，量其大小，署爲甲乙之科，不使彰顯。欲射者隨其所取得而釋之。對者顯問以政事經義，觀其所對文詞定高下。』晉潘京爲州所辟，因謁見問策，探得不孝字，刺史曰：『辟士爲不孝耶？』答曰：『今爲忠臣，不得爲孝子。』此亦射策遺法耳。

唐科 唐之科目，視漢最盛，因裒録之。

志烈秋霜科。顯慶二年，韓思彦。幽素科。乾封元年，蘇瓌、解琬、苗神容、何輔元、徐昭、劉訥言、崔谷神。詞殫文律科。上元元年，崔融。岳牧科。永隆元年，員半千〔四〕。才膺管樂科。神龍二年，張大求、魏啟心、魏愔、盧絢、張文成、褚璆、咸慶業、郭璘、趙不爲。才高位下科。馮萬石、寇良貞、張敝。材堪經邦科。三年，張九齡、康元瓌。賢良方正科。蘇晉、宋務光、寇泚、盧怡、呂慎。抱器懷能科。景龍三年，張侯銛。茂才異等科。王敬從、盧重元。詞標文苑科。垂拱四年，房晉、甫瓊、王旦。蓄文藻之思科。永昌元年，彭景直。抱儒素之業科。李文愿。臨難不顧徇節寧邦科。長壽二年，薛稷、寇泚。長才廣度沉迹下僚科。證聖元年，張漪。文藝優長科。通天元年，韓琬〔五〕。絶倫科。神功元年，蘇頲、崔元童、袁仁敬、何鳳、孟温禮、洪子與、盧從愿、趙不欺。拔萃科。大足元年，崔翹、鄭徵。疾惡科。馮萬石。龔黃科。長安二年，馬克麾。文以經國科。景雲二年，袁暉、韓朝宗。藏名負俗科。李俊之。文經邦國科。先天元年，韓休。藻思清華科。趙冬曦。宣風興化科。郭璘之。道侔伊呂科。張九齡。手筆俊拔超越輩流科。杜昱、張子漸、張秀明、常無咎、趙居貞、賈登、邢巨。直言極諫科。開元二年，梁昇卿、袁楚客。哲人奇士逸倫屠釣科。孫逖。良才異等科。邵閏之、崔翹。文史兼優科。五年，李昇期、康子元〔六〕、達奚珣。文儒異等科。崔侃、褚庭誨。博學通議科。六年，鄭少微、蕭道成〔七〕。文詞雅麗科。七年，邢巨、苗晉卿、褚思光、趙良器。將帥科。十二年，裴敦復、房自謙。武足安邊科。十五年，鄭昉、樊衡。高才沉淪草澤自舉科。鄧景山。才高未達沉迹下僚科。十七年，吴鞏。博學宏詞科。十九年，鄭昉〔八〕、陶翰。多才科。二十一年，李史魚。王霸科。二十三年，劉璀、杜綰。智謀將帥科。張重光、崔圓〔九〕、季廣深。文詞秀逸科。天寶元年，崔尤、顏真卿。風雅古詞科。六年，薛璩。詞藻宏麗科。十三年，楊綰。樂道安貧科。大曆二年，楊膺〔一〇〕。諷諫主文科。六年，鄭珣瑜、李益。賢良方正能直言極諫科。大曆二年，裴休、裴素、李郃、南卓、李甘、杜牧、馬植、鄭亞、崔博、崔璵、王式、羅群京、崔渠、韓賓、崔慎、苗愔、韋祀、崔焕、崔讜。建中元年，姜公輔、元友直、樊澤、吕元膺。貞元元年，韋執誼、鄭科、田穆賢、楊鄖、裴復、柳公綽、歸登、李直言、崔邠、鄭敬、魏弘簡、田元祐、徐元祐〔一一〕、徐衮。四年，崔元翰、裴次元、李彝、崔豐、史牟、陸震、柳公綽、趙儋、徐弘毅、韋彭壽、鄒儒立、杜倫、元易、王及、王真。十年，裴垍〔一二〕、王播、朱諫、裴度、熊執易、許堯佐、徐弘毅、杜轂、崔群玉、皇甫鎛、王仲舒、季同、仲子陵、鄭士林、丘顗。寶曆元年，唐中、楊儉、韋端符、舒元褒、蕭敞、楊魯士、來釋、趙祝、裴暉、韋瑶、李昌實、嚴封、李涯、蕭夷中、馮球〔一三〕、元晦。元和三年，牛僧孺、皇甫湜、李宗閔、李正封、吉弘宗、徐晦、賈餗、王起、郭琳瑘、姚衮、庾〔一四〕威。長慶元年，龐嚴、任畹、吕述、姚中、韋曙、李回、崔嘏、崔龜從、韋正實、崔知白、陳玄錫。軍謀宏遠堪任將帥科。大曆二年，鄭冠、李式。詳明吏理達於教化科。大曆二年，宋琨。寶曆元年，韋正實。文詞清麗科。建中元年，奚陟、梁肅、劉公亮、鄭轅、沈封、吴通玄。經學優深科。建中元年，孫珌、黎逢白、李隨。高蹈丘園科。建中元年，張紳、衡良儒、蘇哲。軍謀越衆科。建中元年，夏侯審、平知和、鄭澹、凌正、周謂、丁侁。孝弟力田聞於鄉閭科。建中元年，郭黄中、崔治、季牧。貞元四年，張皓〔一五〕。博通墳典達於政化〔一六〕科。貞元元年，熊執易、劉簡甫。十年，朱穎。元和三年，馮芭、凌旦。長慶元年，李思玄。識洞韜略堪任將帥科。貞元元年，許贊。清廉守節政術可稱堪任縣令科。貞元四年，李巽。詳明政術可以理人科。貞元十年，張平叔、李景亮。長慶元年，崔郢。才識兼茂明於體用科。貞元十年，元積、韋惇、獨孤郁、白居易、曹景伯、韋慶復、崔琯、羅讓〔一七〕、崔護、薛存慶、章衍、李璠、元修、蕭俛、沈傳師、柴宿。達於吏理可使從政科。貞元十年，陳岵。元和三年，蕭睦。軍謀宏遠材任將帥科。元和三年，樊宗師。長慶二年，吴思、李商卿。軍謀宏遠材任邊將科。寶曆元年，裴儔、侯雲章。

鹽梅鹽豉

後漢桓麟《七説》曰：『河黿之羹，齊以蘭梅。』崔駰《七依》曰：『鹺以大夏之薑，酢以越嘗之梅。』張景陽《七命》曰：『燀以秋橙，和以春梅。』《説命》曰：『若作和羹，爾惟鹽梅。』《左傳》晏子曰：『水火醯醢，鹽梅以烹魚肉。』古人調鼎皆用梅也。《禮記·内則》《楚辭·招魂》備論飲食而不及豉，史游《急就篇》乃有『蕪荑鹽豉』，《史記·貨殖傳》曰：『蘖麴鹽豉千合。』《三輔决録》曰：『前隊大夫范仲公，鹽豉蒜果共一籩。』秦漢以來始有之也。

商寶玉

《湯誓》曰：『遂一作武伐三朡，俘厥寶玉，誼伯中一作仲伯作典寶。』《周書》曰：『武王俘商，舊寶玉萬四千，佩玉億有八萬。』其多如此。韓子曰：『周有玉版，紂令膠鬲索之，文王不予。』文王有一玉版，紂尚欲得之，寶玉可知矣。《湯誥》曰：『不殖貨利。』《盤庚》曰：『無總貨寶。』兹所以戒也。《帝王世紀》曰：『紂敗績，登鹿臺，蒙寶衣玉席，投於火而殁。』《汲冢書》曰：『紂取天智玉自焚，玉不銷。』

玉馬

《異苑》曰：『晋東瀛王騰鎮鄴，天雪，門前方數十步融液不積。騰怪，掘之得玉馬，高一尺許。』又曰：『弘農楊子陽太元初聞土中有聲，掘得玉肫。』《韓詩外傳》曰：『魯哀公使人穿井，三月不得泉，得一玉羊焉。公以爲玉羊，使祝鼔舞之，欲上於天。羊不能上，孔子見曰：「水之精爲玉，土之精爲羊，願無怪之。此羊肝土也。」公使殺之，視肝即土矣。』《易是類謀》曰：『西岳亡玉羊。』鄭玄注曰：『玉羊，華山之精。』

二十四圖

二十四真圖，五嶽之藏也，得之必能仙去，飛步太清。欲得道法，先沐浴去穢一作污，當得東井圖。欲朝五帝、役山精，當得五嶽圖。欲通神靈法仙訣，當得入史真形圖。欲通五行，當得六甲通靈圖。欲存吾身、致天神，當得九宫紫房圖。欲奉道法，當得太清圖。欲奉順道，當得混成圖。欲通道機，當得西昇保録圖。欲通變化，當得靈化圖。欲攝大道，當得九天圖。欲脱身形，當得九變圖。欲隱身存神，當得養身圖。欲定身守神寳，當得含影圖。欲恬泊守一以存身，當得養身圖。欲寂默養志，當得精誠守志圖。欲清凈潔白、致其芝英，當得芝英玉女圖。欲驅六丁，當得六陰玉女圖。欲致仙籙，當得九九道仙圖。欲食道氣，當得導引圖。欲治道求術，當得洞中皇寶圖。欲爲變化，當得偃息圖。欲臨鑪定九丹金液，當得太乙圖。欲登五岳求神仙芝藥，當得開山芝藥圖。欲保神形、别邪精，當得明鏡圖。《玉符經》。

龜

《周禮》曰：「天龜曰靈屬，地龜曰繹屬，東龜曰果屬，西龜曰雷屬，南龜曰獵屬，北龜曰若屬。」《史記》曰：「一曰北斗龜，二曰南辰龜，三曰五星龜，四曰八風龜，五曰二十八宿龜，六曰日月龜，七曰九州龜，八曰王龜。凡八名。」《爾雅》曰：「一曰神龜，龜之最神明者。二曰靈龜，涪陵郡出大龜，甲可以卜。緣中文似瑇瑁，俗呼爲靈龜，即今觜蠵龜，一名靈蠵，能鳴蠵以規切。三曰攝龜，小龜也。腹甲曲折解，能自張閉，好食蛇，江東呼爲靈龜也。四曰寶龜，《尚書》。五曰文龜，甲有文采。六曰筮龜，常在蓍藂下潛伏，見《龜策傳》。七曰山龜，八曰澤龜，九曰水龜，十曰火龜。」此皆説龜生之處所。火龜猶火鼠，物有含異氣者，不可以常理推，然亦無所怪也。《漢·藝文志》有《龜書》五十二卷，《夏龜》書二十六卷，《南龜》書二十八卷，《巨龜》書三十六卷，《雜龜》書十六卷。此皆灼之法、占之文也。蓋古之卜者皆有繇辭，《周官》：「三兆，其頌千有二百。」如「鳳凰于飛，和鳴鏘鏘」，間於兩社，爲公室輔」，「專之渝，攘公之羭。一薰一蕕，十年尚猶有臭」，「如魚竀尾，衡流而方羊。裔焉大國，滅之將亡」，「闔門塞竇，乃自後踰」，「大横庚庚，予爲天王，夏啟以光」之類是也。今此書亡矣，漢人尚視其體，今人雖存其意，而專以五行爲主。三代舊術，莫有傳者。

龜曆

任昉《述異記》曰：『陶唐之世，越裳國獻千歲神龜，方三尺餘，背上有文，科斗書，記開闢已來，帝令録之，號《龜曆》。』伏滔《述帝功德銘》曰：『朝書龜曆之文。』柳氏《龜經》曰：『龜一千二百歲，可卜天地之終始。何以言之？三千四十二占於天地，千歲之龜甲黑，龜有五色時用之〔一八〕。』《晋書》曰：『苻堅末，高陸人穿井得龜，大三尺，背上有文象八卦。堅命太卜池養之，食以粟，及死，藏其骨於太廟。是夜，廟丞高虜夢龜謂之曰：「我本出將歸江南，遭時不遇，殞命秦庭。」又有人夢謂虜曰：「龜三千六百歲，終必妖興，亡國之象也。」其後竟驗。』

天里

《孝經援神契》曰：『周天七衡六間者，相去萬九千八百三十三里三分里之一，合十一萬九千里，從内衡以至中衡，從中衡以至外衡，各五萬九千五百〔一九〕里。』《洛書乾曜度》曰：『周天三百六十五度四分度之一，夫一度爲千九百三十二里，則天地相去十七萬八千五百里。』《關令内傳》曰：『天地南午北子，相去九千萬里。東卯西酉，亦九千萬里。四隅空相去九千萬里，天去地四十萬里。』

日月里

徐整〔二〇〕《長曆》曰：『衆陽之精，上合爲日，徑千里，周圍三千里，下於天七千里。』又曰：『月徑千里，周圍三千里，下於天七千里。』

地里

《山海經》曰：『帝令竪亥步自東極，至於西極，五億十選，郭璞注曰：『竪亥，健行人。選，萬也。』九千八百八十步。竪亥左手抱算，右手指青丘北。』《淮南子》曰：『禹使大章步自東極，至於西極，二億三萬三千五百七十里。使竪亥步自北極，至於南極，二億三萬三千五百七十里。』《河圖括地象》曰：『八極之廣，東西二億三萬三千里，南北二億三萬一千五百里。夏禹所治四海内，地東西二萬八千里南北二萬六千里。』又曰：『地廣東西二萬八千里，南北二萬六千里，有短長之制，有九阻，中土之文德及而不治。』《吕氏春秋》曰：『凡四極之内，東西五億有九萬七千里，南北五億有九萬七千里。』《孝經援神契》曰：『計校九州之别，土壤山陵之大，川澤所注，萊沛所生，鳥獸所聚，凡七百一十萬八千二十四頃。磽确不墾者千五百萬二千頃。』《博物志》曰：『地部之位，起形於崑崙，從廣萬里，高萬一千里，神物之所生，聖人仙人之所集。崑崙之東北，地轉下三千六百里，有八玄幽都，方二十餘萬里。地下有四柱，柱廣十萬里。地有三千六百軸，互相牽制也。」

天部

《淮南子》曰：「天有九部八紀，地有九州八柱。九州之外有八埏，東方曰沙澤，東南方曰沅澤，南方曰浩澤，西南方曰丹澤，西方曰泉澤，西北方曰海澤，北方曰塞澤，東北方曰無通澤。」顔延年詩：「辰角麗天部，提封經地域。」蓋用此天部也。

風流 風流罪過

晋庾翼與殷浩書曰：「王夷甫，先朝風流士也。」宋受禪，謝晦謂劉裕曰：「陛下受命，恨不得謝益壽奉璽。」裕歎曰：「吾甚恨之，使後生〔二二〕不得見其風流。」益壽，混字也。《謝安傳》史臣曰：「琰稱真幹，卒以忠勇。垂名混曰風流，竟以文詞獲譽。並階時宰，無墜家風。」王珣以疾解職，歲餘卒，桓玄與會稽王道子書曰：「珣神情朗悟，經史明徹，風流之美，公私所寄。忽爾喪失，悲嘆之深，豈徒相悼而已。」殷浩善玄言，風流談論者所宗。顧愷之上疏頌殷浩曰：「伏見故中軍揚州刺史殷浩，體德沉粹，識理淹長，風流雅稱，聲蓋當時。」王夷甫、樂廣俱宅心事外，風流著稱，唯王樂焉。《晋陽秋》。王獻之文藝並長，而能撮其勝會，故擅名一時，爲風流之冠。《續陽秋》。撫軍問孫興公：「劉真長何如？」曰：「清蔚簡亮。」「王仲祖何如？」曰：

『溫潤恬和。』徐廣《晉紀》曰：『凡稱風流者，以王劉爲宗焉。』范豫章謂王荊州范寧王悦：『卿風流雋望，真後來之秀。』王曰：『不有此舅，焉有此甥？』《王氏譜》曰：『王坦之娶慎陽范任女。』北齊郎基性清儉，在官，惟頗令人寫書，潘子義遺之書曰：『在官寫書，亦是風流罪過。』

子雲千賦

桓譚少好文，見子雲工賦頌，欲從學。子雲曰：『能讀千賦，則善之矣。』《新論》。按《藝文志》自屈原、唐勒至劉向、王褒賦二十家，三百六十一〔三〕篇；又自陸賈、枚皋至張豐、朱宇賦二十一家，二百七十四篇；孫卿秦時雜賦至華龍路恭賦二十五家，百三十六篇；又《客主賦》《頌德賦》至《雜賦》十二家，二百三十三篇：數亦千篇。子雲所讀，其謂是歟？獨淮南賦八十二篇、枚皋賦百二十篇，今所見者淮南《屏風賦》、枚皋《兔園賦》耳。

古人儀度

姿宇魁秀。魏謩。　姿宇一作富神秀偉。蕭得聖。

風采峭整。阮當國。　神情爽拔。李義琛。

容止嚴峭。韋斌。　姿質軒秀。嚴挺。

姿儀瓌秀。呂元膺。　姿采玉峙。鄭畋。

進止雍閒。裴休。
進止詳華。温彦博。
舉止都雅。張洎〔二三〕。
姿制閒美。李藩〔二四〕。
儀狀瓌偉。張鎬。
精神爽秀。蘇逢吉。
神觀爽邁。裴度。
風骨秀爽。趙彦昭。
儀幹秀偉。楊謹矜兄弟。
容止端秀。裴皋。
神采秀徹。王戎。
風神高邁。裴楷。
神氣清爽。源乾曜。
儀容端正。吴孫坦。
姿貌魁秀。劉德威。
姿度魁傑。馬燧、裴度。
神清明秀。王衍。
姿表瓌傑。温造。
風度高嚴。劉伯芻。
進止雍如。崔沔。
神采軒異。趙昶。
狀貌雄偉。閩王審知。
風度凝遠。宋璟。
舉止秀峙。崔澹。
姿幹瓌壯。張守珪。
姿儀秀偉。崔鄲。
神采高徹。王衍
進止詳華。高士廉。
體貌閒麗。宋玉。
姿狀秀偉。武元衡。
姿質偉岸。宗室從誨。
氣象清古。王丘。

姿貌魁異。柳澤。

形神秀發。五代和凝。

風度沉整。房綰〔二五〕。

器量方峻。楊於陵。

眉宇秀整。汝陽王。

姿體魁秀。李義琰。

神宇警邁。陸據。

古人文章

虞世南文章婉縟。

龐嚴詞章峭麗。

張説屬思精壯。

吕温藻翰精富。

韓愈雄深雅健。似司馬子長，崔蔡不足多也。

柳宗元卓偉精緻。

元幹用思精緻。崔元幹馳騁班固蔡邕間。

髭貌雄偉。宗晉卿。

體貌軒特。李棲筠。

器局峻整。裴垍。

眉目瓌異。李邕。

風致峭整。崔遠。

體貌偉麗。路巖。

趙涓翰藻豪邁。

崔文爲文華麗。

封敖屬辭贍敏。

楊炎文藻雄蔚。

白居易文章精切。

李賀辭尚奇詭。

李白清雄奔放。

柳渾屬文簡拔。

王勃文章宏放。

李華文辭緜麗。

許景先屬辭豐美，得中和之氣。

陸扆屬文敏速。

李商隱瑰邁奇古。

徐堅屬文典厚。

李翰爲文精密。

歐陽詹文章切深回復〔二六〕。

韋承慶爲文迅捷。

水精鹽

李白詩：『客到但知留一醉，盤中衹有水精鹽。』《金樓子》曰：『胡中有鹽，瑩澈如水精，謂之玉華鹽。』

野鵞

宋鮑昭《野鵞賦》曰：『邈辭群而別偶，超煙霧以風行。』如張文昌詩，但曰『曲沼春流滿，新波暎野鵞』耳，則鵞安得超煙霧而風行耶？按《西京賦》曰：『鳥則鸛鶁鴰鶬，駕鵞鴻鶤。』張揖《上林賦注》曰：『駕鵞，野鵞也。』鮑昭所賦蓋是駕也。

校勘記

〔一〕「劭」，守山閣本作「邵」。按《世説新語》作「劭」。

〔二〕「劉商」，原作「劉商隱」，墨海本、守山閣本作「李商隱」。按《全唐诗》此爲「刘商」诗，據改。

〔三〕「目」，原作「末」，據墨海本、守山閣本改。

〔四〕「員半千」三字唯四庫本有。

〔五〕「琬」，守山閣本作「璘」。

〔六〕「元」，守山閣本作「九」。

〔七〕守山閣本無「道」字。

〔八〕守山閣本無「鄭昉」。

〔九〕「圓」，守山閣本作「圖」。

〔一〇〕「膺」，四庫本原注「闕」，據墨海本、守山閣本補。

〔一一〕墨海本、守山閣本無「徐元祐」，疑涉上下文而衍。

〔一二〕「垍」，守山閣本作「洎」。

〔一三〕「馮球」，原作「求」，據據墨海本、守山閣本改補。馮球、元晦，俱見《新唐書》，而「求元晦」則不見兩《唐書》。

〔一四〕「庾」，原作「便」，據墨海本、守山閣本改。

〔一五〕「皓」，守山閣本作「浩」。

〔一六〕「政化」，守山閣本作「教化」。

〔一七〕「讓」，守山閣本作「壞」。

〔一八〕此句不通。按《初學記》作「龜有五色，依時用之」。

〔一九〕「里」字原無，守山閣本有。按《太平御覽》卷一引有，據補。

〔二〇〕「徐整」，守山閣本誤作「餘整」。

〔二一〕「生」，守山閣本誤作「主」。

〔二二〕「二」，墨海本作「一」，守山閣本缺字。

〔二三〕「洎」，守山閣本作「垍」。

〔二四〕「藩」字原缺，守山閣本作「白」。按《白孔六帖》卷二十一作「李藩」，《新唐書・李藩傳》亦有此文，據改。

〔二五〕「綰」，守山閣本作「綜」。按白孔六帖》卷二十七、《唐書・房綰傳》有此文。

〔二六〕守山閣本無「回復」二字。

緯略卷四

細　氈

王吉曰：『廣厦之下，細氈之上，明師居前，勸誦在後。上論唐虞之際，下及殷周之盛。』按《韻集》曰：『氈，細罽也。』班固與弟超書曰：『月支氍毹，小大相雜，但細好而已。』亦用細字。林登《續博物志》曰：『劉學儀謂北狄爲氈鄉。』氈鄉未有人用。《後漢·西域傳》注氈曰『毛席』，亦佳。

青　氈

王子敬在齋中卧，偷人取物，一室之内略盡，子敬呼曰：『偷兒，石染青氈是我家舊物也，可特置否？』於是群偷置物驚走。《語林》。按《海南傳》曰：『調一作波斯國有青石染氈，絳染氈也。』石染青氈事出於此。又魏武帝與楊彪書曰：『今贈足下青氈牀褥三具。』三國時已用此。杜詩：『今晨降白露，還憶舊青氈。』于鵠詩：『醉卧枕欹木，坐寒展青氈。』

氍毹毾㲪

張衡《四愁詩》曰：『美人贈我氈氍毹。』古樂府詩：『請客上北堂，贈我氈氍毹。』衡詩蓋用此。《諸葛亮集》詔答恢曰：『行當離别，以爲惆悵，今致氍毹一。』《魏略》曰：『大秦國以野蠶作繭，織成氍毹，文出黄白黑緑。』則漢魏間所施也。按《通俗文》曰：『織毛褥謂之氍毹。』《聲類》曰：『氍毹，毛席也。』《廣志》曰：『氍毹，用氎毛織也。出南海。』又《通俗文》曰：『氍毹之細者，謂之毾㲪。毾㲪者，施大牀之前，小榻之上，所以登而上牀者。』《魏略》亦曰：『出大秦國，以羊毳木皮野絲爲之，有五色、九色，鮮於東海所作。』《東觀漢記》曰：『景丹率衆至廣阿，光武出城外下〔一〕馬，坐於氈毾㲪上，設酒肉。』杜篤《邊論》曰：『匈奴請降，毾㲪罽褥帳幔氈裘積如丘山。』蓋謂是也。

李尤牀銘

銘曰：『體之所安，寢處之歡。夕則敬慎，崇德遠姦。』吁，尤之旨深矣。一書〔二〕有《堅床銘》曰：『體之所安，寢處知歡。久則敬慎，崇德遠姦。』知字久字，蓋字訛也。蔡邕《枕銘》有曰：『哲人降鑒，居安思危。』又切於尤也。

毛　布

韋光輝《毛詩問》曰：『《七月》之詩「無褐」，箋曰：「褐，毛布也，賤者之所服。」』毛布二字甚佳。《説文》曰：『罽，西胡毳布也。』用毳布尤新，然不知《禹貢》所謂『皮服卉服』，直是下字奇古。陸機詩『嘉卉獻時服，靈朮進朝飧』，卉服二字拆用，尤精。南方以竹爲布，《郡國志》《寰宇記》《輿地志》但曰竹布耳。而庾翼與燕王書曰：『今致竹練三端。』用竹練尤奇。諸葛恢表直曰『纖絺細竹』，顔測集有《謝絹葛啟》曰『冰紈風給』，劉孝綽詩『釣舟畫彩鷁，漁一作遊子服冰紈』，冰紈出《漢・地里志》『齊俗織作冰紈綺繡純麗之物』，師古曰：『其色鮮潔如冰〔三〕。』風給卻少用也。劉楨《瓜賦》曰：『承之琱槃，羃以纖絺。』公幹曾用纖給也。

火浣布

《列子》曰：『周穆王大征，西戎獻昆吴〔四〕劍、火浣布。劍切玉如泥，布浣之必投火中，布色益明，出而振之，皜然疑乎雪。』《魏志》〔五〕：『青龍二年，西域重譯獻火浣布，詔大將軍太尉臨試以示百僚。』《搜神記》曰：『西域獻火浣布，魏初時人疑之，文帝以爲火性酷烈，無含育之氣，著之《典論》，明其不然。』按《南史》曰：『南海諸簿〔六〕國有自然火洲樹，生火中，人績其皮爲布，與蕉麻無異，色微青，若小垢，投火中則精潔。』此言木也。又按《吴録》曰：『日南取火鼠毛爲布，名火浣布。』此言鼠也。又按東方朔《神異經》曰：『南荒之外有火山，生不燼之木，晝夜火燒，火中有鼠重百斤，毛長二尺餘，細如絲，織作布，以水沃之即死。』雖皆言鼠、木，而只言鼠可作原無作字布耳。唯《抱朴子》曰：『火浣布有三種：其一曰海中肅丘有自生火，春起秋滅，洲上生木，木爲火焚不糜，但小一無小字焦黄。人或得薪，俱如常薪，但不成灰，炊熟則以水滅之，使復更用，如此不窮。夷人取此木華，績以爲布。一也。又其木皮赤，剥之，以灰煮治以爲布，麄不及華，俱可火浣。二也。又有白鼠毛長三寸，居空木中，入火不灼，其毛可績爲布。三也。』據諸〔七〕家所記，惟葛稚川之言最爲該的。《梁四公記》載杰公至市，見商人賫火浣三端，杰公遥識曰：『此火浣布也。二是緝木皮所作，一是鼠毛所作。』因問木鼠之異，公曰：『木堅鼠柔，是可别也。以陽燧火山陰柘木爇之，木皮改常。』試之果驗。王褒詩：『单衣火浣布，利劒水精珠。』李頎詩：『火浣單衣繡方領，茱萸錦帶玉盤囊。』此蓋梁冀會群僚服火浣中單也。

白疊

杜詩：『細軟青絲履，光明白疊巾。』王昌齡詩：『手巾花疊净，香帔一作被稻畦成。』按《漢書》所謂『荅布』，注曰：『白疊也。』吴時《外國傳》曰：『諸簿國用安子草織作白疊花布。』王昌齡所用者此也。《南史》曰：『高昌國有草，實如繭，中絲爲細纑，名曰白疊，安子國人取以爲布，甚爲輭白。』其言甚明也。

五時食

蔡邕《月令論》曰：問者曰：『春食麥、羊，夏食菽、雞、魚之屬，但以爲時味之宜，不合於五行。《月令》服飾器械之制皆從五行者説，所食獨不以五行，不已略乎？』曰：『亦嘗思之矣。凡十二辰之會五時所食者，必家人所蓄。丑牛、未羊、戌犬、酉雞、亥豕而已，其餘虎以下非食也。』

食檄

弘君舉《食檄》有所謂麞肶、牛䑋、炙鴨、鱐魚、熊白、麞脯、糖蟹、車螯。如何胤極侈於味，去其甚者，猶食白魚、䱇脯、糖蟹。嘗食蚶蠣，使門人議之，鍾岏曰：『䱇之就脯，驟於屈伸。蟹之將糖，躁擾彌甚。仁人用意深懷如怛，至於車螯、蚶蠣，眉目内闕，獷殼外緘，無香無臭，與瓦礫何異？宜充庖厨，永爲口實。』胤之視君舉，蓋無以優劣也。宋景文公《絶葷詩》：『宣父蒲葅真可學，鍾岏蚶蠣更無求。』其視所謂赤米白鹽，緑葵紫蓼，春初早韭，秋末晚菘，萬萬不侔矣。

弈

《孟子》曰：『弈秋，通國之善弈者也。使弈秋誨二人弈，其一人專心致志，惟弈秋之爲聽；其一人雖聽之，一心以爲有鴻鵠將至，思援弓繳而射之，雖與之俱學，弗若之也。』《左傳》曰：『寧喜許納衛獻公，太叔文子曰：「今寧子視君不如弈棋。弈者舉棋弗定，不勝其偶，而況置君弗定乎？」』所謂舉棋弗定者，其一心以爲有鴻鵠將至者乎？班固《弈旨》曰：『北方之人謂棋爲弈。』揚雄《方言》曰：『圍棋者，自關東齊魯之間謂之弈。』

擊壤

《藝經》曰：『擊壤，古戲也。』《釋名》曰：『野老之戲也。』《逸士傳》曰：堯時有壤父五十人，擊壤於康衢，或有觀者，曰：『大哉堯之爲君也。』壤父作色曰：『吾日出而作，日入而息，鑿井而飲，耕田而食，帝何力於我哉！』此《藝經》所謂古戲也。玄晏云：皇甫謐號玄晏先生。『十七時與從姑子梁柳等擊壤於路。』則晉時尚有此戲矣。《風土記》曰：『擊壤者，以木作之，前廣後鋭，長尺四，闊三寸，其形如屨。臘節童少以爲戲，分部如擿一作擿博也。』《經》曰：『壤，以木爲之，前廣後鋭，長尺四，闊三寸，其形如屨。將戲，先側一壤於地，遥於三四十步以手中壤敵之，中者爲上。』此言之最分明也。然觀吴盛彦《擊壤賦》曰：『論衆戲以爲樂，獨擊壤之可娱。因風托勢，罪一殺兩。』罪一殺兩不可曉，當是以手中之壤擊地上之壤，如今以錢取中之類也。《逸士傳》所云『壤父』，是猶嵇康《高士傳》曰『堯時隱人，年老以樹爲巢而寢其上，故人號曰巢父，許由所師者』是也。

抃

左思《吴都賦》曰：『翹關扛鼎，抃射壺博。』李善注曰：『元帝時覽抃射。』孟康曰：『手搏爲抃。』按甘延壽以良家子善騎射，試抃爲期門，以材力愛幸。觀此則知抃爲武力之驍雄者矣。

安哉

李尤《安哉銘》曰：『安哉令名，甘旨是盛。埏埴之巧，甄陶所成。食彼美珍，思此鹿鳴。』此不知何器，别無所著見。雖是陶器，未審其形製也。

鴟夷

揚雄《酒賦》曰：『鴟夷滑稽，腹大如壺。晝日盛酒，人復借酤。常爲國器，託於屬車。』按《史記》：吴王夫差取子胥尸，盛以鴟夷革而浮之江中，應劭曰：『取馬革爲鴟夷。』鴟夷，榼形也。《唐韻》曰：『瓻，丑饑切，酒器。大者一石，小者五斗，古之借書盛酒瓶。』則借書一瓻，當用此字；或又用鴟字者。鴟夷亦盛酒器也，所謂『鴟夷滑稽，腹大如壺』，蓋此物也。山谷詩：『願〔八〕公借我藏書目，時送一鴟開鎖魚。莫惜借行千里，他日還君一鴟。』然則借書一鴟用鴟字也。崔浩《漢書音義》曰：『滑稽，酒器也。轉注吐酒，終日不已，若今之陽燧樽。』

酒臺

《晋舊事》曰：『酒臺，一金塗環鈕。』按《周禮》六彝皆有舟，鄭司農曰：『舟下臺也[九]，今時承盤也。』今所謂臺盞、盤盞並出此。

古鐺

古銅鐺者，龍首三足，挹注以口，翠蝕可玩。因考《晋舊事》有龍首鐺，即是此類。唐薛大鼎、賈敦頤、鄭德本爲刺史，皆有異政，號『鐺脚御史』，則鐺三足矣。服虔《通俗文》曰：『鬴有足曰鐺。』《笑林》曰：『太原人夜失火，欲出銅鐺，乃得熨斗，便大驚怪曰：「異事！火未至已被燒失脚！」』亦言有足也。《述異記》有謂『卿無温鐺，安得飲酒』，當是温酒器也。竟陵王子良遺何點、徐景山酒鐺，宋景文公詩：『謝病歸裝能辦未，葛洪丹竈景山鐺。』當是酒具。一日，有人持一枚求售，且言以紙燃燈一枚引火鐺下，酒可温。余曰：『吾齋所有，安知不解温酒也？』乃取與俱，則吾鐺中酒先熱，售者大駭，攜之去。

下榻

徐穉字孺子，豫章人。陳蕃爲太守，不接賓客，唯孺子來，特設一榻，去則懸之。又曰：周璆字孟玉，陳蕃爲太守，璆來置一榻，去則懸之也。出謝承《後漢書》。楊素詩：『獨坐對陳榻，無客有鳴琴。』韋應物詩：『方醉郡齋榻，爲酌離亭樽。』李商隱詩：『登舟慚郭泰，解榻愧陳蕃。』李白詩：『高人屢解陳蕃榻，過客難登謝朓舟。』許渾詩：『賓館盡開徐穉榻，客帆空望李膺舟。』前人用事只用孺子下陳蕃之榻，未嘗用孟玉事也。

捫蝨圖

《捫蝨圖》，唐人筆也。筆如絲縷，意度精到。捫蝨乃王猛隱華山，桓温入關，猛披褐謁之，一面談當代事，捫蝨而言，傍若無人。趙仲讓爲梁冀從事中郎將，冬月坐庭中，向日解衣裘搏蝨，因踞卧，形悉表露。冀夫人襄城君見之大驚，云：『北闕下向得一老翁不潔清，當亟推問。』冀曰：『我從事中郎，清高士也。』《風俗通》。晋顧和字君孝，王導爲揚州，辟從事。月旦當朝，未入，停車門外，周顗遇之，方搏蝨，夷然不動。北齊邢子才望實兼重，不以才位傲物，士無賢愚皆願接。對客或解衣覔蝨。此但言搏蝨、覔蝨也。

澡　盤

魏武《上雜物疏》有『容五石銅澡盤』，古人制作其大如此。《述征記》曰：『長安逍遥宫門裏有澡盤，面徑丈二。』殆所謂可容五石者矣。《異苑》曰：『中朝人有蓄銅澡盤，旦夕常鳴。張華曰：『與洛鐘宫商相諧，故相應錯鐻之。乃止。』傅玄《澡盤銘》曰：『與其澡於水，寧澡於德。水之清猶可穢也，德之興不可塵也。』其視《商盤銘》何啻天淵也？《大戴禮》周武王盤之銘曰：『與其溺於人也，寧溺於淵。』此言有味。

剔齒纖

陸雲與兄機書曰：『有剔齒纖一枚，以寄兄。』《酉陽雜俎》曰：『仙人鄭思遠常騎虎，故人許隱齒痛求治，鄭拔虎鬚，及熱插齒間，即愈。更拔數莖與之。』所謂纖者當是此類。若以金類絲類爲之，無足奇者，何必寄耶？

菴摩勒油

《本草》曰：『菴摩勒油可染白髮，即餘甘子也，核有五六稜。』嵇含《南中〔一〇〕草木狀》曰：『菴摩勒樹葉細，似合昏花，實似李，青黄色，核圓，作六七稜。食之先苦後甘。一名餘甘子。術士以變白鬚髮，有驗。出九真。』《吴録》曰：『高凉安寧縣有餘甘，初食之味苦，後更甘。』陳祈暢《異物志》曰：『餘甘大小如彈丸，初入口如苦，咽口中乃更甜美。鹽而蒸之尤美。』左思《吴都賦》曰：『其果則丹橘餘甘，荔枝之林。』

蜀石

有人遺余玉筆格一枚，狀如漿水瑪瑙，而非玉也。因扣之，謂玉出嘉陵。按司馬相如《上林賦》曰：『蜀石黃碝。』張揖曰：『蜀石，次玉者也。』嘉陵之玉蓋出於此。

東薔

司馬長卿《子虛賦》曰：『東薔雕胡。』張揖曰：『東薔，實可食。』蓋不明言何物也。按《魏書》曰：『烏桓地宜東薔。』注曰：『東薔似蓬草，實如葵子，十月熟也。』《廣志》曰：『東薔，色青，黑粒如葵子，幽涼并皆有之。』西河語曰：『貸我東薔，償我田粱。』揖豈不知出此？

甘脆

似孫昔奉祀〔一二〕攢陵，得牙盤食，有所謂薄餌，狀如薄脆，而甘脆特甚。後閱范汪《祠制》曰：孟夏祭有甘脆。又盧諶《祭法》：四時祠用安乾。特束皙《餅賦》曰『安乾粔籹之倫』，當是此類也。

筮雨

沛獻王善京氏易。永平五年京師少雨，上饗雲臺，自作卦，以《易林》占之，其疏〔一二〕曰：『蟻封穴户，大雨將至。』上以問輔，輔上書曰：『蹇艮下坎上，艮爲山，坎爲水，山出雲爲雨，蟻穴居知雨，雨將至故蟻爲興。』《東觀漢記》。荆州旱，筮遇坎之比，坎者水也，子爻爲世，今夜二更其有甘雨。《金樓子》。鄧艾當伐蜀，夢坐山上而有流水，以問殄虜將軍袁紹，紹曰：『《易》卦山上有水曰蹇，蹇繇曰：蹇利西南，不利東北。往必克蜀，殆不還乎！』艾不樂。《魏志》。

舐痔

《莊子》曰：『秦王有病，召醫，舐痔者得車五乘也。』《韓子》曰：『醫善吮人腸、含人血，非有肌骨之親也，利之所加也。』宋景文公詩：『誰言舐痔非長策，卻得君王五乘車。』蓋有所譏也。

粽

服虔《通俗文》曰：『煮米爲粽所戟切。』《食經》曰：『作糒法，近水則澀。』江西有所謂米纜，豈此類也？

鳥禦火

翠山有鳥名鸓音壘，狀如鵲，色赤黑，兩首四足可禦火。小華山有鳥名鷩，可以禦火。將遇之山有鳥名鴟，狀如翟而赤喙，可以禦火。緣光山囂一作嚻水出焉，有鰼鰼之魚，其狀如鵲，可以禦火。崑崙山有木狀如棠，而黄花赤實，其味如李，其核名沙棠，可以禦水，食之不溺。《山海經》。詩：『安得沙棠木，刳以爲舟船。』

茶

《神農食經》曰：『茶茗久服，令人有悦志。』華佗《食論》曰：『茶久食益意。』思壺居士《食志》曰：『苦茶久食羽化。』陶弘景《新録》曰：『茶茗輕身换骨。』《桐君録》曰：『茗有真香，煎飲令人不眠。』以上所論皆叢簡，極品藻實録之妙，非區區《茶經》《茶録》形容所及。《爾雅》曰：『早采者爲茶，晚采者爲茗。』魏王《花木志》曰：『老葉謂之荈，細葉謂之茗。』當是荈字，陸羽《茶經》：『一曰茶，二曰檟，三曰蔎，四曰茗，五曰荈。周公云：檟，苦茶。蜀西南謂茶曰蔎。郭弘農云：早取爲茶，晚收爲茗，一曰荈蔎。荈，尺兖切。蔎音設。』晋杜育有《荈賦》曰：『調神和内，倦解疾愈〔一三〕。』此八字亦佳。左思《嬌女詩》：『心爲茶荈劇，吹嘘對鼎鑩一作烹。』此詩奇古，劇字晋人最好用，所謂『劇談』、『劇棋』也。

番虜矜茶

常魯使西番，烹茶帳中。番人問曰：『何爲者？』魯曰：『滌煩療渴，所謂茶也。』番人曰：『我此亦有。』取以出，指曰：『此壽州者，此顧渚者，此蘄門者。』在唐時已爲如此。

諺此只采古諺耳，人有言曰及語曰皆不録。《説文》曰：『俗言曰諺。』

諺曰：人莫知其子之惡，莫知其苗之碩。《大學》。吾王不遊，吾何以休？《孟子》。山有木，工則度之；賓有禮，主則擇之。《左傳》。高下在心，川澤納汙。山藪藏疾，瑾瑜匿瑕。《左傳》。唯食忘憂。《左傳》魏子。衆心成城，衆口鑠金。《國語》泠州鳩。寧爲鷄口，無爲牛後。《史記》。桃李不言，下自成蹊。《史記》。千金之子，不死於市。《史記》。力則任鄙，智則樗里。《史記》。家累千金，坐不垂堂。《史記》。得黄金千斤，不如季布一諾。《漢書》。貂不足，狗尾續。《晋書·趙王倫傳》。死諸葛走生仲達。《漢晋春秋》。救寒無若重裘，止謗莫若自修。梁祚《魏國紀》王昶。解結理，煩我國陸君。張勃《吴録》陸稠。難可狎，李鱗甲。《江表傳》李藝。得黄金一笥，不如爲柳伯騫所識。《江表傳》柳琮。生有知人之明，死有貴神之靈。《三輔决録》游殷。人寧負人千石之粟，不願負人猴頭羹臛。《臨海異物志》安家夷皆好噉猴頭羹。察知淵魚者不祥，智料隱逸者有殃。《列子》。田父可坐殺，晨出夜入，自以性之恒，啜菽茹藿，自以味之極[一四]。《列子》。堯舜千鍾，孔子百觚，一作瓢。子路嗑嗑，尚飲百榼。《孔叢子》。長袖善舞，多錢善賈。《韓子》。烏窮則啄，牛窮則觕，人窮則詐。《淮南子》。不聰不明，不能爲王；不啞不聾，不能爲公。《慎子》。人聞長安樂，則出門而西向笑；知肉味美，則對屠門而大嚼。桓譚《新論》。投鼠忌器。賈誼《新書》。侏儒見一節而長短可知。桓譚《新論》。魯班雖巧，不能爲乞丐者顔。王朗《貧窶語》。失晨之雞，思哺更鳴。《魏武遺令》。

鑒古物

張安世給事尚書，上幸河東，亡書三篋，詔問莫能知，唯安世識之，具作其事。後求得書以相校，無所遺失，上奇其才，擢尚書令。晋太康中，汲郡人發魏王冢，得古文竹書，武帝付秘書詳校。時束皙任著作郎，得竹書，隨義注解，皆有識證。周平蜀還，得樂器，皆莫之識。太常少卿斛斯澂直陵切見之曰：『此錞于也。』人弗之信。澂遂依干寶《周禮注》以芒莖捋之，其聲極振，衆乃歎服。澂取以合樂焉。《三國典略》。陸澄字彦淵，爲博士，竟陵王子良得古器，小口方腹底平，可容七八勝，一作升。以問澄，澄曰：『此名服一作復匿，單于與蘇武。』子良又視器底有字，髣髴可識，如澄説。襄陽有盜發古冢，相傳是楚王冢，獲竹簡書、青絲編，簡廣數分，長二尺，皮節如新。盜以把火照書，後人又得十餘簡，以示撫軍王僧虔，云：『是科斗書《考工記》，《周官》所闕。』蕭子顯《齊書》。張永嘗開玄武湖，遇古冢，冢上得一銅斗有柄。文帝以訪朝士，何承天曰：『此亡新威斗，三公亡皆賜之，一在冢内。時三公在江左者，唯甄邯爲大司徒，必邯之墓。』俄而又啟冢内更得一斗，復有一石銘曰：『大司徒甄邯之墓。』江北有發古冢，獲石銘曰：『青州世子，東海女郎。』無能識者。河東賈潤字希鏡，見云：『此司馬越女嫁爲苟〔一五〕晞子婦。』驗之果然。後漢廣平王弟掘得古玉印，勑詔祖瑩辨之。瑩云：『此是于闐國王太康中獻。』乃以墨塗字觀之，果如瑩言，時人稱爲博物。梁劉顯字嗣芳，沛國人。任昉嘗得一篇缺簡書，文字零落，歷示諸人，莫能識者。顯云：『是古文《尚書·無逸》篇。』昉驗《周書》，果如其言。時魏人獻古器，有隱起字，無能識者。顯按文讀之，無有滯礙，考校年月，一字不差。高祖甚嘉焉。潤州得玉磬十二以獻，張率更叩其一，曰：『是晋某歲所造。是歲閏法月數，今闕其一，宜於黄鍾東九尺掘，必得。』詔求之，如其言。又有人於古墓中得銅物，似琵琶而身正圓，元行冲云：『此阮咸所造。』《國朝傳記》。

詩〔一六〕　卜筮

卜云其吉，終然允臧。《定之方中》。爾卜爾筮，體無咎言。《氓》。君一作民曰卜爾，萬壽無疆。《天保》。卜筮偕止，會言近止。《杕杜》。我龜既厭，不我告猷。《小旻》。爰始爰謀，爰契我龜。《緜》。考卜維王，宅是鎬京。維龜正之，武王成之。《文王有聲》。握粟出卜，自何能穀。《小宛》。《緜之詩》曰：『爰始爰謀，爰契我龜。』毛、鄭皆以契爲開，非也。契者，合也。古者卜人令龜已，遂預取吉兆，以墨畫其上，然後灼之。灼文適順其墨，是爲食墨，食墨者吉。其兆不應墨則云不食，不食則龜不從也。《洛誥》曰：『我卜河朔黎水，我卜澗水東、瀍水西，惟洛食。』是龜所食者畫洛之兆，而河朔、黎水之兆不食也。故曰古公亶父之改居，經始而謀度之，未敢以爲可居也，以墨令龜而兆與墨同，故曰『契』，言人謀與龜相合也。故曰『爰始爰謀，爰契我龜』。

書卜筮

龜筮協從，卜不習吉。《禹謨》。龜從筮從。《洪範》。乃卜三龜，一習吉。《金縢》。遺我大寶龜，朕卜并吉。《大誥》。伻來，以圖及獻卜。《洛誥》。

春秋卜筮

楚伐鄖一作鄖，莫敖曰：『請卜之。』鬭廉曰：『卜以决疑，不疑何卜？』遂敗鄖一作鄖師。晉獻公欲以驪姬爲夫人，卜之不吉，筮之吉。卜人曰：『筮短龜長，不如從長。』狐偃言於晉侯曰：『求諸侯莫如勤。』王使偃卜之，遇黄帝戰於阪泉之兆。梁嬴孕過期，卜招父與其子卜之，其子曰：『將生一男一女。』招曰：『然。』衛遷於帝丘，卜曰：『三百年。』邾文公卜遷於繹，史曰：『利於君，不利於民。』齊侯戒師期而有疾，惠伯令龜，卜楚丘占之，龜卜有咎，公薨。楚子圍鄭，鄭人卜行成，不吉；卜臨於大宫且巷出車，吉。鄭皇耳帥師侵衛，孫文子卜追之，獻兆於定姜。晉侯還，及著雍疾，卜桑林見。鄭石㚟言於子囊曰：『先王卜征五年，而歲習其祥。』盧蒲癸、王何卜攻慶氏，示子之兆，子之曰：『克。』楚人執吳蹶由，欲以釁鼓，王使問焉，曰：『汝卜來吉乎？』對曰：『吉。』公卜使王黑以靈姑銔率，吉，請斷三尺焉而用之。楚召觀從，王曰：『唯爾所欲。』對曰：『臣之先佐開卜。』乃使爲卜尹〔一七〕。靈王卜，曰：『余尚得天下？』不吉。吳伐楚，陽匄〔一八〕爲令尹，卜戰，不吉。臧昭伯如晉，臧會竊其寶龜僂句，以卜爲信與僭，僭吉。衛侯將如五氏，卜過之，龜焦。楚子在城父，將救陳，卜戰不吉，卜退不吉。王曰：『然則死也！』卒於城父。楚昭王有疾，卜曰：『河爲祟。』趙鞅卜救鄭，遇水適火。史趙、史墨、史龜曰：『是謂沈陽，可以興兵。』六經中無有不言龜筮者，其用大矣。《記》曰：昔者聖人建陰陽天地之情，立爲《易》。《易》抱龜南面，天子卷冕北面，雖有明知之心，必進斷其志焉，示不敢專，以尊天也。又曰：昔三代明王皆事天地之神明，無非卜筮，卜筮不相襲。夫天子立國，大事必卜，而况諸侯乎？而况卿大夫乎？去古既遠，專門寖廢，曆算醫卜之流，往往無所著見，嗚呼！

漢官

《隨筆》載漢有行冤獄使者，張敞殺絮舜。美俗使者，何並代嚴翊。河隄使者，王延世塞决河。直指使者，暴勝之。皆不書於《百官表》，因事乃見者。按《漢史》又有監北軍使者，武帝。都水使者，武帝。稻田使者，昭帝。勸田使者〔一九〕，元帝教民趨時急務，出《氾勝之書》。護羌使者，成帝。

併録之。

壓角

唐兩省官上事，皆宰相親送之。上事官設床几，面南，判案三道；宰相别施一床，坐於西隅，謂之壓角，不知何義，亦不知所從起。按《唐·裴坦傳》令狐綯薦坦爲知制誥，裴休持不可，不能奪。故事，舍人初詣省視事，四丞相送之，施一榻堂上，壓角而坐。坦見休，重愧謝，休咈然曰：『此令狐丞相之舉，休何力？』顧左右索肩輿出。宋次道乃云：舍人上事，必設紫褥於廷，面北拜廳角，閣長立褥之東北隅，謂之壓角。宋莒公作《掖垣叢誌》，亦不解其事，未知何者爲是。又唐國子祭酒李涪《刊誤》曰：兩省官上事日，宰相臨焉，上事者設床几面南而坐，判案三道，宰相别施一牀，連上事官，南坐於西隅，謂之壓角。自常侍而下，以南爲上，差互相承，實乖禮敬。何不爲丞相設位於衆官之南，常侍、諫議、給事、舍人循次而坐於丞相之下，尊卑有序，足以爲儀。由此觀之，不獨中書舍人，凡兩省官禮上宰相，皆壓角也。至五代馮道爲宰相，判狀尾罷之，應自此閣長立東北隅，猶謂之壓角，如宋次道所記也。又《五代會要》曰：晋天福五年三月，勑中書門下五品以上於兩省上事，宰相壓角之禮宜廢。此禮今不復存。惟中書舍人上事日，設氈褥於庭下，北向再拜；閣老一人别設褥位，立於東北隅，候上事官拜畢，則相與揖而升階，亦謂之壓角，蓋有餘風也。吴正憲詩：『壓角舊儀煩閣老，濡毫逋債費公移。』宋次道詩：『聖世建官追茂制，唐家壓角失前規。』

校勘記

〔一〕『下』字原無，據墨海本、守山閣本補。

〔二〕『書』，原作『出』，據墨海本、守山閣本改。

〔三〕原文『冰』下有『紈』字。據《漢書·地理志》顔注，『冰』下文曰『紈，素也』，則『紈』字蓋衍，今删。

〔四〕『昆吴』，守山閣本作『昆吾』。

〔五〕守山閣本『魏志』前原有『按』字，據文義當無。

〔六〕『簿』，守山閣本作『部』。按《南史》卷七十八作『簿』。下『白疊』條同。

〔七〕『據諸』二字守山閣本空缺。

〔八〕『願』，守山閣本作『顔』。按《山谷集》外集卷三作『願』。

〔九〕此句《太平御覽》卷七六一引作『舟，尊下臺也』。

〔一〇〕『中』，墨海本、守山閣本作『方』。

〔一一〕『祀』，原作『祝』，墨海本、守山閣本作『祀』，於意較善，據改。

〔一二〕『疏』，守山閣本作『蹠』。

〔一三〕『愈』，守山閣本作『念』。

〔一四〕『極』字原無，據墨海本、守山閣本、《列子·楊朱第七》補。

〔一五〕「苟」，守山閣本作「荀」。

〔一六〕「詩」，守山閣本作「記」。按此條所記皆《詩經》中句，下條又云「《書》卜筮」、「《春秋》卜筮」，作「詩」是。

〔一七〕「卜尹」，原作「尹卜」，據墨海本、守山閣本及《左傳》改。

〔一八〕「勻」，原作「匈」，據墨海本、守山閣本及《左傳》改。

〔一九〕「昭帝勸田使者」數字守山閣本無。

緯略卷五

黄銀

太宗賜房玄齡黄銀帶，顧謂玄齡曰：『昔如晦與公同心輔政，今日所賜獨見公！』因泫然流涕。程氏《繁露》以爲：『黄銀者果何物？鍮石屬〔一〕，其殆鍮石也。』余考之，若以鍮爲帶而賜大臣，何足貴者？按《禮斗威儀》曰『君乘金而王則黄銀見』，當是瑞物。《北史》辛公義爲牟州刺史時，山東霖雨，自陳汝至於滄海皆苦水災，境〔二〕内大麥獨無所損，山産黄銀，獲之以獻，益知其爲異物。又虞世南書《夫子廟堂碑》，太宗賜之王羲之黄銀印一枚，有表以謝。若以黄銀爲鍮，是恐不然。按《唐書》高宗上元元年詔：『九品服淺碧竝鍮石帶八〔三〕胯。』唐固自有鍮帶也。又按唐慎微《證類本草》載霞子曰：『丹砂伏火，化爲黄銀，能重能輕，能神能靈。』唐日華《子論》曰：『銀凡十七品，水銀銀、白錫銀、曾青銀、土碌銀、生鐵銀、生銅銀、硫黄銀、砒霜銀、雄黄銀、雌黄銀、鍮石銀，惟有至藥銀、山澤銀、草砂銀、丹砂銀、黑鉛銀五者爲真，餘則假也。』《本草》曰：『丹砂、雄黄、雌黄皆殺精魅，所謂黄銀者非丹砂銀即雌黄、雄黄銀也。』太宗賜帶之時，如晦已死，故帝曰『黄銀鬼神畏之』也。顯慶中監門衛長史蘇恭撰《唐本草》，其中稱黄銀『作器辟惡』，益知黄銀爲瑞物也。方勺《泊宅編》曰：黄銀出蜀中，南人罕識。朝散郎顔京監在京，抵當庫，有以十釵質錢者，其色黄〔四〕，與上金無異，上石則正白。此説尤分明。

玉剛卯

陳簡齋以玉剛卯壽向薌林詩曰：『仲冬吉日，風穆氣休。我出剛卯，以壽元侯。祝融之玉，奠此離方。元侯佩之，如玉之剛。攘斸厲凶，以迪明王。南門不鍵，有室剛强。三肅元侯，既贈既禱。曷以報我，當以剛卯。剛〔五〕卯，佩印也。』其製外方内圓，以正月卯日作銘刻於上以辟邪厲。詳見《王莽傳》及《後漢·輿服志》。簡齋詩十六句，每句四字，皆如剛卯之銘，銘之文曰：『帝令祝融，以教夔龍。庶疫癘癉〔六〕，莫我敢當。』《説文·殳類》釋毅改曰：『大剛卯也。以逐精鬼，從殳亥聲。』《攴類》釋毅改曰：『大剛卯，以逐鬼彪也。音義如魅。从攴巳聲，讀若巳。』然則一名而異製也。

金鋪

《通俗文》曰：『門首飾謂之鋪首。』《風俗通》曰：『門户鋪首。』揚雄《甘泉賦》曰『排玉户而揚金鋪兮，發蘭蕙與芎藭』是也。《説文》曰：『門扇鐶謂之鋪首。』李尤《平樂觀賦》曰『過洞房之輔闥，歷金鐶之華鋪』是也。《通俗文》又引《百家書》曰：『輸般見水上蠡，謂之曰：「開汝頭，見汝形。」蠡適出其頭，般以足畫圖之，蠡引閉其户，終不可開。設之門户，欲使閉藏如此固密也。」《義訓》曰：『門飾金謂之鋪，鋪謂之鏂音歐，今俗謂「浮漚釘」者也。』劉孝威詩：『金鋪玉鎖琉璃扉，花鈿寶鏡織成衣。』江總詩：『兔影脈脈照金鋪，虯水滴滴瀉玉壺。』沈佺期詩：『梅樓翠幌教春住，舞閣金鋪借日懸。』

齅金

《異物志》曰：『狼牨民與漢人交，關常夜市，以鼻齅金，知其美惡。』王建詩：『生金有氣尋還遠，仙藥成窠見即移。』金若有氣，誠可齅矣。贊寧《物類相感志》曰：『山石盛夏必汗，出赤黄者金汗，白辛者銀汗。』《地鏡圖》曰：『凡觀金玉寶劍，皆以辛日平旦或黄昏、夜半觀之。』《物類相感志》又曰：『嗅金獸生瀛洲山，狀如麒麟，不食惡卉，不飲濁水。嗅石知有金玉，吹〔七〕開則金璞燦然可用。』獸尚有嗅金者，而况人乎。

瑟瑟

程氏《繁露》援《唐語林》：『盧昂主福建鹽鐵〔八〕，有瑟瑟枕大如斗，憲宗召估其直，曰：「至寶無價。」或云美石，非瑟瑟，今世所傳瑟瑟或皆鍊石爲之也。』按《明皇雜録》：『上於華清宫置長湯數十間屋，以銀鏤漆船，飾以珠玉，又於湯中壘瑟瑟。』其言壘者，當是珠類，非石也。

又按虢國夫人奪韋氏宅，造中堂，既成，召匠圬墁，授二〔九〕百萬償其直，復賞以金杯二，瑟瑟三斗。其以斗計，爲珠明矣。《物類相感志》曰：『唐懿宗賜公主瑟瑟幕，紋如碧絲，貫以真珠。』則是珠類尤明矣。杜詩《石笋行》：『雨多往往得瑟瑟，此事恍惚難明論。』注曰：『雨過，人多得瑟瑟。』按《博雅》曰：『瑟瑟，碧珠也。』《杜陽雜編》曰：『瑟瑟幕。』《寰宇記》曰：『瑟瑟窟，在陝州平陸。』陳陶詩：『瑟瑟盤輕促世珠，黄泥局瀉流年箭。』孫何《上王翰林》詩：『猩猩箋寫宫詞濕，瑟瑟函盛手詔香。』益知其爲珠類也。宋景文公詩：『踏溪分藕養新荷，鈿蓋斜臨瑟瑟波。』又言其色之美也。

藻井

《西都賦》曰：『蔕一作蔕倒茄於藻井，披紅葩之狎獵。』《魏都賦》曰：『綺井列疏以懸蔕。』注曰：『疏，布也。以板爲井形，飾以丹青如綺也。』王延壽《魯靈光殿賦》曰：『圓折方井，交植荷蕖。緑房紫葩，一作菂。咄咤垂珠。』左思《魏都賦》曰：『綺井列疏以懸蔕，華蓮重葩以倒披。』曹植《七啓》曰：『綺井含葩，金壁玉箱。』顔延之《七繹》曰：『木寫雲氣，土秘椒芳。既挺天而倒井，又斵圓而鏤方。』古人形容木工，必言藻井者若此。《風俗通》曰：『殿堂象東井形，刻作荷菱水物，所以厭火也。』沈存中《筆談》曰：『屋上覆橑，古人謂之綺井，亦曰藻井，又謂之覆海。今壙中謂之鬬八，吴人謂之罳頂頂。唯宫室祠觀謂之藻井，即天花板也。』

雁塔

《西京記》曰：隋無漏寺在長安，唐武德初廢，貞觀十二年，高宗在春宮，爲文德皇后立寺於故基，以慈恩爲名。西院浮圖高三百尺，永徽五年沙門元楚所立，國人謂之雁塔。塔在長安朱雀街東第二街，自北次南第十五坊，南臨黄渠木竹，陰翳最於京師。沈佺期詩：『雁塔丹青古，龍池歲月深。』即此。唐故事，進士及第列名於慈恩寺塔，謂之雁塔題名。塔以石爲壁，唐人遊觀留題甚多，不特進士題名而已。塔屢遭火，斷石遺字，猶有存者。故裒其餘字，鐫之石，凡十卷，進士題名僅存數處，餘皆唐賢遊觀留題耳。《劉公嘉話》曰：慈恩題名起於進士張莒遊寺中題其姓名於塔下，遂爲故事。錢希白《南部新書》曰：李肇初及第，題名於此。李肇《國史補》曰：進士既捷，列名於寺，謂之題名。本朝進士題名皆刻名於相國、興國兩寺，蓋效慈恩也。

璜

傅玄《歌詩》曰：『有所思兮，在天一方。何以贈之？玉珮珠璜。』此學《四愁》體也。《楚辭》曰：『璜臺十成，誰可極焉？』王逸注曰：璜，石次玉也。然周分魯公以夏后氏之璜，杜預注曰：璜，美玉名。按《周官》以玄璜禮北方，則璜之色玄矣。《説文》以璜爲半璧。吕尚父〔一〇〕釣磻谿之涯，得玉璜，當是古人服用之遺也。宋向魋出奔，衛公父文伯攻之，求夏后之璜，與之他玉而奔齊。則夏璜固在衞矣。《文中子》曰：夏后之璜，不能無纇。《淮南子》曰：夏后氏之璜，不能無考。考者瑕〔一一〕也。

辟邪研匣

古銅水滴色如漆，狀極精，古舊物也。頭有兩角，口銜匣。按孟康曰：桃枝一名符，枝似鹿，長尾，一角者爲天禄，兩角者爲辟邪。此爲辟邪也。《沈文通集》有《天禄研匣》詩：『張君贈我古研滴，四脚爬沙角如戟。肉翼絡髀老獸姿，世不能名眼未識。我知此爲天禄兒，口銜一寸黄金匣。蟾蜍嚼月兩吻坼，天鯨胸穴雙泉飛。玉聲琮琤珠迸落，影射巖石光瀺灂。未央書殿立鬐一作髻鬌，曾見揚雄老投閣。子孫晚出中平間，渴烏翻車灑平洛。宗資墓口卧露霜，頭角頓挫仍騰攫〔一二〕。爾來拂拭傍几案，眉目〔一三〕睢盱苔蘚剥。形模不入世俗用，疑付大手傳糟粕。未能點綴清廟頌，開闢大易摛春秋。就令闕五字〔一四〕，末勢猶足爲遷彪。物無貴賤繫所用，千金乞我直暗投。圖書散落愈闞下，晚歲惟有蠹鹽謀。學注蟲魚問老圃，無乃塌颯爲匣羞。』

養　和

程氏《繁露》載李泌訪隱選異，采怪木蟠枝以隱背，號曰『養和』，人至於今效之。余按皮日休以五物送毗陵處士魏不琢，其一曰烏龍養和，且曰有桐廬養和一怪。形拳踽坐，若變去，謂之烏龍養和，皮陸皆有詩，皮詩：『壽木拳數尺，天然形狀幽。把疑傷虺節，用恐被蛇瘤。置合月觀内，買須雲肆頭。料君擕去處，煙雨太湖舟。』龜蒙詩：『養和名字好，偏寄道情深。所以觀逋客，兼能助五禽。倚肩滄海望，鉤膝白雲唫。不是逍遥侣，誰知物外心。』

太玄經

先儒注《太玄經》，每首之下必列二十八宿，蓋周天二十八宿三百六十五度四分度之一，《太玄經》凡七百二十九贊，乃此數也。以七百二十九贊分而爲二，合三百六十四度有半，宜若不相應。子雲本意，以爲其半不可合也，故踦贊、羸贊以應周天之數、漢之正統，以象數也。莽之僭竊，迺閏位也。故先儒於踦贊、羸贊之下，注以爲水火之閏，王莽傳贊所稱餘分閏位者謂此。

書訛

王嘉封事曰：『臣聞咎繇戒帝舜曰：「亡敖佚欲有國，兢兢業業，一日二日萬幾。」』師古曰《虞書·咎繇謨》之詞也，言有國之人不可傲慢佚欲，但當慎懼以理萬事之幾也。敖音傲。今《尚書》作『無教逸欲有邦』，教字訛寫作敖字爲曉然矣。《書序》曰：『科斗書廢已久，時人無能知者。爲隸古定，更以竹簡寫之。』所以易訛也。劉貢父曰：『《武成》一篇，簡册錯亂，兼有亡逸。今次定之，「予小子其承厥志」以下，武王之誥未[一五]終，當有「百工[一六]受命」之語，計脱五六簡矣，然後迺接以「偃武修文」云。』

易文言

《易》曰：『元者善之長也。』《左傳》曰：『元者體之長也。』《易》曰：『嘉會足以合禮。』《左傳》曰：『嘉德足以合禮。』善之與體，會之與德，其字不同，其義則别。《易》之《文言》以爲孔子所作，然孔子生於襄公二十二年，史作此筮，乃襄公九年，二語蓋在孔子之先也。

十五國風一

十五國風獨無宋、魯，或曰孔子之先宋人也，魯父母之邦也，爲尊者諱、親者諱，不列二國於變風之次。且孔子生於襄公二十二年，至二十九年季札來聘，是年孔子生八歲，季札請觀周樂，爲之歌《周南》下至《曹風》，凡十五國，正與今之《詩》一同，未嘗有宋、魯也。宋、魯不在變風之列，其來久矣。自《周南》至於《齊》八國，與今之次序同，自《豳風》至《曹風》七國，與今之次序異。蓋當時魯國之序如此。熟考《史記》《左氏》，可以言詩矣。

十五國風二

十五國風次序，或曰《王·黍離》在《邶》《鄘》《衛》之後，天子安得居諸侯後？蓋存二代之後也。周滅商，分其畿内爲三國，邶、鄘、衛也，紂城以北謂之邶，南謂之鄘，東謂之衛。故以封紂子武庚也，鄘管叔尹之，衛蔡叔尹之，以監商民，謂之三監。三監叛，周公誅之，盡以其地封康叔，故《邶》詩十九篇、《鄘》詩十篇、《衛》詩十篇，共三十九篇，皆衛詩也。序詩曰：以其地本商之畿，故在於《王·黍離》上，列爲三國而不獨謂之衛也。

嘯

嘯十五章：一曰權輿，嘯之始也；二曰流雲；三曰深溪虎[一七]；四曰高柳蟬；五曰空林夜鬼；六曰巫峽猿；七曰下鴻鵠；八曰古木鳶；九曰龍唫；十曰動地；十一曰蘇門，孫登隱蘇門山所作也；十二曰劉公命鬼，仙人劉根所作也；十三曰阮氏逸韻，阮籍所作也；十四曰正章，深遠極大，非常聲也；十五曰畢音，五音之畢而大道畢矣。《異苑》。又《炙轂子》。晋成公綏《嘯賦》曰：『精性命之至機，研[一八]道德之玄奥。邈跨俗而遺身，迺慷慨而長嘯。逍遥攜手，踟蹰步趾。發妙聲於丹脣，激哀音於皓齒。響抑揚而潛轉，氣衝鬱而熛[一九]起。協黄宫於清角，雜商羽於流徵。飄游雲於太清，集長風乎萬里。諒自然之至音，非絲竹之可擬。』阮籍遊蘇門山，山有隱者，莫知其姓名，有竹實數斛，杵臼而已。籍從之，與談太古無爲之道，五帝三王之義，蕭然曾不經聽。籍迺對之長嘯，清韻響亮。蘇門生迺逌爾而咲。籍既降，蘇門生亦嘯，若鸞鳳之音。桓玄與袁宜都書論嘯曰：『讀〔二〇〕卿歌賦序詠，音聲皆有清味。然以嘯爲彷彿有限，不足以致幽旨，將未至耶？夫神契之音既不俟多贍而通其致，苟一音足以究清和之極，阮公之言，不動蘇門之聽，而微嘯一鼓，玄默爲之解顔。若人之興逸響，惟深也哉。』袁崧答書曰：『嘯有清浮之美，而無接引之深；歌窮淵根之致，用之彌覺，其遠至乎吐詞送意，曲究其奥，豈脣吻之切發、一性之清泠而已哉？若夫阮公之嘯，蘇門之和，蓋感其一奇，何爲徵此，一至大疑嘯歌所拘耶？』《詩》曰：『其嘯也歌。』袁崧所用『嘯歌』，迺《詩》中字也。《雜字解詁》曰：『嘯，吹聲也。』《説文》曰：『嘯，吟也。』

載事物之法

《書·顧命》：狄設黼扆綴衣。狄，下士。扆，屏風畫爲斧文置户牖間，復設幄帳象平生所爲。牖間南向，敷重篾席，黼純，華玉，仍几。篾，桃竹枝，白黑雜繒緣之。華，采色，華玉以飾憑几。仍，因也，因生時几不改作。此見群臣覲諸侯之坐。西序東向，敷重底席，綴純，文貝，仍几。東西廂謂之序，底，蒻苹。綴，雜采。有文之貝飾几，此旦夕聽事之坐。東序西向，敷重豐席，畫純，雕玉，仍几。豐，莞。采色爲畫。雕，刻鏤。此養國老饗群臣之坐。西夾南向，敷重筍席，玄紛，純漆，仍几。西廂夾室之前。筍，蒻竹。玄紛，黑綬。此親屬私宴之坐，故席几質飾。越玉五重，陳寶，於東西序坐北列玉五重，又陳先王所寶之器物。赤刀、大訓、弘璧、琬琰在西序，寶刀，赤刀削。大訓，《虞書·典謨》：大璧琬琰之珪爲二重。大玉、夷玉、天球、《河圖》在東序。三玉爲三重。夷，常也。球，雍州所貢。《河圖》，伏羲氏王天下，龍馬出河，遂則其文以畫八卦，謂之《河圖》，與典謨皆歷代寶傳之。胤之舞衣、大貝、鼖鼓在西房，胤，國所爲舞者之衣，皆中法。大貝，如車渠。鼖鼓，長八尺。商周傳寶之。西房，西夾，在東。兑之戈、和之弓、垂之竹矢在東房。兑、和，古之巧人。垂，舜共工。所爲皆中法，故亦傳寶之。東房，東厢夾室。大輅在賓階面，綴輅在阼階面，大輅玉〔二一〕，綴輅金，面前階南向。先輅在左塾之前，次輅在右塾之前。先輅象，次輅木，金玉象皆以飾〔二二〕車，木則無飾，皆在路寢門之内，左右塾前北面。凡所陳列皆象成王生時華國之事，所以重顧命。

二

昔武王克商，成王定之，選建明德，以藩屏周。故周公相王室以尹天下，於周爲睦，分魯公以大輅大旂、夏后氏之璜、封父之繁弱、殷民六族：條氏、徐氏、蕭氏、索氏、長勺氏、尾勺氏，使帥其宗氏，輯其分族，將其類醜，以法則周公。用即命於周，是使之職事於魯，以昭周公之明德。分之土田陪敦，祝宗卜史，備物典策，官司彝器。因商奄之民，命以伯禽，而封於少皞之墟。分康叔以大輅、少帛、綪茷、旃旌、大吕，殷民七族：陶氏、施氏、繁氏、錡氏、樊氏、饑氏、終葵氏，封畛土略，自武父以南，及圃田之北，竟取於有閻之土，以共王職。取於相土之東，都以會王之東蒐，聃季授土，陶叔授民，命以《康誥》，而封於殷虛，皆啓以商政，疆以周索。分唐叔以大路、密須之鼓、闕鞏、姑洗，懷姓九宗，職官五正，命以《唐誥》而封於夏虛，啓以夏政，疆以戎索。

玉窪

《俗説》曰：毛泰買一玉窪，八十八萬。玉窪二字奇甚，當是酒器也。古人詩中及酒器者，如曹植詩『玉樽列廣庭』，又『樂飲過三爵』。沈約詩『玉罍信湛湛』，又『金鉼泛羽卮』。許渾詩『晚促離筵醉玉缸，伊州一曲淚雙雙』。後漢辛延年詩『就我求清酒，絲繩提玉壺』。李賀詩『玉罌汲水桐花井，絲蒨沉水如雲影』。王建詩『月似圓來色漸凝，玉盆盛水欲侵稜』。以上所用皆以玉爲皿者，皆不及玉窪二字，殊未經用也。

佛鉢

《西域諸國志》曰：佛鉢在乾陁越國，青玉也。受三升許。彼國寶之，供養乞願，終日花香，不滿則如言也，滿亦如言也。皮日休有《佛鉢》詩：『帝青玉作緑冰姿，佛律云：此鉢帝青玉石也，四天王所獻也。曾得金人手自持。拘律樹邊齋散後，提羅花下洗來時。乳麋味斷中天覺，麥麨香消大劫知。從此共君親頂戴，斜風應不等閒吹。』陸龜蒙詩：『空王初受逞神功，四鉢須臾現一重。至今鉢緣有四重也。持次想添香積飯，覆時應帶步羅鍾。光寒好照金毛鹿，響靜堪降白耳龍。從此寶函香裹見，不煩西去詣靈峰。』皮日休詩序曰：『按《釋法顯傳》云：佛鉢本在毗舍離，今在乾陁衛。竟若干〔三三〕百年，當復至西月支國；若干百年至于闐國；若干百年當至屈茨國；若干百年復來漢地。晉建興二年，二聖像浮海而至滬瀆，僧尼輩取之以歸，今存於開元寺。後建興八年，漁者於滬瀆沙汭上獲之，以爲臼類，乃葷而用焉。俄有佛像見於外，漁者始以爲異，意滬瀆二聖之遺祥也，迺以鉢供之。迄今尚存。』

紫團參參花蜜

皮日休《謝友人惠人參》詩：『神草延年出道家，神草，別名。是誰披露記三椏。開時的定涵雲液，斸後還應帶石花。名士寄來消酒渴，野人煎處撇泉華。從今湯劑如相續，不用金山焙上茶。』陸龜蒙和之曰：『五葉初成椵樹陰，紫團峰外即雞林。名參鬼蓋須難見，材視人形不可尋。品第已聞升碧簡，攜持應合重黄金。殷勤潤取相如肺，封禪書成動帝心。』紫團迺山名，今人以人參有紫暈者爲佳，殊不然也。沈氏《筆談》載：王荆公病喘，藥用紫團山人參，不可得。時薛師政自河東還，有之，贈公數兩，公不受。其曰紫團山者是矣。王績詩：『家豐松葉酒，器貯參花蜜。』參花蜜三字甚生，參花人所未識。温庭筠詩：『松刺梳空石差齒，香風軟透人參蘃。』用參蘃字益奇。

蟹　斷

陸龜蒙《蟹志》曰：『稻之登也，率執一穗以朝其魁，然後任其所之。蚤夜嘈沸，指江南而奔，漁者緯蕭，承其流而障之，名曰「蟹斷」，斷其江之故道焉耳。』『蟹志』、『蟹斷』四字皆奇。《吴都記》曰：『江濱漁者插竹繩編之以取魚，謂之「扈業」。』亦是類也。孟浩然詩：『鳥泊襄陽雁，魚藏縮項鯿。』又曰：『試垂竹竿釣，果得槎頭鯿。』又云：『土毛無縞紵，鄉味有槎頭。』杜詩：『復憶襄陽孟浩然，清詩句句盡堪傳。即今耆舊無新語，漫釣〔二四〕槎頭縮項鯿。』按杜田作《杜詩補遺正椮》〔二五〕曰：槎頭，一説爲襄陽郡地名，一説爲釣磯上枯木。曾緯曰：非也，《爾雅》曰：椮謂之涔。椮音滲。孫炎釋曰：積柴木水中養魚，椮爲槎頭，言所積柴木槎枒然也。宋景文公詩：『煙原射雉樂，春椮養魚肥。』蓋用椮字。又按習鑿齒《襄陽耆舊傳》曰：『漢水中鯿魚甚美，常禁人捕，以槎斷水，因謂之槎頭鯿。』宋張敬兒爲刺史，作六櫓船，置獻齊高帝曰『槎頭縮項鯿一千八百頭，以槎斷水』者，即龜蒙所謂斷也。

賦句相埒

丹甑玉燭，蓂莢芝房。唐人《慶雲抱日賦》，失姓名。銀甕金船，山車澤馬。庾信賦。秦雲動色，渭水躍波。喬潭《裴將軍舞劒賦》。洞庭安波，楚山霽色。錢起《洞庭張樂賦》。下語有此相埒者。温庭筠《湖陰曲》曰：『吴波不動楚山晚，花壓闌干春晝長。』以賦中八字之意爲詩一句，尤爲警拔。

芍藥

《詩·溱洧》曰：『維士與女，伊其相謔，贈之以芍藥。』注曰：芍藥，香草也。陸璣《詩義疏》曰：『今芍藥無香氣，非是也。』孔穎達亦曰：『未審何草。』皆非也。牡丹古謂之木芍藥，有所謂牡丹皮者，宜於婦人，是猶『視爾如荍，貽我握椒』，及『椒聊之實，蕃衍盈升』也。椒性温，亦宜於婦人，應劭《漢官儀》所謂以椒塗屋者，取其温煖也。《緗素雜記》曰：芍藥破血，令人無子，所以爲男淫女也。椒氣下達，用以養陽，所以爲女淫男也。以爲頗得詩人深意。《左傳》申叔展曰：『有山鞠藭乎。』杜預曰：『芎藭所以禦濕。』《説文》曰：『芎藭，香草。』藥品各有種類，豈可但曰香草也？晉傅統《芍藥花頌》曰：『惟昔風人，抗兹榮華。』蓋言花也。宋王徽《芍藥花賦》曰：『惟神區之麗草兮，憑厚德而挺授。』用麗草二字甚勝。虞繁《蜀葵賦》曰：『惟兹珍草，懷芬吐芳。』梁王筠《蜀葵賦》曰：『惟此奇草，遷花西道。』傅咸《芸香賦》曰：『攜昵友以逍遥兮，覽偉草之敷英。』傅玄《宜男花賦》曰：『猗猗令草，生於中方。』古人好奇，用字不肯蹈襲如此。令草二字出《楚辭》也。

三　焦

彭山有隱者，通古醫術，與世諸醫所用法不同。單驤從之學，盡得其術，遂有醫名於世。治平中，予與驤遇廣都，論古今醫術同異，驤既言其略，復歎曰：『古人論五臟六腑，其説有謬者，而相承不察。欲以告人，人誰信者？古説左腎，其腑膀胱；右腎命門，其腑三焦，女人以繫包。以理推之，當如膀胱有形質可見。而王叔和言三焦有臟無形，不亦大謬乎？蓋三焦有形如膀胱，故可以藏有所繫，若無其形，尚何以藏繫哉？其所以謂之三焦者何也？三焦分布人體中，有上中下之異。方人心湛然，慾念不起，則精氣散在三焦，華榮百骸；及其慾念一起，心火熾然，翕撮三焦，精氣入命門之腑，輸瀉而去，故號此腑爲三焦耳。世承王叔和之謬而不悟，可爲長太息也。』余甚異其説。後爲徐州從事，有一舉子徐遁者，石守道之壻也，少嘗學醫療病，有精思，予爲道驤之言，遁喜曰：『齊嘗大饑，群丐相臠割而食之。有一人皮肉盡而骨脈全者，遁以學醫，故往觀其五臟。見右腎下有脂膜如手大者，正與膀胱相對，有二白脈自其中出，夾脊而上貫腦，意此即導引家所謂夾脊雙關者，而不悟脂膜如手大者之爲三焦也。單君之言，與所見懸合，可以正古人之謬矣！』《龍川志略》。按漢《白虎通·情性篇》曰：『六府者何謂也？大腸、小腸、胃、膀胱、三焦、膽也。府者爲藏宫府也，故《禮運》記曰：「六情所以扶成五性也。」胃者脾之府也，脾主禀氣，胃者穀之委也，故脾禀氣也。膀胱者腎之府也，膀胱常能有熱，故先决難也。三焦者包絡之府也，水穀之道路，氣之所終始也。故上焦若竅，中焦若編，下焦若瀆。膽者肝之府也，肝者木之精也，主仁，仁者不忍，故以膽斷也。』據此則三焦有形矣。

位絶席

張禹遷太傅，每朝見，特贊與三公絶席。司馬彪《續漢書》。王常爲横野大將軍，位次與諸侯絶席。《東觀漢記》。鄧鴻爲車騎將軍，位在九卿上，絶席。章帝以城門校尉馬防爲車騎將軍，位在九卿上，絶席。《漢雜事》。絶席之禮，漢世最以爲重也。

諱

太史公父名談，《史記》無談字，《季布傳》改趙談作趙同。范曄父名泰，《後漢[二六]》無泰字，郭泰、鄭泰皆作太字。季翔父名楚金，故爲文皆以金爲鎰。韓愈爲李賀作《諱辯》，特言在不稱徵之説，故愈父仲卿，未嘗諱焉。《曹志》植之子奏議曰『幹植不强』，不諱植字也。

帶甲百萬

蘇秦説燕『地方二千里，帶甲百萬』。張儀説韓王曰『秦帶甲百餘萬』。《戰國策》。江乙對楚宣曰：『今王之地方五千里，帶甲百萬。』蘇秦南説楚曰：『西有黔中、巫郡，東有夏州、海陽，南有洞庭、蒼梧，北有汾陰、郇陽，地方五千里，帶甲百萬。』《春秋後語》。吴趙咨使魏，文帝問咨吴拒魏難否，咨曰：『帶甲百萬，江漢爲池，何難之有？』晋王戎謂齊王冏曰：『今王帶甲百萬，其鋒不可當。』古者捭闔之士，言富國强兵者，必曰有帶甲百萬，事率類此。

校勘記

〔一〕疑有誤。《演繁露》卷七云：『鍮，金屬也，而附石爲字。』

〔二〕『境』守山閣本作『鏡』，誤。

〔三〕『八』，守山閣本作作『入』。按《新唐書·車服志》曰：『淺青爲九品之服，皆鍮石帶，銙八』，則『跨』亦當作『銙』。

〔四〕『黄』，守山閣本作作『重』。

〔五〕守山閣本無『剛』字。

〔六〕『癘瘴』，原作『剛瘴』，據墨海本、守山閣本改。

〔七〕『吹』，守山閣本作『砍』。

〔八〕『鹽鐵』，原作『監鐵』，據墨海本、守山閣本改。

〔九〕『二』，守山閣本作『三』。按《明皇雜録》亦作『二』。

〔一〇〕『吕尚父』，守山閣本作『吕望父』。

〔一一〕『瑕』，守山閣本作『假』。按《淮南子》高誘注作『瑕』。

〔一二〕「攫」，守山閣本作「獲」。

〔一三〕「目」，守山閣本作「唯」。

〔一四〕墨海本。守山閣本亦曰「闕」。

〔一五〕「未」，原作「末」，據墨海本、守山閣本改。

〔一六〕「工」，原作「王」，據墨海本、守山閣本、《尚書》改。

〔一七〕「虎」，原作「彪」，墨海本、守山閣本作「虎」。按《天中記》卷四十三亦作「虎」，據改。

〔一八〕「研」，原作「姸」。據墨海本、守山閣本、《文選》卷十八改。

〔一九〕「熛」，守山閣本作「煙」，按《文選》作「熛」。

〔二〇〕「讀」，守山閣本作「謝」。按《藝文類聚》卷十九亦作「讀」。

〔二一〕「玉」，守山閣本作「象」，蓋涉下注「先輅象」而誤。

〔二二〕「飾」，原作「飭」，據墨海本、守山閣本、《尚書注》改。下「無飾」同。

〔二三〕「干」，守山閣本作「千」。下「若干」同。

〔二四〕「釣」，守山閣本作「寄」。

〔二五〕「槮」，當作「繆」，《宋史・藝文志》有「杜田《注杜詩補遺正繆》十二卷」，蓋涉下文二誤。按此條出吴曾《能改齋漫録》卷六《槎頭縮項鯿》條，彼作「杜田作杜詩補遺正謬」。

〔二六〕此處守山閣本有「書」字。

緯略卷六

和香方

范曄撰《和香方》，其《序》曰：『麝本多忌，過分必害。沉實易和，盈斤無傷。零藿虚燥，詹唐粘濕。甘松蘇合，安息鬱金。奈多和羅之屬，竝被珍於外國，無取於中土〔一〕。又棗膏昏鈍，甲煎淺俗，非惟無助於馨烈，迺當彌增於尤疾也。』所言悉以比類朝士。麝本多忌，比庾仲文；零藿虚燥，比何尚之；詹唐粘濕，比沈演之；棗膏昏鈍，比羊玄保；甲煎淺俗，比徐〔二〕湛之；甘松蘇合，比慧琳道人；沉實易和，以自比也。山谷《香偈》『我讀蔚宗傳，風流不減二班』者，此也。梁武帝祀地用和香，杜佑注：『以地與人近，宜加雜馥，雜馥即和香。』然則和香非始於梁也。何遜詩：『月暎九微火，風吹百和香。』《華嚴經》曰：『鬻香長者善調香。』調香二字尤佳。李賀詩：『練香薰宋鵲，尋箭踏盧龍。』練香二字更好也。

竊　香

《郭子》曰：『陳騫以韓壽爲掾，每會，聞壽有異香。香迺外國所貢，一著衣，歷日不歇。騫計武帝唯賜己及賈充，他家理無此香，嫌壽與女通，問之左右，婢以實對，騫迺以女妻壽。』《晋書》但云賈充女竊香耳，此迺曰陳騫，何耶？庾信詩：『盤龍明鏡餉秦嘉，辟惡生香寄韓壽。』盧珣詩：『燃香望韓壽，磨鏡待秦嘉。』薛道衡詩：『月暎班姬扇，風飄韓壽香。』蓋皆用韓壽耳。

香物《周禮》名物

《夢書》曰：『夢得香物，婦人歸也。』香物二字未有人用。《周禮》專是言物，曰：珍用八物，薦脩之物，肉物，膳羞之物，三酒之物，醢物，絲纊組文之物，動物，植物，毛物，魚物，鱗物，魚物二字出《𢿱人》。膏物，羽物，贏物，介物，筴物，贏物，叢物，十二壤之物，鄉三物，馬牛之物，牲物，器物，蓄聚之物，米粟之物，九穀之物，米物，六齍之名物，雞牲之物，玉瑞〔三〕玉器之名物，衣服之名物，六龜之名物，五雲之物，旗物，五路之物，馬量之三物，戈盾之物，弓弩矢名物，山林之物，川澤之物，金玉錫石丹青之物，牷物，蠹物。然海物惟錯，《禹貢》言之。

好香

秦嘉《答婦徐淑書》曰：『好香四種，各一斤，可以去穢。』淑答書曰：『未侍帷帳，則芬芳不設。』如杜詩『燈影照無睡，心清聞妙香』，但用妙香耳，好香二字未經人用也。『聞妙香』三字出《維摩經》『坐香樹下聞斯妙香』。《漢武内傳》曰：西王母降，爇嬰香等，品多名異。是蓋令種之類也。

奔月

《黄庭經》曰：『高奔日月吾上道，鬱儀結璘〔四〕善相保。』梁丘子曰：『鬱儀，奔日之仙。結璘，奔月之仙。』《七聖紀》曰：『鬱華赤文，與日同居；結璘黄文，與月同居。鬱華日精，結璘月精也。』《歸藏經》曰：『昔嫦娥以不死之藥奔月。』《淮南子》曰：『羿請不死之藥於西王母，姮娥竊而奔月。』注曰：『姮娥，羿妻。羿從西王母請不死之藥，姮娥服之得仙，奔月爲月精。』《大洞雌一篇》曰：『日華玉堂，仙母金丹在其内。』《奔日月二景隱文》曰：『西玄山下洞臺中，有《鬱儀結璘經》。太上玄宫高上臺阪一作及、蓬萊府北室金琅〔五〕玉璧刻此益備。』《九真中經》曰：『奔日月之道，太上太清列〔六〕九皇四司真人之所寶秘，玄元君之玉章也，自非有金英〔七〕玉名及東華紫字，皆不得聞見此鬱儀奔日、結璘奔月章。』袁〔八〕象詩：『長引逐清風，高歌送奔月。』

石流丹

《神仙列傳》曰：『許由、巢父，服箕山石流丹。』《抱朴子》曰：『石流丹者，山之赤精，蓋石流黄之類也。』《神農經》曰：『石英有五色者，石脂有五色者，流石有黄青白三色。』今藥中流石用黄，石英用紫。庾闡詩：『朝采石英磵左，夕翳瓊芝巖下。』此言石英耳。皮日休詩：『様如金甓小能輕，微潤將融紫石英。』此乃言紫石英也。石脂用赤白，他色少用也。姚合詩：『石脂稀勝乳，玉粉細如塵。』

龍門

《三秦記》曰：『龍門一名河津，兩岸有山，魚不得上，上即化爲龍。』

李膺獨持風裁，以聲名自高，有被其容接者，名爲登龍門。晋王衍善玄言，唯談莊老，爲事理有所不安即改更，朝野翕然，謂一代龍門。陸倕與任昉俱爲竟陵王西邸之客，及昉爲憲司，簪裾輻輳，預宴者號曰龍門之遊。袁昂在朝蹇諤，號曰宗臣，雅有倫鑒，遊處不雜，入其門者號曰登龍門。

八蠶

左思《吴都賦》曰：『國税再熟之稻，鄉貢八蠶之綿。』李善注曰：『劉欣期《交州記》曰：一歲八蘭蠶，出日南。』按《吴録》曰：『南鄉郡一歲蠶八績。』李賀詩『將餧吴王八繭蠶』，正用此事。《海物異名記》曰：『八蠶綿者，八蠶共爲一大繭。』

蠶理

孫卿《蠶賦》曰：『蠶食桑而吐絲，先亂而後治。夏生而惡暑，喜濕而惡雨。蛹以爲母，蛾以爲父。三俯三起，事乃大已。是謂蠶理。』《汜勝之書》曰：衛尉上蠶法，以農事人不可忽略，故衛尉勸之。蠶法二字尤佳。陸龜蒙《蠶賦》曰：『荀卿子有《蠶賦》，楊泉亦有之，皆言蠶有功於世，不斥其禍於民也。余激而賦。古民之衣，或羽或皮。夫蠶之生，繭厚絲美。機杼經緯，鸞鳳葩卉。官誕益饞，盡取後已。伐桑滅蠶，民不凍死。』

輞川圖

朱景玄《畫斷》曰：『王維畫山水松石似吴生，而風標特出。京師西塔院有《輞川圖》，山谷鬱盤，雲水飛動。』山谷詩：『丹青出右轄，詩句妙九州。物外常獨往，人間無所求。袖手南山雨，輞川桑柘秋。胸中有佳處，涇渭看同流。』此詩足以氣吞右轄筆墨，今所見者摹本，不足道也。余與徐淵子同點檢南宫，出右丞《捕魚圖》一卷，如無咎公所題者，余曰：『此善摹者爲之。』徐不以爲然。一日，得一卷，僅存三分之一，徐圖葭葦之外，意其爲水耳，此特波濤浩瀰、水痕浪迹，一一畢具，人物尤精絶。淵子必欲易之，余有難色。已而又有一卷題曰《摩詰寒江釣雪》，上施秘閣之印，此迺淳化以前未更秘書省印篆也，畫筆奇古，全不類世間所見山水圖也。

秦太虛云：予爲汝南學官，得疾卧直舍，高符仲攜《輞川圖》視余，曰：『閲此可以愈疾。』予本江海人，得圖甚喜，即使二兒從旁引之，閲於枕上。恍然與摩詰入輞川，度華子岡，經孟城坳，憩輞口莊，泊文杏館，上斤竹嶺，並木蘭柴，絶茱萸沜，躡槐陌，窺鹿柴，返於南北垞。航欹湖，戲柳浪，濯欒家瀨，酌金屑泉，過白石灘，停竹里館，轉辛夷塢，抵漆園。幅巾杖履，棋奕茗飲，或賦詩自娱，忘其身之匏繫於汝南也。數日疾良愈。

萬年觴

《兒寬傳》曰：『兒寬爲御史大夫，從東封泰山，登明堂，寬奉觴再拜，上千萬歲壽。制曰：敬舉君之觴。』班超曰：『臣超區區，特蒙神靈，竊冀未便僵仆，目見西域平定，陛下舉萬年之觴。』元和十四年，齊、魯初平，宴羣臣。裴度舉觴跪曰：『陛下德配天地，明並日月，神武獨斷，寇逆削平，願同上千萬歲壽。』上執酒爲飲之。《江漢》詩曰：『虎拜稽首，天子萬年。虎拜稽首，對揚王休。作召公考，天子萬壽。』此漢唐奉觴所自也。

方響

《禮圖》曰：梁有銅磬，蓋今方響也。方響以鐵爲之，修九寸，廣二寸，圓上方下，架磬而不設，倚架上以代鍾聲。人間用者纔三四寸。《樂府雜録》曰：胡部無方響，緣聲直拔，不應諸調。太宗内庫別收鐵方響一片，應二十八調，箏只有宫商角羽四調，臨時移柱，應二十八調。唐興慶宫龍池，波湧，得古鐵一片，擊之乃宫架蕤賓鐵，此即方響也。《雜俎》曰：蜀將皇甫直能別音律，好彈琵琶。元和中製一調，乘凉臨水池彈之，本黄鍾而聲入蕤賓，直甚怪，因易絃再三奏之，聲如故。試彈於他處，則黄鍾也。直因調蕤賓，夜復鳴絃於池上，頃之，覺近岸波動，有物激水如魚躍。及下絃則没矣。明旦率力竭池池，下獲古鐵一片，扣之迺方響蕤賓鐵也。

唐咸通中，有吴續打方響，其妙超羣，本李太尉家樂人也。唐李沇《方響歌》：『十六葉中侵索光，寒玲震月雜珮璫。雲和不覺罷餘怨，蓮峰一夜啼琴姜。急節寫商商恨促，秦愁越調逡巡足。夢入仙樓戛殘曲，飛霜稜稜上秋玉。』奇絶之辭。牛嶠〔九〕亦有《方響歌》，曰：『長短參差十六片，敲擊宫商無不遍。』筆力全不及。

賜古物

太祖以素屏風、憑几賜毛玠曰：『卿有古人之風，賜卿所宜之物。』《魏志》。孔靈彦不仕，太祖以白毛扇、素几遺之曰：『卿有古人之風，故贈古人之物。』吴均《齊春秋》。何點不仕，豫章王命駕造門，逃去。竟陵王子良聞之曰：『豫章王尚不屈，非吾所識。』遺點嵇康酒杯、徐景山酒鐺以通意。傅昭字茂達，爲中書舍人，身安靨糲，高祖賜漆合燭盤等物，勑曰：『卿有古人之風，賜卿古人之物。』《梁典》。劉杳字士深，爲步兵校尉、東宫通事舍人，昭明謂之曰：『酒是〔一〇〕卿之所好，而居酒厨之職。』太子有瓠瓢食器，以用錫焉，曰：『卿有古人之風，故遺古人之物。』《梁典》。

琛版

仲長子曰：『笏以書君教令，記〔一一〕善刺過，今之版以象焉。『笏用象板甚佳。劉義恭《啟事》曰：『珍冠飾首，琛版宜躬。』用琛版益奇。

累代文集

東晋丞相王導，導子洽，洽子珣，珣子曇首，曇首子僧綽，僧綽子仲寶，仲寶子玄成，玄成子規，規子褒，九代並有文集。路敬淳《卓絶譜》。晋太傅謝安生琰，琰子混，三代爲僕射，並有文集。宋光禄大夫謝莊，莊子朏，朏子瀹，瀹子覽，覽孫温，六代五人皆爲吏部尚書，並有文集。魏譙郡太守江蕤，蕤孫統，統子虨，虨子顗，顗子夷，夷子湛，湛孫斆，斆子清，清子紛，紛子聰，九代有文集。而史有謂『七葉之中，人人有集』者，此也。

累代列傳

東晉始興公王導，九世有列傳。河東裴氏自魏、晉、宋、齊、梁、陳、隋、後魏、北齊、周十代，皆有列傳：魏有潛，晉有秀、頠、楷，宋有松之，齊有昇業、昭明，梁有子野、邃，陳有忌，後魏有駿、升景、延儁、敬憲、伯茂，北齊有讓之，周有舉、長寬、狹、杲，隋有藴、肅之。

諸子各習一藝

鄧禹十三子，各習一藝。晉劉殷字長盛，七子各授一經，一子《太史公》《漢書》，一門之中，七業俱興。北州之學，殷門爲盛。

青陸

《易通統圖》曰：『日行東方青道曰青陸，日行南方赤道曰南陸，日行西方白道曰西陸，日行北方黑道曰北陸。』唯東方以色言耳。《續漢書·律曆志》曰：『日行東陸謂之春，卻曰東陸也。』《曆法》：天有黄赤二道，日有九道，此皆强名而已，非實有也。又曰：天之有三百六十五度。天何嘗有度？以日行三百六十五日而一期，强謂之度，以步日月五星行次而已。日之所由〔二〕，謂之黄道，南北極之中，度最均處謂之赤道。月行黄道之南謂之朱道，行黄道之北謂之黑道，黄道之東謂之青道，黄道之西謂之白道。黄道内外各四，并黄道爲九。日月之行有遲有速，難可以一術御也。故因其合散分爲數段，每段以一色名之，欲以別算位而已，如算法用赤籌、黑籌以別正圓之數。曆家不知其意，遂以爲實有九道也。宋景文公曾用『青陸』二字。

冰魚

晉王祥後母朱氏，《王祥世家》曰：『祥父融娶高平薛氏，生祥；繼室以廬江朱氏，生覽。』常欲得生魚。時寒冰凍結，祥解衣，將剖冰求之，冰忽自解，雙鯉躍出。《晉陽秋》曰：『祥母患疾，盛寒冰凍，每欲生魚。祥解衣將剖冰求之，會有一處冰小解，魚出。』陽秋之叙事如此，辭精事覈，今併録於此。王延，西河人，繼母卜〔一三〕氏，盛冬思魚，勑延求而不獲。延尋汾叩冰而哭，得一魚。見崔鴻《十六國春秋·前趙録》。曾存之詩：『椎冰小鯉應堪鱠，掃岸踈梅未放花。』蓋用王祥事。李商隱詩：『魚因感姜出，鶴爲弔陶來。』卻用姜詩事。姜詩事母孝，母好飲江水，兒汲水溺死。其妻恐母知之，詐云行學。歲作衣投江中，俄而泉出舍側，味如江水，井且出鯉魚一雙。

懷果

殷輝字子倫，汝南人，每得甘果，持歸進其母。黄昌字聖真，會稽人，得珍玩可食之物，歸以進母。並謝承《後漢書》。陳徐孝克事所生母彌盡，每侍宴無所噉。高祖審記以問中書舍人管斌，斌不能對。自是斌覘之，見取珍果内於懷袖，還以遺母。斌白，高祖嘆嗟，令所司自今宴享，孝克前饌，以餉其母。孟宗，江夏人，遷吴令。時制不得將家行，每得時味，必以寄母。干寶《晋紀》。如此等事，不止懷橘也。張祐詩：『懷中陸績橘，江上伍胥濤。』錢起詩：『節下趨庭出，秋來懷橘情。』二詩皆用陸氏事。

坤王兑相

《五行休王論》曰：『立秋，坤王兑相，乾胎坎没，艮死震囚，巽廢離休。』

魚負冰

《易通卦驗》曰：『大雪，魚負冰。』鄭玄曰：『魚負冰，上近冰也。』負冰言解蟄也。《夏小正》曰：『魚陟負冰。』陟，升也。張嘉貞詩：『河魚未上凍，江蟄已聞雷。』武三思詩：『凍解魚方戲，風暄鳥欲啼。』

冬至

《孝經説》曰：『斗指子爲冬至。至有三義，一者陰極之至，二者陽氣始至，三者日行南至，故謂爲至。』《曆義疏》曰：『大雪，十一月節，月之初氣也。言太陰之氣以大水凝爲雪，故曰大雪。冬至，十一月之中氣也，言冬至者極也，太陰之氣生於太陽，太陽之氣下極於地，寒氣已極，故曰冬至。以其一陽復生，是以冬賀也。亦以日之行天，至於巽維東南角，極之於此故曰冬至。』

豹尾

成帝大幸趙昭儀，每上甘泉宮，嘗從在屬車豹尾中。揚子雲《甘泉宮賦》曰：『珍臺閒館，璇題玉英，蜵蜎蠖濩之中，唯夫所以澄心清魂，儲精垂思，感動天地，逆釐三神。』又曰：『想西王母欣然而上壽兮，屏玉女而卻宓妃。』皆譏帝也，可謂制作之妙矣。蔡邕《獨斷》曰：『大駕屬車八十一乘，最後一車懸豹尾，已前比省中。』崔豹《古今注》曰：『豹尾車，周制，象君子豹變。言尾，謙也。古軍正建之，今惟乘輿焉。』《江南録》曰：『古諸侯二車九乘，秦滅九國，兼其車服，故大駕屬車八十一乘，尚書御史乘之，最後一車懸豹尾。』李商隱詩：『直登宣室螭頭上，横過甘泉豹尾中。』正用此。費昶詩：『一辭豹尾内，長別屬車垂。』權德輿詩：『豹尾從風直，鸞旗應日飄。』宋莒公詩：『新陪豹尾乘，便襲虎頭囊。』

河冰合

漢世祖至下曲陽，傳云：『王郎兵至，從者恐及，至滹沱河，水流無船可濟，官屬大懼。世祖令王霸往視，還曰：「冰堅可渡。」世祖遂前，比〔一四〕至河，河冰合矣。』

獨孤及《漢光武渡滹沱河冰合賦》曰：『昔漢光武收河北之年，馳馬將進，滹沱在前，爲敵所迫，當冰不堅。及軍裝隱轔以登岸，殺氣峥嶸而塞川，意者欲定神器〔一五〕於兹日，彰至人之動天。若非使不道者喪、有德者王，則水不能以造次而結，冰不能以斯須而壯，變浩浩之流爲峩峩之狀。擁高旌以進，雷長轂以上，及企路以全軍，又迎風而破浪。』

慕容德正月渡黎陽津，流〔一六〕澌冰合。鄰令韓軌言於德曰：『光武渡滹沱，河冰自合。大王濟黎陽，津橋自成。』德大悦，改黎陽津爲天津橋。《燕録》。石勒逆戰劉曜於洛陽，從大河南濟。時凍合，軍至而河冰自泮，舟檝無闕，遂生擒曜，謂是神靈相助，改名靈昌津。石勒迺以河泮而策動也。

日觀

漢《封禪儀》曰：『泰山東南有山名日觀，雞一鳴時見日始出，長三尺。秦觀者望見長安，吴觀者望見會稽，周觀者望見齊。』《泰山記》曰：『周觀者望見鎬。黄河去嶺三百餘里，望見如帶。』應劭《漢官儀》曰：『泰山東南名曰日觀，雞鳴時見日。』丁春澤《日觀賦》曰：『昔者帝王御宇，立極垂統，封禪及此成功，巡狩應其春仲，莫不登兹絶頂，遐燭大明。思煦嫗之義，窮造化之精。以爲日象一人之德，嶽是三公之名，信王侯之設險，俾夷狄之來平〔一七〕。』又唐人《日觀賦》曰：『泰嶽東南，峯開一室。旁接天路，低臨曉日。陰埋玉兔，動霄漢之微明；報曉天雞，越氛埃之迴出。』梁李鏡遠詩：『始臨東嶽觀，俄升若木枝。』

朮序

皮日休詩：『白月半窗抄朮序，清泉一器授芝圖。』殊不曉『朮序』所出。後讀《道藏》仙經，有載紫微夫人撰《朮序》，其略曰：『吾察草木之勝負，益於己者，不及朮之多驗乎。所以長生久視，遠而更靈，非謂諸物減於朮也，以朮之用，今之所要，末世多疾，宜當服餌。夫道有內足者，猶畏外事之禍；有外足者，亦或中崩之弊。我見山林隱逸，得服朮者，比肩五嶽。今撰朮數方，以傳好尚。』此服朮之法也。梁庾肩吾有《答陶隱居賚朮煎啟》曰：『木榮火謝，盡采擷之難。啟旦移申，窮淋漉之劑，故能競爽雲珠，争奇水玉。』此妙於餌朮者。《列仙傳》載涓子餌朮，陳子皇餌朮，南陽文氏食朮，皆得法者也。

日休之言朮序，迺深得乎服餌之法。其詩又曰：『多攜白朮鍤，愛買紫泉缸。』又曰：『倚杉閑把易，燒朮静論玄。』又曰：『白石静敲蒸朮火，清泉間洗種花泥。』又曰：『度日竹書千萬字，經冬煎朮兩三缸。』皆言朮也。

花信麥信

徐鍇《歲時記》曰：『三月花開，名花信風。』《東皋雜録》曰：『江南自初春至初夏，有二十四番風信。』《吕氏春秋》曰：『春之德風，風不信則花不成。』晏元獻公詩：『春寒欲盡復未盡，二十四番花信風。』崔德符詩亦曰：『清明煙火尚闌珊，花信風來第幾番。』徐師川詩：『一百五日寒食雨，二十四番花信風。』尹邅詩：『曉雨催花信，春衣污酒痕。』張溹詩：『春容將變臘，暖信已驚花。』皆言花信也。皮日休詩：『潮期暗動庭泉碧，梅信微浸地障紅。』李昭玘詩：『凍雲欲雪雁聲過，臘酒正香梅信來。』則言梅信也。王履道詩：『桃花春有信，結子偏昭陽。』則言桃信也。《國史補》曰：『江淮船泝流而上，常待東北風，謂之信風。七八月有上信，三月有鳥信，五月有麥信。』沈存中《筆談·石淙詩序》曰：『屏梅氣而蕩燠，清麥候而含涼者，麥信也。』《筆談》又曰：『北方有白雁，似雁而小，色白，秋深至則霜降。河北人謂之霜信。』杜甫詩：『故國霜前白雁來。』

漢九州

漢光武省郡國四百餘所爲十三州，部司隸理河南，今洛陽。豫州理譙，今亳州。兖州理昌邑，今兖州金鄉縣。徐州理郯，今泗州下邳縣。青州理臨淄，今青州。凉州理隴，今秦州隴城縣。并州理晉陽，今太原府。冀州理鄗，今趙州高邑縣。幽州理薊，今幽州薊縣。揚州理歷陽，今州縣。荆州理漢〔一八〕壽，今朗州武陵縣。交州理廣信，今梧州蒼梧縣。益州理廣漢。至於漢末，加置郡國百有五，凡縣千一百八十。東有樂浪郡，西有燉煌郡，北有雁門郡，西南有永昌郡，廣袤如前漢。

《漢官解詁》曰：冀趙常山，胡廣注曰：經曰「冀州既載」，居趙國，今治常山。兖衛濟河，經曰「濟河惟兖州」，居衛國，今治山陽。青齊海岱，經曰「海岱惟青州」，居齊國，今治焉。徐魯淮沂，經曰「海岱及淮惟徐州」，又曰「淮沂其乂」，居魯國，今居豫州，而治東陽。揚吴彭蠡，經曰「淮海惟揚州」，又曰「彭蠡既豬」，居吴國，今治九江。荆楚衡陽，經曰「荆及衡陽惟荆州」，居楚國，今治武陵。益康岷梁，經曰「華陽黑水惟梁州」，漢改梁州爲益州，今治廣漢。梁邠黑水，經曰「黑水西河惟雍州」，居邠國，漢改雍州爲邠州、右扶風邑縣，居司隸部，不復屬州，今治漢陽。雍州朔方，漢别雍州之地，置朔方刺史。交趾南越，漢平南越之地，置交趾刺史，列諸州，今治蒼梧。幽燕朝鮮，經無幽州，而《周官》有焉，蓋冀之别也。居燕國，今廣陽是。并代晉陽。經無并州，而《周官》有焉，梁州之别也。楊泉《物理論》曰：九州變易，交錯不同。《禹貢》有梁州無并州，《周官》有并州無梁州，《爾雅》有營州無青州。漢興，武帝開拓三方，立十三州，通并梁之數，而增交益焉。

女史

《詩》曰：「静女其孌，貽我彤管。」后夫人必有女史，書其日月，而以環進退之。生子月辰，則金環退之。當御者以銀環進之，着於左手；既御，着於右手。事無大小，記以成法。《毛詩義疏》曰：「女史彤管，法如國史，主記后夫人之事。」《周禮》曰：「女史八人，女史，女奴曉書者。掌内治之貳，以詔后治内政，書内令。」「漢班婕妤《自傷賦》曰：『陳女圖以鏡鑑，顧女史而問詩。』」范曄《後漢書》

曰：『頒官分務，各有典司。女史彤管，記功書過。』《晋記》曰：『元康中，司空張華懼后族之盛，作《女史箴》。』

《華箴》曰：『歡不可瀆，寵不可專。專實生慢，愛極則遷。致盈必損，理有固然。』其義精好。裴頠亦有《女史箴》，曰：『膏不厭鮮，水不厭清。玉不厭潔，蘭不厭馨。』尤妙。後漢皇甫規《女師箴》曰：『奉上惟敬，撫下惟慈。怨豈在明，患生不思。』更佳。沈約《宋書》曰：『女史執策，記言是司。專貞内表，妖蠱外息。』又曰：『太宗留心後房，置内職，紫極房、光興房各女史一人。』

天子目送之

絳侯爲丞相，朝罷趨出，上禮之恭，常目送之。晋文帝器重魏舒，每朝會罷，目送之曰：『魏舒堂堂，人之領袖。』

濯　纓

《孟子》孺子歌曰：『滄浪之水清兮，可以濯我纓；滄浪之水濁兮，可以濯我足。』《楚辭》曰：『滄浪之水清，可以濯我纓；滄浪之水濁，可以濯我足。』《文中子》曰：『混混之水濁，可以濯我足；悠悠之水清，可以濯我纓。』全不侔矣。《書》曰『又東爲滄浪之水』，注曰：『别流在荆州。』宋《永初山川記》曰：『漢水古爲滄浪，即漁父所云滄浪之水。』今滄浪水合流出鐔城北界山，此蓋後人名之，非古滄浪也。《荆州圖經》曰：『武當縣西北四十里，江中有滄浪州，長四里，廣十三里。』《禹貢》稱漢水東流爲滄浪水，疑此州是也。

太史公詩論

《史記》曰：『古詩三千餘篇，孔子上采契、后稷，中述殷周之盛，下至幽厲之缺，始於衽席，故《關雎》爲《國風》始，《鹿鳴》爲《小雅》始，《文王》爲《大雅》始，《清廟》爲《頌》始。三百五篇皆絃歌之，以求合《韶》《武》《雅》《頌》之音，禮樂自此可得而述。』此論奇妙，其言《詩》至矣盡矣，學者試思之。

蔡子池石硯

宋《永初山川古今記》曰：『興平縣蔡子池南有石百丈許，石青色，堪爲硯。』一云出劉澄之《江州記》。又按唐仲《雍州記》曰：『應陽縣蔡子池南有石臼，云是蔡倫紙臼。』此當又是一池也。

太牢

《左氏傳》曰：『僖公十五年，秦改館晉侯，饋七牢焉。』注曰：『牛、羊、豕各一爲一牢。』吴責晉饋百牢，亦類此數也。牛羊豕具爲太牢，有羊豕而無牛爲少牢。《漢書·昭帝紀》：『賜郡國所選有行義者人帛五十匹，詔曰：不幸者，祠以中牢。』師古曰：『中牢，即少牢，謂羊豕也。』今只以牛爲太牢，羊爲少牢，非也。《襄公二年》曰：『馬牛皆百疋。』如《司馬兵法》曰：『兵出馬一疋，牛三頭。』然則牛當稱頭，此言疋者，合言之耳。宋沈攸之使范雲餉武陵王贊犢一羫，牛亦可稱羫也。

丙穴

《周地圖記》曰：『順政郡丙穴，以其口向丙，因以爲名。沮水經穴間而過或，謂之丙水。每春三月上旬後，有魚長八九寸，或二三寸，從穴出躍，相傳名爲嘉魚。』《水經》曰：『丙穴出嘉魚，常以三月出、十月入。穴口廣五六尺，去地七八尺，水泉懸注，魚自穴下透入。水穴口向丙，故曰丙穴。』左太冲《蜀都賦》曰：『嘉魚出於丙穴。』《詩》曰：『南有嘉魚。』《詩義疏》曰：『嘉魚，無鱗，皮青，長三五尺。』任豫《益州記》曰：『嘉魚細鱗，蜀中謂之拙魚。蜀郡山處處有之，年年從石穴中出。』《録異記》曰：『嘉魚，鯅魚也，形如鱒。人以芭蕉葉隔火炙之，肥美莫及。』洛陽有味魚，亦此類。杜詩：『魚知丙穴由來美，酒憶郫筒不用沽。』

褦襶音奈戴

晋程曉詩曰：『平生三伏時，道路無行車。閉門避暑卧，出入不相過。今世褦襶子，觸熱到人家。主人聞客來，嚬蹙奈此何。謂當行起去，安坐止跘跨。上音盤，下音跨。所説了無急，喈唅一何多。疲倦向之久，笑問君極那。摇扇臂中痛，流汗正滂沱。莫謂此小事，亦是人一瑕。傳戒諸高明，熱行宜見呵。』《聲類》曰：『褦襶，不曉事之稱也。』山谷《和錢穆父贈松扇》詩：『可憐遠渡幘溝漊，適堪今時褦襶子。』

燭龍

《山海經》曰：『鍾山之神，名曰燭陰。燭，龍也，是燭九陰也。身長千里，視爲晝，瞑爲夜，吹爲冬，呼〔一九〕爲夏。』《括地圖》曰：『鍾山之神，名曰燭龍。視爲晝，瞑爲夜，吹爲冬，呼爲夏，息爲風。』《楚辭》曰：『日安不到，燭龍何照？』王逸曰：『言天西北無日之國，有龍銜燭而照之。』《詩含神霧》曰：『天不足西北，無有陰陽，故有龍銜火精以照天門中也。』謝惠連《雪賦》曰：『爛兮若燭龍，銜耀照崐山。』張説賦曰：『南窮火鼠之譯，北盡燭龍之會。』此二句用事新而壯。

蓬　萊

《神仙傳》：麻姑謂王方平曰：『自接侍以來，三見海水變爲桑田，蓬萊之清淺也。』《列仙傳》曰：麻姑謂王方平曰：『自接侍以來，見東海三變爲桑田。向到蓬萊水，乃淺於往者略半也，豈復爲陵谷乎？』王氏《神仙傳》曰：王方平過蔡經家，因遣人召麻姑。姑至，年十八九，頂中作髻，餘髮垂腰。既坐，各進行厨，金杯玉盤，麟脯仙饌，非人世所有。姑曰：『自接侍以來，見東海三變爲桑田。向到蓬萊水，復淺於舊矣，殆還爲陵陸乎？』方平曰：『海中行復揚塵也。』二傳文有同異，並録之。《山海經》曰：『蓬萊山，海中神山〔二〇〕。』《列子》曰：『渤海之東有大海，其中有山曰岱輿，曰員嶠，曰方壺，曰瀛洲，曰蓬萊。』《玄中記》曰：『東南之大者有巨鰲，以背負蓬萊山。』《十洲記》曰：『蓬萊山外别有員海繞之，是爲溟渤〔二一〕，無風而洪波百丈。有九氣丈人、九天真君宫〔二二〕。』則蓬萊固在海中也。謝自然欲過海求師蓬萊，或笑曰：『蓬萊隔弱水三千〔二三〕萬里，不可到。天台有司馬子微，身居赤城，名在絳闕，真良師也，可往從之。』自然迺回受道於子微，白日仙去。

探策十八

《風俗通》曰：『古封泰山、禪梁甫。舊説岱嶽上有金篋玉策，能知人年壽脩短，漢武帝探策得十八，因倒讀曰八十，其後果壽八十。』沈佺期《中宗誕日應制》詩：『祚延金篋裹，歌奏玉筐前。』〔二四〕用此事甚工。

舜祠絃歌聲

羅含《湘中記》曰：『衡山九疑皆，有舜廟。太守至郡，遣官屬致祀，則聞絃歌之聲。』王歆之《神境記》曰：『九疑是舜之葬處也。有青澗，中有黄色蓮花，芳氣竟谷。此山之表，復有二峯，望之迺似人形，暎出雲端如玉積，高於諸山，頂有飛泉如帶。舜廟在山之陽，人有入廟中者，常聞絃歌之聲。』魯恭王登孔子舊宅，聞絲竹金石之聲，固有此事也。

辛　菜

《字林》曰：『一作，辛菜也。』辛菜二字佳。《南都賦》注引《説文》曰：『蓼，辛菜也。』

校勘記

〔一〕『土』，守山閣本作『道』。

〔二〕『徐』，守山閣本作『庾』。

〔三〕『瑞』，守山閣本作『璃』。

〔四〕『璘』，守山閣本作『隣』。下文『結璘』字同。

〔五〕『琅』字原闕，據墨海本、守山閣本補。

〔六〕『列』字原闕，據墨海本、守山閣本補。

〔七〕「金英」二字原闕，據墨海本、守山閣本補。

〔八〕「袁」，原作「表」，《藝文類聚》卷七十八引此兩句作「袁象《遊仙詩》」，據改。

〔九〕據《文苑英華》卷三百三十四，此乃牛殳詩。

〔一〇〕「是」，今《梁書》《南史》劉杳本傳皆作「非」。

〔一一〕「記」，原作「既」，據墨海本、守山閣本改。

〔一二〕「由」，守山閣本作「出」。

〔一三〕「卜」，守山閣本作「卞」。

〔一四〕「比」，原作「北」，據墨海本、守山閣本、《後漢書・王霸傳》改。

〔一五〕「器」，原作「氣」，據墨海本、守山閣本、《文苑英華》卷三十九引改。

〔一六〕「流」，守山閣本作「漢」。

〔一七〕「夷狄」，守山閣本作「萬國」，是四庫館臣抄寫時未改而守山閣本避諱改。「平」，守山閣本作「寧」。

〔一八〕「漢」，守山閣本作「長」。

〔一九〕「呼」，守山閣本作「吁」。

〔二〇〕「山」，守山閣本作「仙」。

〔二一〕此句守山閣本作「別負海之溟海」。

〔二二〕「宮」，守山閣本作「官」。

〔二三〕「千」，守山閣本作「十」。

〔二四〕《文苑英華》卷一百九十六、《全唐詩》卷五十八皆作李嶠詩。

緯略卷七

流黄素

張載《四愁詩》：『美人贈我筒中布，何以報之流黄素。』梁簡文帝詩：『思婦流黄素，温姬玉鏡臺。』張柬之詩：『將軍占太白〔一〕，少婦怨流黄。』喬知之詩：『雲日曉微微，愁思流黄機。』王筠詩：『箱中取〔二〕刀尺，機上斷流黄。』蕭淳詩：『猶有望歸心，流黄未剪截〔三〕。』顧野王詩：『薊門寒未歇，爲斷流黄機。』《環濟要略》曰：『間色有五紺，紅、縹、紫、流、黄也。』按《論語疏》曰：『五方正色，青赤白黑黄；五方間色者，緑爲青之間，紅爲赤之間，碧爲白之間，紫爲黑之間，流黄爲黄之間；故不用紅紫，言是間色也。所以爲間者，潁子嚴曰：東方木，木色青，青加黄爲緑，緑爲東方之間色；南方火，火色赤，赤加白爲紅，紅爲南方之間色；西方金，金色白，白加青爲碧，碧爲西方之間色；北方水，水色黑，黑加赤爲紫，紫爲北方之間色；中央土，土色黄，黄加黑爲流黄，流黄爲中央之間色。又一法：木剋土，戊以妹己嫁於甲，是黄入青爲緑；火剋金，庚以妹辛嫁於丙，是白入赤爲紅；金剋木，甲以妹乙嫁於庚，是青入白爲碧；水剋火，丙以妹丁嫁於壬，是赤〔四〕入黑爲紫；土剋水，壬以妹癸嫁於戊，是黑入黄爲流黄。』余謂《考工記》

畫繪之事青與赤謂之文，赤與白謂之章，白與黑謂之黼，黑與青謂之黻，五采備謂之繡，此非間色乎？

罨　畫

《墨客揮犀》曰：『罨畫，今之生色也。』余嘗謂五采彰施於五服，此固生色之始也。秦韜玉詩：『花明驛路臙脂暖，山入江亭罨畫開。』李西臺詩：『晴山雲罨畫，孤嶼水含稜。』盧贊元詩：『花外小樓新〔五〕罨畫，杏波晴葉退微紅。』劉商隱愛義興罨畫溪者，亦以其如畫也。

茗一車

權紓《茗贊》曰：『窮《春秋》，演《河圖》，不如載茗一車。』此言漢儒圖緯之書，讀之令人憒憒。所謂窮《春秋》者，如《演孔圖》《元命苞》《文耀鉤》《運斗樞》《感精符》《含神霧》之類；演《河圖》者，如《古龍圖》《河圖傳》《孝經河圖》之類也。

雪　茶

陸羽第水，雪水品二十，以雪水滯而太冷也。晉羊孚《雪贊》曰：『資清以化，乘氣以霏。遇象能鮮，即潔成輝。』雪蓋取其精潔也，安可謂之冷滯耶？《喻鳧詩》：『煮雪問茶味，當風看雁門。』白居易詩：『吟詠霜毛筆，閒嘗雪水茶。』丁晋公《茶詩》：『痛惜留書篋，堅藏待雪天。』胡文恭公詩『雪溜雲腴試早芽』，皆是雪水瀹茶也。曹松詩：『讀易明高燭，煎茶取折冰。』姚合詩：『研露題詩潔，銷冰煮茗香。』則又以冰瀹茶也。逸人王休居太白山下，冬至取溪冰，敲其精瑩者煮茗，共客飲之。王仁裕《開元天寶遺事》。無非取其潔清也。

羊　裘

嚴光變姓名隱，光武思其賢，訪之齊國，上言有男子披羊裘釣澤中。馬援嘆曰：『殖貨財者貴其施賑也，不然則守錢虜耳！』迺散頒昆弟故舊，身服羊裘皮袴。羊裘始於此。

素丞相

《論衡》曰：『孔子不王，素王之業在於《春秋》；桓君山，素丞相之迹在於《新論》者也。』君山名譚，著書言當世事二十九篇。梁以陶弘景爲山中宰相，亦兹類。

致拳拳

古樂府《定情篇》言婦人不能以禮從人而自相悦媚，迺解衣服玩好致之，用致綢繆，若臂環致拳拳，指環致殷勤，耳珠致區區，香囊致和合，條脱致契闊，佩玉結恩情，而期於山陽山北，終以不答，乃以傷悔焉。

種瓜

邵平，秦東陵侯之後，爲布衣，種瓜於長安。瓜美，俗謂之東陵瓜。漢施延，沛人，種瓜自給。姚俊常種瓜灌園。《吴録》。步騭與衛旌同年相善，俱種瓜自給。郭平原以種瓜爲業。沈約《宋書》。韓珍種瓜營葬。孫鍾，富春人，種瓜爲業。劉義慶《幽明記》。以上十人，可謂瓜隱矣。楊炯詩：『亭逢李廣尉，門接邵平瓜。』許渾詩：『白社貧思橘，青門老種瓜。』東陵在青門外也。

襲六爲七

相如《封禪書》曰：『被飾厥文，作《春秋》一藝，將襲舊六爲七，攄之無窮。』揚雄《劇秦美新》文曰：『宜命賢哲作《帝典》一篇，奮三爲一，襲以示來人，摛之罔極。』二文甚相類。左太冲作《三都賦》初成，時人互有譏訾，思意不愜。後示張公，張曰：『此《二京》可三。』庾仲初作《揚都賦》成，以呈庾亮，亮以親族之懷，大爲其名價，曰：『可三《二京》、四《三都》。』

易聖

唐衛大經邃於《易》，人謂之『易聖』。唐昭宗時有董賢，業精卜筮，人謂之『易聖』。《耳目記》。劉臻精於兩《漢書》，時人稱爲『漢聖』。嚴子卿、馬綏卿善圍棋，號『棋聖』。衛協、張墨號『畫聖』。張衡、馬忠號『木聖』。《抱朴子》。李白嗜酒，然沈酣中所撰文章未嘗錯誤，時號『醉聖』。《開元天寶遺事》。

賣文

《丁隱君歌》：『前度相逢正賣文，一錢不直虚云云。今來利作采山斧，可以抛身麋鹿羣。』杜詩：『故人南郡去，去索作碑錢。本賣文爲活，翻令室倒懸。』

曆日

楊泉《物理論》曰：『疇昔神農始治農功，正節氣，審寒温，以爲早晚之候，故立曆日。』《堯〔六〕典》一篇，唯載曆象一事，則曆象一事至堯備矣。孔氏《書傳》曰：『歷象，其分節敬，紀天時以授人也。』

離騷傳

淮南王安入朝，獻所作《内篇》，上愛秘之，使爲《離騷傳》。只以大山、小山觀之，安深於騷矣，然王逸所注，絶不引此書。

八百碑

唐人説李邕前後撰碑八百首。按《邕傳》:『邕尤長碑頌,中朝衣冠及天下寺觀,多賫金帛求其文。』杜詩曰:『干謁滿其門,碑版照四裔。豐屋珊瑚鈎,麒麟織成罽。紫騮随劍几,義取無虚歲。』蓋謂邕也。

邕碑今尚遺者,《左羽林將軍臧懷亮碑》,在耀州。《開元寺碑》,淄州。《嶽寺大照和尚普寂[七]碑》,西京。《李府君碑》,西京。《普光寺碑》,泗州。《娑羅木碑》,楚州。《大雲禪寺碑》,福州。《石室記》,端州。《有道先生葉公碑》,《東林寺碑》,江州。《左武衛尉碑》闕,《將軍李思訓碑》,《雲麾將軍李秀碑》,《鄂州刺史盧府君碑》。

三本書

《柳氏家訓》曰:『余家昇平里西堂藏書,經史子集皆有三本。一本紙墨籖卷華麗者鎮庫,一本次者供覽,又一本次者後生子弟爲業。』我祖宗時,内則太清樓藏書、龍圖閣藏書、玉宸殿藏書,外則三館秘閣,凡四處藏書。如咸平八年榮王宫火,延及三館,於是出禁中本付館閣傳寫。則書本豈可無其副?其後官書往往侵竊,士大夫家得之。嘉祐中置編校官八員,雜讐四館書，給吏百人，悉以黄紙爲大册書之。自此私家不敢輒藏。元豐中，三館併歸省中，書亦隨徙。元祐中重寫御前書籍，又置校對黄本，以館職資淺者爲之。宣和初置補御前書籍所，再訪天下異書，侍臣十人爲參詳官，進士白衣充檢閲者數人，及年命以官。然以《崇文總目》言之，李善注《文選》，固在五臣之前，此迺云因五臣而爲注，非也。《三茅君内傳》曰『唐李遵撰』，遵非唐人也。固有差舛如此者。《中興館閣書》殊爲簡略，余在館時，日以校對。猶是郡國民間所上本，館閣不曾再行繕書。又止有一本，一篇借出，竟成失落，故闕書亦多。又秘閣所藏書亦無書目，真贋無辨，殊闕典也。承平時士大夫家藏書，如常山宋氏、南都戚氏、歷陽沈氏、廬山李氏、九江陳氏、鄱陽吴氏，中興初如三山余氏、臨川吴氏、會稽陸氏、諸葛氏，今皆散逸矣，况有三本乎？

四愁詩

張衡不得志，爲《四愁詩》，依屈原以美人爲君子，以珍寶爲仁義，以水深雪雰爲小人。衡作《四愁詩》曰：『我所思兮在太山，欲往從之梁甫艱，側身東望涕霑翰。美人贈我金錯刀，何以報之英瓊瑶。路遠莫致倚逍遥，何爲懷愁心煩勞？』『我所思〔八〕兮在桂林，欲往從之湘水深，側身南望涕沾襟。美人贈我翠琅玕，何以報之雙玉盤。』『我所思兮在漢陽，欲往從之隴坂長，側身西望涕沾裳。美人贈我貂襜褕，何以報之明月珠。』『我所思兮在雁門，欲往從之雪紛紛，側身北望涕沾巾。美人贈我錦繡段，何以報之青玉案。』又張載詩：『我所思兮在南巢，欲往從之巫山高。佳人遺我筒中布，何以報之流黄素。』『我所思兮在朔湄，欲往從之白雪霏。佳人遺我雲中翮，何以贈之連城璧。』『我所思兮在隴原，欲往從之隔太山。佳人遺我雙角端，何以贈之雕玉環。』『我所思兮在營州，欲往從之路阻修。佳人遺我緑綺琴，何以贈之雙南金。』傅玄歌詩：『有所思兮，在天一方。何以贈之？玉佩珠璜。』又有《四愁詩》曰：『美人贈我明月珠，何以報之比目魚。美人贈我蘇合香，何以報之翠鴛鴦。』貫休歌詩：『欲贈之紫玉尺、白銀鐺。』蓋效四愁體。李嘉祐詩：『宋玉怨三秋，張衡復《四愁》。』蓋以《四愁》比《騷》也，可謂善言詩矣。崔筒詩：『平子《四愁》今莫比，休文《八詠》自同時。』便不及嘉祐也。

古　學

桓譚博學多通，遍治五經，尤好古學，從劉歆、揚雄問疑異。盧植上書：『臣少通儒，從南郡太守馬融受古學，頗知今古《禮記》。』

研　眼

《硯録》曰：端石有活眼、死眼。圓暈相重，黄黑相間，鸜精在内，晶瑩可愛，謂之活眼。四旁浸漬，不甚鮮明，謂之淚眼。形體略具，内外皆白，殊無光彩，謂之死眼。活眼勝淚眼，淚眼勝死眼，死眼勝無眼。然古人賦詩中殊不言眼也，惟唐彦猷曰：端石有眼者最貴，謂之鸜鵒眼。石文精美如木有節，不知者以爲石病。石有上下巖，惟上巖有眼。眼之美者青、緑、黄三色相重，多者自外至心凡九重，其大者尤爲稀有〔九〕。其生於墨池之外者曰高眼，生於内者曰低眼，尤可尚不爲墨漬，常可睹也。

誤筆成畫

曹不興善畫，孫權使畫屏風，誤落筆點素，因就畫爲蠅。吴王以爲生蠅，舉手彈拂之。《吴録》。王獻之爲大司馬畫扇，題筆誤落扇上，即點畫作烏駮牛。孫暢之《畫術》。王維詩：『屏風誤點惑孫郎，團扇草書輕内史。』盧綸詩：『舐筆求書扇，張屏看畫蠅。』各用此二事。《摭遺》載唐戴嵩畫牛，因筆墮爲烏，亦此意。

卧雪圖

《卧雪圖》，巨然所作。漢時雪丈餘，洛陽令至袁安門，無行路，令人探雪，見安僵卧，令舉爲孝廉。《典録》。又有焦先〔一〇〕，出於漢末，冬雪大至，袒卧不移。皇甫嵩《高士傳》。又有胡定光，潁川人，雪覆其室，令遣排雪遺乾糗，事亦大略相類。人用雪中事，但言袁安。丁晋公鎮金陵，重建賞心亭，取家藏《袁安卧雪圖》以張於亭之屏，乃唐周昉筆。經十四守，雖極愛，不敢取。後一帥竊去，易以蘆雁。王琪君玉留詩曰：『千里秦淮在玉壺，江山清麗壯吴都。昔人已化遼天鶴，舊畫難尋《卧雪圖》。苒苒流年去京國，蕭蕭華髮老江湖。殘蟬不會登臨意，又噪西風入座隅。』《文瑩野録》。

三十六玉皇

李賀詩：『爲君持此凌蒼蒼，上朝三十六玉皇。』李白詩：『三十六帝欲相迎，仙人飄翩下雲軿〔一一〕。』此也。

泰階六符經

東方朔願陳『泰階六符』以觀天變。《藝文志》有《泰階六符經》一卷。《漢書》〔一二〕。泰階六符，上階天子，中階公卿，下階庶人，凡三階。所謂《泰階六符經》者，應劭以爲黄帝所作也。其經曰：『泰階者天之三階也：上階爲天子；中階爲諸侯、公卿與大夫；下階爲士、庶人。上階上星爲男主，下星爲女主；中階上星爲諸侯、三公，下星爲卿、大夫；下階上星爲元士，下星爲庶人。三階平則陰陽和，風雨時，社稷神祇各獲其宜，天下大安。是爲太平三階。不平則五神乏祀，日有食之，水潤不浸，稼穡不成，冬雷夏霜，百姓不寧。故治道傾，天子行暴令，好興甲兵，修宫榭，廣苑囿，則上階爲之奄奄疏闊也。以孝武皆有此事，故朔爲陳之。』皇甫冉詩：『綵雲天仗合，玄象泰階平。』司空圖詩：『鼎飲和方濟[一三]，台階潤欲平。』此言泰階欲其平也。權德輿詩：『六符既昭晰，萬象隨陶鈞。』此言六符欲其明也。

礣　磹

《太平廣記》曰：『月支獻猛獸，兩目如天礣磹之炎光。』礣磹，電光也。礣，先念切。磹，徒念切。

納　音

子爲陽之始，午爲陰之始，以甲加子數至午，加丑數至未，午上得庚，未上得辛，謂之陰索陰。又以甲加午數至子，加未數至丑，亦得庚辛，謂之陰匹陽。此納干數也。從甲至庚凡七，七爲西，素皇之氣，故甲子乙丑皆爲金；而三爲火，九爲木，一爲土，五爲水，此所謂納音也。但數其干，不數其支，其源蓋出於六十律旋宮法也，一律含五音，十二律含六十音。

沈存中《筆談》曰：六十甲子有納音，鮮原其意。蓋六十律旋相爲宮法也，一律含五音，十二律納六十音也。凡氣始於東方而右行，音起於西方而左行，陰陽相錯而生變化。所謂氣始於東方者，四時始於木，右行傳於火，火傳於土，土傳於金，金傳於水。所謂音[一四]始於西方者，五音始於金，左旋傳於火，火傳於木，木傳於水，水傳於土。納音與《易》納甲同法。乾納甲而坤納癸，始於乾而終於坤；納音始於金，金，乾也；終於土，土，坤也。納音之法，同類娶妻，隔八生子，此《漢志》語也。此律吕相生之法也。五行先仲而後孟，孟而後季，此遁甲三元之紀也。甲子金之仲，黄鍾之商。同位娶乙丑，大吕之商。同位，謂甲與乙、丙與丁之類。下皆倣此。隔八下生壬申金之孟。夷則之商。隔八，謂大吕下生夷則也。下皆倣此。壬申同位娶癸酉，南吕之商。隔八上生金之季。姑洗之商。此金三元終。若只以陽辰言之，則依遁甲逆傳仲孟季，若兼妻言之，則順傳孟仲季也。庚辰同位娶辛巳，仲吕之商。隔八下生戊子火之仲。黄鍾之徵。金三元終，則左行傳南方火也。戊子娶己丑，大吕之徵。生丙申火之孟。夷則之徵。丙申娶丁酉，南吕之徵。生甲辰火之季。姑洗之徵。甲辰娶乙巳〔一五〕，中吕之徵。生壬子木〔一六〕之仲。黄鍾之角。火三元終，則左行傳於東方木。如是左行至於丁巳中吕之宫，五音一終，復自甲午金之仲娶乙未，隔八生壬寅，一如甲子之法，終於癸亥。謂蕤賓娶林鍾，上生太簇之類。自子至〔一七〕於巳爲陽，故自黄鍾至於仲吕皆下生；自午至於亥爲陰，故自林鍾至於應鍾皆上生。予於《樂論》叙之甚詳，此不復紀。甲子乙丑金與甲午乙未金雖同，然甲子乙丑爲陽律，陽律皆下生。甲午乙未爲陽吕，陽吕〔一八〕皆上生。六十律相反，所以分爲一紀也。

冰丸霜散

《朝野僉載》曰：『立夏日服六壬六癸符，或玄冰丸、飛霜散，暑不能侵。』《抱朴子》曰：『不熱之道，服玄冰之丸、飛霜之散。此用蕭丘上木皮及五日北行黑蛇血，故少得合之也。』

《漢武内傳》：西王母曰：仙之上藥闕文六字〔一九〕。詩：『采取神藥山端，白兔擣蝦蟇丸，奉上陛下一玉柈。』〔二〇〕梁武帝詩：『紫霜耀絳雪，追還轉復飛。』陸龜蒙詩：『桂父舊歌依絳雪，桐孫遺詠倚玄雲。』

鹽生

《秦記》曰：『會稽王道子爲符朗設盛饌，朗曰：「鹽味少生。」』《玄晏春秋》曰：『衛倫稱劉子陽食餅而知鹽生，精味之至。』師曠善識味，平公賜之食，師曠曰：『此勞薪爲爨。』平公試問之，宰人曰：『用故車脚炊飯。』晋武帝賜荀勗食，進飯即謂座人曰：『此勞薪炊飯也。』座者未之信，密遣問之，果是車脚炊也。蓋此之謂。

沈香山火

隋主除夜設火山數十，盡用沈香木根，火山暗則以甲煎沃之，香聞十里。江淹詩：『金爐絶沈燎，綺席生浮埃。』則沈燎始於梁矣。李商隱詩：『沈香甲煎爲沈燎，玉液瓊酥作壽杯。』當用前事。李白詩：『博山爐中沈香火，雙煙〔二一〕一氣凌紫霞。』李賀詩：『沈香火暖茱萸煙，酒觥綰帶新承懽。』王建詩：『院院燒燈如白日，沈香火底坐吹笙。』三詩皆用沈香火，即所謂沈燎也。

三　儺

《論語疏》曰：『儺，逐疫鬼也，爲陰陽之氣不節，厲鬼隨而作禍，故天子使方相氏黄金爲四目，熊皮爲帽口，作儺儺之聲以驅疫鬼，一年三度爲之。』按《月令》：『季春命國儺，季秋天子乃儺。至冬又曰：命有司大儺，旁磔出土牛以送寒氣。』張衡《東京賦》曰：『卒歲大儺，驅除羣厲。方相秉鉞，巫覡操茢。侲子萬童，丹首玄製。桃弧棘矢，所發無臬。飛礫雨散，剛癉畢斃。煌火馳而星流，逐赤疫於四裔。』廉品《大儺賦》曰：『於吉日之上戊，將大蜡於臘烝。乃班有司，聚衆大儺。天子坐華殿、臨朱軒，凭玉几、席文旃，率百隸之侲子，羣鼓噪於宫垣。』二賦只言冬儺耳，春秋之儺蓋少見。唯唐孫頠有《春儺賦》曰：『是月也，建斗於辰，日交長至，有司方陳大禮、展時事。達九門以磔攘，協四靈而滌器。匪歲之卒，乃春之季。令陰氣以下降，使陽和而上利。順三時而不忒，協諸福而畢萃。』然則此禮唐時猶行之。所謂順三時而不忒者，三儺也。

小雨由山

張士伯禱雨於峄山，忽聞空中語曰：『大雨由天，小雨由山。』《神仙盛遇》：有人叩其祈，雨神告之曰：『雨禁絶重。』

沃焦〔三〕

《玄中記》曰：『天下之大者，東海之沃焦石焉。在東海南方三萬里，海水灌之隨盡，故水東流而不盈。』《物類相感志》曰：『沃焦山，東海之外荒海中有山，焦炎而峙，高深莫測，蓋稟至陽之爲質也。海水激浪投其上，噏焉而盡。計其晝夜，噏攝無極，若熬鼎受其洒汗耳。』此道家之説。無是山也，四海受百川之漲，必然洶湧而溢也。

吴融《沃焦山賦》曰：域中公子問於方外先生曰：『蓋聞水之大也，下環乎地，上浮於空，無象無邊，夷猶洪濛，百派千流，皆歸於東。何巨溟之深也？萬古能容。何九州之高也？不淪其中。』先生曰：『混沌死，乾坤始，東南傾，川澤委。帝乃慮海旁溢，彼山中峙，復孕以火，用銷其水，此沃焦之爲義，真宰之元旨者也。請言其狀也。巉乎崒乎，赫曦乎，翕赩乎。陰陽熾炭，天地開鑪。景風鼓吹，赤帝規模。成於妙有，拔彼虚無。處冷能熱，雖燔且濡。於律則黄鍾，取法在易則。既濟相符，岥峗兮壓海萬里，鴻洞兮烘天一隅。掖馮夷，軋天吴，鱗介既難以潛伏，草木安得其芬敷？巨靈不能擘，畏其爛手；愚公不能移，憚其焚軀。靈漲疑竭，大室若枯。爾其水之來也，浩浩爭奔，滔滔不住。蹴嶽摧阜，跳天沃霧。暘谷無地，扶桑失樹。雷奔潮走，雪飛沫聚。吞吐造化，浮沈朝暮。一歸塘歸塘一作歸墟。之積積，既久而還盈；一尾閭之洩洩，不供而旋注。苟彼不爲煎熬，何物當其委輸？』

沓潮

《番禺記》曰：『早潮下，晚潮上，兩水相合，謂之沓潮。』劉禹錫《沓潮歌》曰：『屯門積日無回飇，海波不歸成沓潮。轟如鞭石屹且摇，亘空欲駕黿鼉橋。驚湍蹙縮悍而驕，大陵高岸失岧嶢。四邊無阻音響調，背負元氣掀重霄。介鯨得性方逍遥，仰鼻嘘吸揚朱翹。海人狂顧迭相招，罽衣髽首聲嘵嘵。征南將軍登麗譙〔一三〕，赤旌指揮不敢囂。翼日風迴沴氣消，歸濤納納景昭昭。烏泥白沙復滿海，海色不動如青瑶。』敘曰：元和十年夏五月，大風駕潮，南海泛溢。南人云：沓潮也，率三歲一有之。

入閤

歐公《五代史·李琪傳》曰：唐末喪亂禮壞，天子未嘗視朝，入閤之制亦廢。常參之官，日至正衙者，傳聞不坐即退獨，大臣奏事日，一見便殿，而侍從内諸司日弄朝而已。明宗即位，詔羣臣五日一隨宰相入見内殿，謂之起居。唐故事，天子日御殿見羣臣，曰常參；朔望薦食諸陵寢，有思慕之心，不能臨前殿，則御便殿見羣臣，曰入閤。宣政，前殿也，謂之衙，衙有仗；紫宸，便殿也，謂之入閤。其不御前殿而御紫宸也，迺自正衙唤仗，由閤門而入；百官俟朝於衙者，因隨以入見，故謂之入閤。然衙，正朝也，其禮尊；閤，燕見也，其事殺。自乾符已後，因亂禮闕，天子不能日見羣臣而見朔望，故正衙常日廢仗，而朔望入閤有仗。其後習見，遂以入閤爲重，至出御前殿，猶謂之入閤。其後亦廢，至是而復然，有司不能講正其事。凡羣臣五日一入見中興殿，便殿也，此入閤之遺制，而謂之起居；朔望一出御文明殿，前殿也，反謂之入閤，琪皆不能正也。

按貞觀元年制：『自今中書、門下三品以上入閤議事，命諫官隨之，有失輒諫。』則入閤已見於貞觀中，不止開元間退御紫宸受朝乃云入閤也。德宗貞元制：『自今後五日一御宣政殿，與羣臣相見。』則是不行入閤之禮矣。玄宗時優人有求賜魚者，玄宗曰：『五品以上入閤，以魚袋合符，汝不可得。』如武后時，崔承慶上疏曰：『五品以上佩龜者，后改魚用龜，別敕宣召，恐有詐妄，故内出龜合然後應命。』《六典》曰：『魚符以備別敕宣召。』此其制也。宋元憲公曰：『唐制每遇坐朝日，即爲入閤。及其叔世，務從簡易，正衙立仗遂廢，其後或有行者，人所罕見，乃復謂之盛禮。』宋公迺於御殿亦曰入閤，何也？按唐含元殿至宣政殿、紫宸殿，皆在大明宫中。大明宫者，東内也，其唤仗入閤，與歐公同。西内太極殿即朔望受朝之所，亦正殿也，太極之北有兩儀殿，即常日視朝之所也。太極殿兩廡東西二閤，二閤有門，當又轉北而入兩儀，一如東内之制。鄭谷《入閤》詩：『秘殿臨軒日，和鑾〔二四〕返正年。兩班文武盛，百辟羽儀全。霜漏清中禁，風旗拂曙天。門嚴新契勘，仗入乍承宣。玉几當紅旭，金爐縱碧煙。對揚稱法吏，贊引出宫鈿。言動揮毫疾，威容報簿專。壽山晴靄黛，顥氣暖連延。禮有鵷鸞集，恩無雨露偏。小臣叨備位，歌詠泰階前。』

數行俱下

應奉字世叔，讀書數行俱下。《續漢書》。宋武帝才思朗捷，省書奏五行俱下。梁昭明太子讀書數行俱下，過目皆臆〔二五〕。

通五經

后蒼〔二六〕，東海人，事夏侯始昌，通五經。蔡玄，汝南人，學通五經，帝徵拜議郎，講論五經異同。井丹，扶風人，受業太學，通五經。魯丕，字叔陵，兼通五經，爲當世大儒。見《東觀漢記》。張霸博覽五經，孫琳、劉固等並慕之。漢人往往以通五經爲重，其曰『五經無雙許叔重』，許慎也；『五經縱横周宣光』，周舉也；『五經紛綸井大春』，井丹也；『五經復興魯叔陵』，魯丕也。皆得通五經。

論石渠

歐陽地餘爲太子中庶子，以《尚書》授太子。後爲博士，論石渠。張山拊〔二七〕事小夏侯，建爲博士，論石渠。戴聖號小戴，以博士論石渠。聞人通漢以太子舍人論石渠。薛廣德以魯

《詩》教授，蕭望之數與論議，器之，充論石渠。周堪與孔霸俱事大戴夏侯勝，霸爲博士，堪譯官，令論石渠。施讐爲博士，論同異於石渠。林尊事歐陽高爲博士，論石渠。韋玄成以淮陽中尉論石渠。張長安論石渠，至淮陽中尉。論石渠之選，其靳如此。

待〔二八〕詔金馬門

公孫弘徵賢良文學，擢對第一，拜博士，待詔金馬門。賈捐之上疏言得失，待詔金馬門。東方朔、主父偃、嚴安、徐樂皆待詔金馬門。《三輔黄圖》。宣帝時修武帝故事，講論六藝羣書，博盡奇異之好，徵能爲《楚辭》，被公召見讀誦，益召高才劉向、張子僑、華龍、柳褒待詔金馬門。元帝時鄭朋上疏，言許史子弟章視周堪，堪白令待詔金馬門。馮商，長安人，成帝時以能屬文待詔金馬門。如淳曰：班固《目録》。待詔金馬門，漢盛選也。以漢之久而膺此選者僅若此耳，殊不輕畀也。李白詩：『晨趨紫禁中，夕待金門詔。』劉禹錫詩：『籍通金馬門，身在銅駝陌。』李端詩：『漢主金門正召才，馬卿多病自遲迴。』鄭谷詩：『貴爲金馬客，雅稱水曹郎。』

酒　法

《月令·仲冬》曰：『是月也，乃命有司，秫稻必齊，麴蘗必時，湛熾必潔，水泉必香，陶器必良，火齊必得。兼用六物，大酋監之，無有差忒。』釀酒之事盡在此矣，苟能精之，豈不佳哉？

人顧未精於此耳。

《月令注》曰：『有司，謂煮酒之官。』煮酒二字蓋出於此。歐陽公《醉翁亭記》曰：『釀泉爲酒，泉香而酒洌。』蓋取諸此。

狽

狼、狽是兩物。狽前足絶短，每行常駕兩狼，失狼則不能動。《高后紀》曰：『計猶豫。』師古曰：『猶，獸名也。《爾雅》曰：猶如麂，善登木。此獸性多疑慮，常居山中，忽聞有聲，即恐有人來，每豫上樹。久之無人，然後敢下，須臾又上。如此非一，故不决者稱猶豫焉。』《説文》曰：『猶，玃屬。』一曰隴西犬子謂之猶。猶，余救切。

雁子

《漢書》：『太液池中，鳧雛雁子，布滿充積。』用雁子甚佳。王維詩：『蘆笋穿荷葉，菱花罥雁兒。』此用雁兒甚新。《易林》曰：『鳳有十子，同巢共懽以相保。』晋王獻之詩：『客從北方來，言欲到交趾。遠行無他貨，唯有鳳皇子。百金不我鬻，千金難爲市。』《山海經》曰：『流沙之西，丹山之南，有鳳之圓。』圓，古卵字。

狒狒讚

《狒狒讚》曰：『狒狒怪萌，被髮操竹。獲人則笑，脣蔽其目。終亦號咷，反爲我戮。』《物類相感志》曰：狒狒，出西南蠻。宋建武中，安昌縣進雌雄二頭，帝曰：『吾聞狒狒能負千斤，既力若此，何能致之？』對曰：『狒狒見人喜笑，笑則下脣掩其額，故可以釘之。髮可爲髲，血可染衣，手似獼〔二九〕猴，人面而紅。作人言，鳥聲，善知人生死，飲其血使人見鬼。』帝命工圖之。元稹〔三〇〕詩：『狒狒穿筒格，猩猩置屐馴。』狒，房沸切。

珧

郭璞《江賦》曰：『玉珧海月，土肉〔三一〕石華。』晋安《海物異名記》曰：『肉柱膚寸，美如珧玉。』《臨海異物志》曰：『玉珧柱，厥甲美如珧玉。』趙德麟《侯鯖集》、韓退之詩所云『馬甲柱』正謂此。《字書》曰：『珧，蜃甲可飾〔三二〕物。』《爾雅·釋弓》曰：『弓有緣，以金爲之謂之銑，以玉爲之謂之珧。』今人但用瑶字，固自有珧字也。東坡詩：『金虀玉鱠飯炊雪，海鼇江柱初脱泉。』但有柱字。李商老詩：『江瑶初脱柱，蠔山憐疊嶂。』卻用瑶字也。

三　嚴

唐續《時令儀》曰：『唐制，日未明七刻搥一鼓，爲一嚴，侍中奏開宫殿門及城門；未明五刻搥二鼓，爲再嚴，侍中奏請中嚴，羣臣五品以上俱集朝堂；未明二刻搥三鼓，爲三嚴，侍中、中書令以下俱詣西閤奉迎，鑾駕出宫詣太極殿。』《西都賦》曰：『衛以嚴更之署。』注曰：『嚴更，督夜行鼓。』唐制所謂嚴者，亦以鼓也。

相　經

鋭頭。赤帝，《樂叶圖徵〔三三〕》。宋均注：鋭頭，象朱鳥。大頭。黑帝。上。長頭。湯長頭而寡髮，《晏子》。陳遵，《漢書》。賈逵頭長一尺三寸，出《東觀漢記》。頭小鋭。趙景真，《世説》。方面。蒼帝。圓面。赤帝。廣面。白帝。深面。黑帝，並《河圖》。龍顔。舜，《援神契》。漢高祖，《管寧列傳》。日角。伏羲，《孝經援神契》。子産，《管子》。子夏、子張，《論語摘輔象》。始皇，《河圖》。長頸。禹，《尸子》。修頸。黑帝，《河圖》。月角。晏平仲、管子、尾生。犀角。尾生、管子、曾子，《摘輔象》。頂角匿犀，李固；伏犀貫石枕，袁天綱相竇軌；伏犀貫腦，馬周。魚角。柳下惠，《管子》。珠衡。曾子、伊尹、仲由，並《摘輔象》。又《援神契》曰：伏羲珠連衡。山庭。顔淵，《論語摘輔象》。又子貢、顔路。額有三理。老子額有三理，《抱朴子》。龍額。黄帝廣顙龍額，《河圖》。折額。周燮，欽頤折額，醜貌駭人，《汝南先賢傳》。額有五柱頂。

隋高祖。貌如婦人。張良,《史記》。學堂。袁天綱相岑文本,學堂瑩夷。重瞳。舜、項羽,《漢書》。吕光,《載記》,沈約《梁書》。目瞳方。李泌、梁湘王。分明。武安[三四]君,嚴尤《三將論》。趙景真,《世説》。目有精光。孫權,《江表傳》。眸子如電。裴楷眸子閃閃如巖下電,《世説》。目視日不眩。王戎,《晋書》。又《竹林七賢傳》曰:戎眸子洞徹,視日而眼照不虧。大目。老子,《金筩内經》。子夏,《摘輔象》。子張,同上。長目。始皇,《史記》。目如懸珠。東方朔。深目。康僧淵,《世説》。疏目。霍光。目光外射。隋高祖,《隋書》。目如秋水。李泌。眉白毫。伏羲,王子年《拾遺記》。馬良眉有白毫。眉八采。堯眉八采,直兩眉甚堅,似八字眉。《抱朴子》。又《尚書大傳》。虎眉。文王,《帝王世紀》。秀眉。管寧,《列傳》。通眉。李賀。鬚目如畫。馬援,《東觀漢記》。王規,干寶《晋紀》。隋元暉鬚眉如畫,梁褚翔《梁書》。眉間一尺。伍員,《吴越春秋》。莫邪子、干將子,並《列仙傳》。虎鼻。伏羲、禹虎鼻,《孝經援神契》。高鼻。康僧淵,《世説》曰:鼻者面之山,目者面之淵,山不高則不靈,淵不深則不清。鼻有伏藏。太公,《摘輔象》。大鼻。陳遵,《漢書》。山準。伏羲、禹並虎鼻山準,《摘輔象》。隆準。始皇、漢高祖,《史記》。大口。舜,《孝經援神契》。太公,《論語摘輔象》。光武,《東觀漢記》。孫權,《江表傳》:方頤大口。虎口。始皇河圖。海口。孔子海口言如含澤,《摘輔象》。斗星遶口。子貢,《論語摘輔象》。方口。老子,《金筩内經》漢明德皇后。烏喙。禹、尸子、越王,《越世家》。始皇鷙喙,《史記》。齒如編貝。東方朔。疏齒。老君,《神仙傳》。駢齒。武王,《元命苞》。夫子,《孝經勾命訣》。耳三門。老子,《瀨鄉記》。長耳。老子,《神仙傳》。方頤。帝嚳,《帝系》。孫權,《江表傳》。兑頤。黄帝,《河圖》。歛頤。蔡澤,《史記》。岐頤。后稷,《春秋元命苞》。鳳頸。王通，《中説》。手握衰文。舜，《援神契》。手握十文。老子，《神仙傳》。展手過尺。李達，《前凉録》。手文曰武。武帝，《梁書》。文在手。仲子，《左傳》。手過膝。尹喜，《關令内傳》。裴秀，王隱《晋書》。劉曜，《載記》。劉備，《三國志》。慕容垂，《後燕録》。李祖昇，《北齊書》。猿臂。李廣。鳶肩。盧敖，《淮南子》。梁冀，《冀别傳》。駢脅。重耳，《吕氏春秋》。洿膺。文王，《淮南子》。許慎注曰：胯，盧也。腰十圍。尹繹，《晋書》。朱泚、江安王元祥。龜背。仲尼，《孔叢子》。王通，《中説》。倨身。伊尹，《晏子春秋》。背若有負。馬周。豺聲。越椒，《左傳》。商臣，《史記》。又秦始皇。王世充，《隋書》。王敦，《晋書》。

陶弘景《相經序》曰：『相者，蓋性命之著乎形骨，吉凶之表乎氣貌，亦猶事先謀而後動，心先動而後應，表裏相感，莫知其所以然。且富貴壽夭，各值其數。』劉孝標《相經序》曰：『命之與相，猶聲之與響。聲動乎幾，響窮乎應。』二公之言，皆名言也。孝標又云：『日角月偃之奇，龍樓彪踞之美，地静鎮於城纏，天闕運於掌策。金槌玉枕，磊落相望。伏犀起蓋，隱鱗交映。井宅既兼，食匱已實。』抑亦帝王卿相之明效也。

茶爐筆床

天随子每於寒暑得體中無事時，乘小舟，設蓬席，齎一策書，茶、爐、筆、床、釣具，櫂船鳴榔而已。所詣小不會意，徑還不留。《笠澤叢書》。

香水〔三五〕

任昉《述異記》曰：『魏武陵中，有泉謂之香水。古詩云：「安得香水泉，濯郎衣上塵。」一説香水在并州香山。其水潔香，浴之去病。吴故宫亦有香水溪，俗云西施浴處，又呼爲脂粉塘，吴王宫人濯粧於此，溪上源至今馨香。』香水二字尤佳。然石曼卿《荷花詩》：『洛渚微波長映步，漢宫香水不濡肌。』乃以爲漢宫也。只此分香一事，亦魏武也，唯陸機喜用。陸機《弔魏武文》曰：『余爲著作郎，遊秘閣，見魏武，令曰：「餘香可分與諸夫人，諸舍中無所爲，學作履組賣也。」弔曰：紆佳人於履組，清塵慮於餘香。』下一句奇絶。

校勘記

〔一〕『占太白』，守山閣本作『吕少白』。按《文苑英華》卷一百九十七作『占太白』。

〔二〕『取』，守山閣本作『吹』。按《文苑英華》卷六十七作『取』。

〔三〕『剪截』，守山閣本作『翦裁』。按《樂府詩集》卷六十九作『剪截』。

〔四〕『赤』，守山閣本作『紫』，誤。

〔五〕『新』，守山閣本作『雲』。

〔六〕『堯』，守山閣本作『帝』。

〔七〕『寂』，原作『叔』，就墨海本、守山閣本改。

〔八〕「思」，原作「望」，據墨海本、守山閣本、《文選》卷二十九改。

〔九〕「有」，守山閣本作「奇」。

〔一〇〕「先」，守山閣本作「光」，誤。

〔一一〕「翮」，守山閣本作「翮」。「輧」，守山閣本作「騈」。按《李太白全集》卷二同四庫本。

〔一二〕「漢書」，守山閣本作「漢書曰」，且作大字。按以下文字出自《漢書》注而非《漢書》，以四庫本爲善。

〔一三〕「飫」，守山閣本作「飲」。按《全唐詩》卷六百三十四輯録司空圖此句作「飫」，注云出自《緯略》。

〔一四〕「音」，原作「西」，顯誤，據墨海本、守山閣本、《夢溪筆談》卷五改。

〔一五〕「巳」，守山閣本作「丑」，誤。

〔一六〕「木」，守山閣本作「水」，誤。

〔一七〕「自子至」，原無，據墨海本、守山閣本補。

〔一八〕「陽呂」，守山閣本作「陰呂」，誤。

〔一九〕守山閣本亦注「闕」。按《藝文類聚》卷一有「仙之上藥有玄霜絳雪」。蓋下句「詩」字上尚缺一「古」字。

〔二〇〕此古歌詩《藝文類聚》卷七十五所引同，《樂府詩集》卷三十四作「采取神藥若木端，白兔長跪，擣藥蝦蟇丸，奉上陛下一玉柈」。又守山閣本「柈」作「杵」。

〔二一〕「煙」，原作「咽」，據守山閣本、墨海本及《李太白文集》卷二改。

〔二二〕此處守山閣本有「山」字。

〔二三〕「譙」，守山閣本作「醮」。按《劉賓客文集》卷二十七作「譙」。

〔二四〕「鑾」，原作「鸞」，據守山閣本、墨海本、鄭谷《雲臺編》卷中改。

〔二五〕「臆」，守山閣本作「成誦」。

〔二六〕「后蒼」，守山閣本作「石蒼」。按《漢書·儒林傳》作「后蒼」。

〔二七〕「拊」，守山閣本「術」。按《漢書·儒林傳》作「拊」。

〔二八〕「待」，守山閣本作「侍」，誤。

〔二九〕「獮」，原作「彌」，據守山閣本、墨海本改。

〔三〇〕「元稹」，守山閣本作「微之」。

〔三一〕「土肉」，守山閣本作「吐内」。按《文選》卷十二作「土肉」。

〔三二〕「飾」，原作「飭」，據守山閣本、墨海本、《尚書》改。

〔三三〕守山閣本無「徵」字。

〔三四〕「安」，守山閣本作「昌」。

〔三五〕「香水」，原作「香井」，據守山閣本、墨海本改。

緯略卷八

通爾雅

漢武帝得鼠，終軍知之，曰：『厥號曰鼮，其文如豹。』詔何以知之，對曰：『名見《爾雅》。』帝嘉之，賜帛。《爾雅》之業遂盛。郭璞《爾雅注》，何承天《纂文》。世祖大會靈臺，得鼠，熒熒光澤，帝異之，問羣臣，莫知對。竇攸對曰：『鼠，名鼫。』詔何以知之，對曰：『名出《爾雅》。』詔秘書審討，如其言，上喜，賜帛。諸侯子弟從之受《爾雅》。《三輔決録》。漢侍中劉秀表曰：『宣帝時使人發盤石於上郡石室中，有反縛一人〔二〕。時臣秀父向爲諫議大夫，謂此貳負臣也。詔問何以知之，對曰：「出《山海經》。其曰貳負之臣，曰危與貳負殺窫窳，帝乃梏之疏屬之山，桎其右足，反縛其手。」上大驚，一時多奇之。』又孝武帝時有獻異鳥者，不知何以食之，東方朔見之，能言其名，又言所當食。問朔何以知之，曰：『《山海經》所出也。』此與通《爾雅》者如合一揆矣。

水　事

《淮南子》曰：『九疑之南，山事少而水事多。』水事二字妙甚。郄昂《蚌鷸相持賦》曰：

『水濱父老，以漁弋爲事。』此句全學《南史》所云『沿潮居民以鵜鴨爲業』也。晁無咎《跋王右丞捕魚圖》有曰：『晚道吴江如此，漁者業廉而事佚』，用事字更好。皮日休詩序曰：『各補茶事十數條。』林和靖詩亦曾用『茶事』二字，茶事尤精絶〔二〕。

孔硯

唐王嵩寧《孔子石硯賦》曰：『旁積垂露，中含偃波。』八字奇特，常人筆力不可到。李賀《青花紫石硯歌》：『圓毫促點聲清新，孔硯寬頑何足云。』迺以爲寬頑，何也？劉禹錫硯詩：『闕里廟中空舊物，開方竈下豈天然。』亦不以爲然也。宋景文公《摘粹》曰：『河東舜廟中有大硯一方尋尺，刻文曰：帝鴻氏之硯。』魯廟中有孔聖修六經硯，方一尺三寸，中心已穿穴。蜀犍爲人得揚雄草玄硯如今制，去其圭角。汾水王通廟中有通隋時續六經所磨硯。伍緝之《從征記》曰：『魯國孔廟中石硯一枚甚古朴，孔子平生時物也。』庾肩吾《謝銅筆格啓》曰：『煙磨青石，已踐孔子之壇。』當是青石也。

笏

王子充《笏賦》曰：『殊相逸發，奇文秀起。』此八字全如晉人傳及《世説》中言句。蔣防鎮《圭賦》曰：『雲虹發色，冰雪成姿。』上一句甚佳，下一句恐玉非冰雪之潔耳。然《尸子》曰：

『玉者，色不如雪，澤不如雨。』

東方朔有《相笏經》，袁天綱又有《相笏經》，郭先《相笏經》，陳混掌《相笏經》，《古相手板經》六卷。

敖波出素

張融作《海賦》，文詞詭激，獨與衆異，以示鎮東將軍顧愷之，愷之曰：『卿此賦實高玄虚，但恨不道鹽耳。』融即求筆注曰：『漉沙構白，熬波出素。積雪中春，飛霜暑路[三]。』《齊書》[四]。此十六字直可在玄虚之表。王誕字茂世，晋孝武帝崩，從叔尚書令珣爲哀册，出本示誕，誕曰：『猶少叙節物一句。』誕便擥筆，接其『秋冬代變』云：『霜繁廣除，風迴高殿。』珣嘆美而用之。古人服善有如此者，今世無此矣。然融賦出於自筆，珣策乃誕益之，尤爲可服。東坡詩：『柳絮才高不道鹽。』直用融語三字也。《管子》《周禮》注曰『煮水』，《世本》曰『宿沙作煮鹽』，《廣志》亦曰『煮鹽』，《鹽鐵論》曰『煮海』，魯連子曰『煮沙』，《益州記》《嶺表録異》皆用『煎』字。融賦直曰『熬波』，出人意表。宋景文詩：『濯錦萬梭催貢筐，熬鹽千井算牢盆。』乃用熬[五]字。景文雪詩：『鹽波熬巨浸，縞頃界中田。』用鹽波甚新。

春秋列國文章

讀《左氏傳》，甚愛鄭楚文章，自《典》《謨》《誓》《命》以下無有。而《戰國策》《楚漢春秋》，太史公取以約史者，未可及也。因悟『爲命，裨諶草創之，世叔討論之，行人子羽修飾之，東里子産潤色之』，其重複精詳，至再至三，如此文章，安得不好。

文筆遲速

武帝春秋二十九得皇太子，枚皋與司馬相如作《皇太子生賦》。皋爲文疾，受詔輒成；相如善爲文而遲，故所作少〔六〕。見《漢書》。顔延年與謝靈運俱以詞采齊名，而遲速懸絶。文帝嘗敕各撰樂府《北征篇》，延年受詔輒成，靈運久之乃就。《宋書》。葛稚川以爲長卿製作雖遲而首尾温麗，枚皋雖敏而時有累句，故知急行無善迹矣。揚子雲又謂軍旅之際，戎馬之間，飛書走檄，必用枚皋；廊廟之下，朝廷之中，高文典策，非相如不可。

太玄法言

桓譚《新論》曰：『子雲新造《法言》《太玄》也，人貴所聞，賤所見，故輕易之。若遇上好事，必以《太玄》次五經也。』王充《論衡》曰：『揚子雲作《太玄》《法言》，張伯松不肯一觀，以與並肩。若生於周世，則爲《金匱》也。』二子之論如一。葛稚川曰：『充所著《論衡》，北方未有得之者。蔡伯喈嘗到江東，得之，嘆其文高，度越諸子。嗚呼，世安得復見伯喈者乎？』稚川又曰：『盧生問云：「蔡伯喈、張平子才足著書，正恐年遠旨深，世人不解，故不著也。」余曰：「若如來言，子雲亦不應作《太玄經》也。」』然潁容〔七〕《春秋例》曰：『著作之事，前有司馬遷、揚雄，後有鄭衆、班固，近即馬融、鄭玄。遷《史記》不識畢公爲文王之子，而言與周同姓；揚雄《法言》不識六十四卦，而云所從來遠矣。』嗚呼難哉！

幼文言

班固九歲作頌賦。《東觀漢記》。曹植十歲屬文。《文選人名録》。阮籍八歲、庾闡九歲屬文。《魏氏春秋》。劉孝綽七歲屬文。《南史》。丘遲八歲屬文，庾肩吾、何遜八歲賦詩，陸從典八歲作文。《梁書》。

葛洪論史記

《西京雜記》曰：『司馬遷發憤作《史記》一百三十篇，先達稱爲良史之才。其以伯夷居列傳之首，以爲善而無報也。次爲《項羽本紀》，以據高位者，非關有德也。及其叙屈原、賈誼，辭旨抑揚，悲而不傷，亦一代之偉才。』然觀太史公之言曰：『夫詩書隱約者，欲遂其志之思，故述往事，思來者。』嗟乎！知遷之志，洪其庶幾乎。

玉蟾蜍

廣川王發晋靈公冢，甚瓌壯，器物皆朽不可别。唯玉蟾蜍一枚，大如拳，腹空容五合如新。王取以盛水滴硯。常衮詩：『綴簾金翡翠，賜硯玉蟾蜍。』劉禹錫詩：『玉蠩吐水霞光净，綵翰摇風絳錦鮮。』胡文恭詩：『點筆乍驚蟾滴漬，闕文五字。漿寒。』夏英公詩：『玉蟾分滴漬圓池。』宋景文公詩：『獨憶王筠齋壁詠，玉蠩飛溜入霞箋。』蓋用此。吴融《硯賦》曰：『玉蟾一滴，松煙四上。』上句四字妙甚，用玉滴佳。

蘭　賦

仲子陵《幽蘭賦》曰：『芬華外揚，真正内積〔八〕。和氣所資，精英自得。』此十六字超出筆墨〔九〕蹊徑。吴筠《竹賦》曰：『契道合靈，表貞示節。』用道字、貞字，亦不在《蘭賦》下。

鍊石補天

往古之時，四極廢，九州裂，天不兼覆，地不周載。於是女媧氏鍊五色石以補蒼天，斷鼇足以立四極。出《淮南子》。蒼天西北小闕，庖犧見之，惡不悦，冶鑄五色石合爲一，乃以補之。出

《異苑》。歸美山山石紅丹，赫若采繪，峩峩秀上，切霄隣景，名曰『女媧石』。大風雨後，天澄氣靜，聞絃管聲。王韶之《南康記》。劉孝威《曲水詩序》曰：『女媧補石，重華棄金。』唐人《鍊石補天賦》曰：『天何言哉？有闕則補。持五石而是用，俾四時而能取。成乎圓象，故資可轉之功；定彼乾儀，蓋俟至堅之主。所以禆覆幬，仰周普，磨礱入鍛，成功豈濫於宋人；緝綴爲勞，至德何慙於山甫。』司空圖詩：『女媧只解補青天，不解煎膠黏日月。』崔桐詩：『補天留粉石，縮地入青山。』韓愈詩：『玉盌不磨著泥土，青山孔出白石補。』李賀詩：『女媧鍊石補天處，石破天驚逗秋雨。』

屏風隔坐

鄭弘爲太尉時，舉第五倫爲司空，班次在下。每正朔朝見，弘曲躬自卑。上問知其故，遂聽置雲母屏風，分隔其間。《漢書》。景帝時紀陟父亮爲尚書令，陟爲中書令，每朝會，詔以御屏風分隔其座。張勃《吴録》。唐人試進士，嘗以『隔座雲母屏風』爲題。梁劉孝威《謝敕賚畫屏風啓》曰：『紀亮所隔，唯珍雲母；武秋所顧，止貴琉璃。豈若寫帝臺之基，拂崑山之碧。畫巧吴筆，素踰魏賜。馮商莫能賦，李尤誰敢銘。』此乃用紀氏故事也。

十種琉璃

大秦國出青、白、黑、黄、赤、緑、紺、縹、紅、紫十種琉璃。《魏略》。又有五色玻璃，紅色者最貴。《玄中記》。程氏《繁露》引《魏書》，有天竺國人至京，自言能鑄石爲五色琉璃，於是采石鑄之。所謂琉璃者，謂其如玉也，若以石鑄之，曾何足珍？按《廣雅》曰：『琉璃，珠也。』《韻集》曰：『琉璃，火齊珠也。』則知琉璃爲玉物也。晋潘尼《琉璃碗賦》曰：『濟流沙之絶險，越葱嶺之峻危。於是遊西極，望大蒙，歷鍾山，闚燭龍，覲王母，訪仙童。取琉璃之攸華，詔曠世之良工，纂玄儀以取象，准三辰以定容。光映日曜，圓盛月盈。纖瑕罔麗，飛塵靡停，灼爍旁燭，表裏相形。凝霜不足方其潔，澄水不能喻其清。剛過金石，勁勵瓊玉。磨之不磷，涅之不濁。』如潘尼所賦，的非以石鑄之者矣。

碧

古人賦中最好用碧字。張衡《南都賦》曰：『緑碧紫英，青雘丹縹。』左思《吴都賦》曰：『紫貝流黄，縹碧素玉。』又《蜀都賦》曰：『青珠黄環，碧砮芒消。』李邕《石賦》曰：『苔蘚剥落，雨露淋漓。冰碧藻曜，繪畫紛披。』用冰碧二字尤佳。《廣志》曰：『碧有縹碧，有緑碧，出越巂。』《説文》曰：『碧，石之美者。』《矯世論》曰：『碧似玉，唯猗頓能别之。』

木難

曹植樂府詩曰：『明珠交玉體，珊瑚間木難。』《廣志》曰：『木難珠黄色，生東夷。』《南越志》曰：『木難，金翅鳥口結沫所成碧色珠也。大秦士人珍之。』崔豹《古今注》以木難爲莫難。

水仙賦

余二十年前作《水仙賦》，自恨筆力欠奇偉。五年前楊仲囦自蕭山致水仙花一二百本，極盛，乃以兩古銅洗藝之，學《洛神賦》體再作《後水仙花賦》，頗愜人意。近讀《金樓子》云：『劉子玄好學有文才，爲《水仙花賦》，時人以爲不減《洛神賦》。』余固不敢望知幾萬分一，亦知名人製作，自有意會古人也。楊仲囦今名囦道。

畫二疏

晋王彪之詩序曰：『余求致仕，詔累不聽。因扇上有二疏畫，作詩一首以述其美。』王彪之詩不可見。東坡有《二疏圖贊》，則二疏故事，後人每以爲圖。然隋朝《畫品》有高貴鄉公所畫《祖二疏圖》，今當不復有此矣。舊讀顧况詩有云：『疏家父子錯挂冠，梁鴻夫妻虚適越。』殊不可曉，當有激云爾。

順下風

齊孔稚圭《玄館碑》曰：『赤松家石室之下，神農行弟子之敬，廣成居崆峒之上，軒帝稟順風之禮。』蓋用《莊子》黄帝聞廣成子在崆峒之山，故往見之，廣成子南首而卧，黄帝順下風膝行而進，再拜稽首而問焉。稚圭下語瓌壯如此。越王請於范子，稱曰：『寡人用夫子之計，幸得成矣。寡人聞夫子之於陰陽進退之理，預知未形，來聽下風。』《越絶書》。聽下風，聽於下風也。

不喜俗人

嵇康《與山巨源絶交書》曰：『不喜俗人，而嘗與之共事。或賓客盈坐，鳴聲聒耳，囂塵臭處，千變百技，在人目前。』阮修〔一〇〕性簡不修人事，絶不喜見俗人，誤相報遇，輒便捨去。臧榮緒《晋書》。晋人風尚高曠，往往如此，不止嵇阮而已。

削　藁

漢孔光典樞機十餘年，時有所言，輒削草藁。周就素重慎周密，上封事輒削去草藁。後漢樊弘謙柔畏慎，所上便宜及陳得失，輒手自寫，毁草藁。皇甫嵩畏慎，前後上表陳其補益者百餘事，皆手書毁藁。魏陳羣前後密諫得失，每上封輒削草。魏任嘏每納忠諫，輒手書壞本。北齊封隆文首參經略，奇謀異算，密以啓聞，上書削草藁。宋謝弘微每有獻替及論時事，必手書焚草。

罰酒

梁孝王遊忘憂之館，集諸遊士，使各爲賦。枚乘爲《柳賦》，路喬如爲《鶴賦》，公孫詭爲《文鹿賦》，鄒陽爲《酒賦》，公孫乘爲《月賦》，羊勝作《屏風賦》。韓安國作《風賦》不成，鄒陽代之，罰酒三升〔一一〕，餘各賜絹五匹。出《西京雜記》。帝幸辟雍會，命羣臣賦詩。侍中和逌、尚書陳騫等作詩稽留，有司奏免官，詔〔一二〕曰：『吾以闇昧，愛好文雅，廣延詩賦以知得失，而乃爾紛紜，良用反側。其和逌等各罰酒。《魏志》。石崇元康六年從京出爲征虜〔一三〕將軍，有别廬在南縣界澗谷中。時征西大將軍王詡當還長安，與衆賢共送，往澗中晝夜遊宴，遂各賦詩，不能者罰酒。邑令潘豹、散騎常侍劉邃、南郡太守石嶲各罰酒三勝。《金谷園詩序》。觀此三事，則蘭亭修禊賦詩，不成者罰酒，非止此也。

楷書

晉《中經簿》曰：『有緗素書、白縑楷書、黄紙楷書、白絹行書、一尺竹牒楷書、白練絹楷書。』廣内置楷書吏自晋始。唐玄宗始以隸楷書易古文《尚書》，今儒不識古文，自唐開元始。宋景文公嘗言：蘇頲撰《朝覲壇頌》曰有乩虞氏館閣，校讐官於乩字之右點曰：『疑不知。』有楊備者得古文《尚書》釋文，知乩字爲古稽字。此開元以隸楷書易古文之失也。

孔子因史作春秋

阮籍《孔子誄》曰：『養徒三千，升堂七十。潜神演思，因史作書。』『因史作書』四字甚佳。

瑀　璧

楚明光者，楚王大夫也。昭王得瑀氏璧，欲以貢於趙王，於是遣明光奉璧之趙。瑀，古和字。《琴操》。今善琴者傳《卞和操》有其聲而亡其辭，惟存一句可認，云『卞和三獻人不識』。以余〔一四〕觀之，非當時操也。蔡邕記卞和：楚野人，嘗居山耕種，因得玉璞，以獻於懷王。王以爲欺謾，斬其足，和作操曰：『悠悠沂水，經荆山兮；精氣鬱决，谷巖巖兮；中有神寶，灼灼明兮；穴山采玉，難爲功兮。』

雲　夢

《尚書》曰：『雲夢土作乂。』本朝太宗得古本《尚書》，作『雲土夢作乂』，詔改《禹貢》從古本。按孔安國注云：『雲夢之澤在江南。』是不然也。《左傳》曰：『吴入郢，楚子涉睢濟江入於雲中。王寢，盜攻之以戈，擊王，王奔鄖。』楚子自郢西走涉睢，則當出於江南，其後涉江入於雲中，遂奔鄖，鄖今之安州，涉江而後至雲，入雲然後至鄖，則雲在江北也。又曰：『鄭伯如楚，子産相，楚子享之。既享，子産乃具田備，王以田江南之夢。』杜預注曰：『楚之雲夢跨江南北。』曰江南之夢，則雲在江北明矣。

元豐中，有郭思者能言漢沔間地理，亦以爲江南爲夢，江北爲雲。予以《左傳》驗之，思之説信然。江南即今之公安、石首、建寧等縣，江北則玉沙、監利、景陵等縣。迺水之所委，其地最下，江南二浙水出稍高，方土而夢已作乂矣，此古本之爲允也。以上皆《筆談》所記。余按《寰宇記》曰：『雲夢澤半在江南，半在江北。其水中平，土立半出。』《寰宇記》本樂史所撰，史太宗時人，則沈、郭未嘗見《寰宇記》也，然沈辨未得其詳。且《周禮》『荆州』云：『其澤藪曰雲夢。』鄭康成注曰：『雲夢在華容。』《禹貢》云：『雲土夢作乂。』昭三年《左傳》：『楚子與鄭伯田於江南之夢。』又定四年『楚子涉睢濟江入於雲中。』杜預云：『南郡枝江縣西一作南有雲夢城。江夏安陸縣東南亦有夢城。或曰南郡華容縣東南有巴丘湖，江南之夢也。』雲夢一澤而每處有名者。司馬相如《子虚賦》云：『雲夢者方九百里。』則此澤跨江南北亦可獨稱雲、稱夢耶？酈道元《水經》謂自江陵東界爲雲夢，北界爲雲夢之藪，亦不明指一處，不可專以夢在江南、雲在江北。

玄圖

張衡《玄圖》曰：『玄者包含道德，構掩乾坤，橐籥元氣，稟受無原。』又曰：『玄者無形之類，自然之根。作於太始，莫之與先。』其言冥眇契理如此，殊少傳斯圖也。

太素

《易乾鑿度》曰：『太素，質之始也。雄含物魂，號曰太素。』雌雄俱行，故能含物魂而生物也。獨言雄，主於陽故也。《帝王世紀》曰：『形變有質，謂之太素。太素之前，幽清寂寞，不可爲象，惟虛惟無，蓋道之根。自道既建，由無生有，太素始萌，萌而未兆，謂之龐洪，蓋道之幹。既育萬物成體，於是剛柔始分，清濁始位，天成於外而體陽，故圓以動，蓋道之質。』《禮斗威儀》曰：『二十九萬一千八百六〔一五〕十歲而反太素，冥莖乃道之根也。』張衡《靈憲》注曰：『太素之前，幽清玄静，寂寞冥默，不可爲象。厥中惟靈，如是永久，焉斯爲冥莖。』揚雄《覈〔一六〕靈賦》曰：『太易之始，太初之先，馮馮沈沈，不可奮搏。』與此同意。由無生有，太素始萌。萌而未兆，并體同色，坤屯不分。』坤屯音渾沌。陳思王《髑髏説》曰：『昔太素氏不仁，勞我以體，苦我以生。今也幸變而之死，是反吾之真也。』阮籍《通老論》曰：『焉得松喬，頤神太素。逍遥區外，登我年祚。』陸機詩：『澄神玄漠流，棲心太素域。弭節欣高視，俟我大夢覺。』顧公直《答陸機》曰：『恢恢太素，物物初基。在昔哲人，觀衆濟時。』

天圓地方內景外景

單居離問曾子曰：『天圓而地方，誠有之乎？』曾子曰：『天之所生上首，地之所生下首，上首之謂圓，下首之謂方，如識〔一七〕天圓而地方，則是四角之不揜也。參嘗聞之夫子曰：「天道曰圓，地道曰方。方曰幽，圓曰明。明者吐氣，是故外景；幽者含氣，是故內景。」』《廣雅》曰：『天圓廣南北二億三萬三千五百里七十五步，東西短減四步，周六億十萬七百里二十五步。從地至天一億一萬六千七百八十一里半。下地至厚，與天高等。』

天九野

《呂氏春秋》曰：『天有九野。何謂九野？中央曰鈞天，東方曰蒼天，《尚書考靈曜》曰皐天，《廣雅》曰上天。東北方曰變天，北方曰玄天，西北方曰幽天，西方曰顥天，《尚書考靈曜》《廣雅》皆曰成天。西南方曰朱天，南方曰炎天，《尚書考靈曜》曰赤天。東南方曰陽天。』《淮南子》亦曰：『天有九野。』《春秋內事》曰：『天有十二分，次日月之所纏也。』所謂十二分次者，即分野也，前人多與分野並言，少言天分。翟楚賢《碧落賦》曰：『五石難補，九野環舒。星辰麗之而照曜，日月憑之而居諸。』蓋用九野事也。

天宇

梁元帝《纂要》曰：『天地四方曰六合，四方上下謂之宇，往古來今謂之宙。』顔延年詩：『太微凝帝宇，瑶光正神縣。』用此宇字。劉允濟《天賦》曰：『粲黄道以開域，闢紫宫而爲宇。』徐彦伯《南郊賦》曰：『告紫宙之成功，定皇天之寶位。』王勃《七夕賦》曰：『霜凝碧宙，水瑩丹霄。』用字皆新奇。

渾天記

賀道養《渾天記》曰：『昔記天體者有三：渾儀莫知其始，《書》曰：「璇璣玉衡，以齊七政。」蓋渾儀體也。二曰宣夜，夏殷之法也。三曰周髀，周髀所造，非周家術也。近世復有四術：一曰方天，興於王充；二曰軒天，起於姚信；三曰穹天，由於虞喜：皆以臆斷浮説，不足觀也。惟渾天之事徵驗不疑。』此論精確。

漢渾儀土圭

《義熙起居注》曰：『十四年相國表曰：間者平長安，獲張衡所作渾儀土圭、歷代寶器，謹遣奉送，歸之天府。』宋顔延之《請立渾天儀表》曰：『張衡創物，蔡邕造論。戎夏相襲，世重其術。臣昔奉使入關，值大軍旋旆，渾儀在路。肆觀奇秘，絶代異寶。旋及王府，考諸前志，誠應夙聞。《尚書》「璇璣玉衡，以齊七政」；崔瑗所謂「數術窮天地，制作侔造化」。經志所云，圖憲所本。故體度不渝，精測尚矣。則七晷運變，無匪康時。九代真觀，不絶司歷。臣夙懷末意，懼於非任。今忝惟職統，敢昧死以聞。』

月節

《范子計然》曰：『月行疾二十九日三十日間，一與日合，取日之度以爲月節。』月節二字，他書未之見也。

天雞

《玄中記》曰：『東南有桃都山，上有大樹，名曰桃都，枝相去三千里，上有天雞。日初出照此木，天雞即鳴，天下雞皆隨之。』《物類相感志》曰：『大荒東極，至鬼府山、臂焦山脚，巨洋海中，昇載海日。蓋扶桑山有玉雞，玉雞鳴則金雞鳴，金雞鳴則石鷄鳴，石雞鳴則天下之雞鳴，潮水應之。』温庭筠詩：『漏轉霞高滄海低，頗梨枕上聞天雞。』用天雞也。陳陶詩：『朝天半夜聞玉雞，星斗離離礙龍翼。』用玉雞也。李白詩：『半壁見海日，空中聞天雞。』

雲占

《左氏傳》曰：哀公六年，有雲如衆赤鳥，夾日以飛。楚子使問太史，太史曰：『其當王身乎？若禜之，可移於令尹、司馬也。』王曰：『除心腹之疾而置諸股肱，何益？』終不禜。《京房易飛候》曰：『黑雲如羣羊，奔如飛鳥，五日必雨。』《兵書》曰：『有雲如丹蛇隨星後，大戰殺將。』又曰：『雲如雌雉，或如雄雞，臨城，其城必降。』吴範《占候秘訣》曰：『有青雲如雉兔，臨城營，軍敗走。』《地鏡圖》曰：『齊氣之見爲牛。』《雲氣占》曰：『趙雲如牛。北夷之氣如牛。』蔡邕《獨斷》曰：『夏至日南方有赤雲如馬者，離氣也。』《春秋元命苞》曰：『堯母慶都扶升高丘，有雲如彪，感已，生皋陶。』以上所言鳥獸之形，皆所以占雲也。按《兵書》又曰：『韓雲如布，趙雲如牛，楚雲如日，宋雲如車，魯雲如馬，衛雲如犬，周雲如輪，秦雲如美人，魏雲如鼠，齊雲如絳衣，越雲如龍頭，蜀雲如囷。』《吕氏春秋》則曰：『水雲如魚鱗，山雲如草莽，旱雲如煙，雨雲如波。』《魏子》曰：『北夷之氣象羣羊，南夷之氣象船，山海之氣象樓臺，宫闕都邑之氣象林木。』正此之謂。

天賦

混成發粹，劉允濟《天賦》。養空栖無。翟楚賢《碧落賦》。名也者，純陽之精；形也者，太無之精。《天行健賦》。陽乃天之德，陰乃地之符，剛乃天之義，柔乃地之樞。陸肱《乾坤爲天地賦》。天之道也，存乎至輕。范榮《三無私賦》。以上數語皆極其妙。

裁成風雨

劉允濟《天賦》曰：『驅馭陰陽，裁成風雨。』用『裁成』於『風雨』之上，方册中無此文章也。

相雨

黄子發《相雨書》曰：『四方有濯魚雲疾者立雨，濯魚雲遲者少雨難至，江漢雲疾者即日雨。』

黄子發《相雨書》又曰：『常以戊申日候日欲入時，日上有冠雲，不問大小，視四方黑者大雨，青者小雨。候日始出，日正中有雲覆日，而四方有雲黑者大雨，青者小雨；四方有雲如羊如猪，雨立至；四方北斗中有雲，後五日大雨；四方北斗中無雲，惟河中有雲，三枚相連，狀如浴猪豨，三日大雨。以丙丁之辰，四方無雲，唯漢中有者，六十日風雨和〔一八〕。常以六甲之日平旦清明東向望，日始出時，日上有雲，大小貫日中，青者以甲乙雨，赤者丙丁雨，白者庚辛雨，黑者壬癸雨，黄者戊己雨。六甲日四方雲皆合者，即雨。以天方雨時視雲有五色，黑赤並見者即雹，黄白雜見風多雨少，青黑雜者雨隨之必滂沛〔一九〕流潦。』《京房易飛候》曰：『凡候雨以朔弦望，雲漢四塞者皆當雨；東風，此日當雨；有黑雲氣如覆船於日下，當雨；有黑雲氣如羊彘，當暴雨；有異雲如水牛，不出三日大雨；有黑雲如羣羊，奔如飛鳥，五日必雨；有雲如浮船，皆爲雨；北斗獨有雲，不出五日大雨。四望見青白雲，名曰天塞之雲，雨徵也。有蒼黑雲，細如杼軸〔二〇〕，蔽日月，五日必雨。雲如兩人提鼓持桴，皆爲暴雨。』夫占雨之法，盡録於此。

雲扶日

《洛書》曰：『蒼帝起青雲扶日，赤帝起赤雲扶日，黄帝起黄雲扶日，白帝起白雲扶日。』權德輿詩：『更有觀臺稱賀處，黄雲扶日瑞昇平。』宋景文公詩：『雲路舊扶黄道日，霞觴深〔二一〕映六符天。』用此事。又有所謂『黄人捧日出道書』；晏元獻公詩：『青帝回風初習習，黄人捧日故遲遲。』

陽關三疊

《陽關三疊》，今歌者每句再疊而已；若通一首，又是四疊，皆非。是每句三唱以應三疊，則叢然無復節奏。有文勛者得古本《陽關》，每句皆再唱，而第一句不疊，迺知唐本三疊如此。樂天詩：『相逢且莫推辭醉，聽唱《陽關》第四聲。』自注云：『勸君更進一杯酒。』以此驗之，若一句再疊，則此句爲第五聲，今爲第四，則第一句不疊審矣。

樂石

《嶧山碑》曰：『刻此樂石，人多不曉。』顔師古謂以泗濱磬石〔二二〕作碑者也。《封氏聞見記》。

《爾雅》曰：「魯國鄒縣有嶧山，純石相積，連屬成山。」《史記》曰：「始皇二十八年，上鄒嶧山，立石刻秦功德。」《鄒山記》曰：「山東西二十里，南北十三里。高秀獨出，積石相臨，殆無壤土。石間多孔穴，洞達相通，俗謂之嶧孔。」《太平廣記》。其石玲瓏秀潤，宜於孤桐，可中琴瑟，疑嶧山之石自可磬音，不但泗濱之石也。此碑後魏太武帝登山，使人排倒之，邑人疲於供命，聚薪其下焚之，由是殘缺，不堪模搨。

校勘記

〔一〕「使人」。守山閣本作「擊磬」。「一人」，守山閣本作「二人」。

〔二〕「精絶」，守山閣本作「清絶」。

〔三〕「中」，守山閣本作「仲」。「路」，守山閣本作「露」。按《南齊書·張融傳》引同四庫本。

〔四〕「齊書」，原作「晋書」，守山閣本、墨海本作「齊書」。按張融《海賦》見《南齊書》卷四十一，據改。

〔五〕「熬」，守山閣本作「牢」。

〔六〕守山閣本此處有「見」字。

〔七〕「穎容」，守山閣本作「穎客」，誤。

〔八〕守山閣本作「真正内積，芬華外揚」。

〔九〕「墨」，守山閣本作「塵」。

〔一〇〕「修」，守山閣本誤作「循」。

〔一一〕「升」，守山閣本作「勝」，誤。

〔一二〕「詔」，原作「誥」，據守山閣本、墨海本改。

〔一三〕「虜」，守山閣本改作「西」。

〔一四〕「余」，守山閣本作「餘」，誤。

〔一五〕「六」，守山閣本作「四」。按《太平御覽》卷一引作「四」。

〔一六〕「覈」，守山閣本作「檄」。按《太平御覽》卷一引此句作「檄」；然揚雄亦有《覈靈賦》，見《文選》李善注。

〔一七〕「識」，守山閣本作「誠」。按《太平御覽》卷二引作「識」。

〔一八〕「和」字原無，據守山閣本、墨海本補。

〔一九〕「沛」，守山閣本作「沱」。

〔二〇〕「軸」，守山閣本作「柚」。

〔二一〕「深」，守山閣本作「新」。

〔二二〕「磬石」，守山閣本作「浮磬」。

緯略卷九

劉孝標世説

宋臨川王義慶采擷漢晉以來佳事佳話，爲《世説新語》，極爲精絶，而猶未爲奇也。梁劉孝標注此書，引援詳確，有不言之妙。如引漢、魏、吴諸史及子傳、地理之書，皆不必言，只如晉氏一朝史及晉諸公列傳、譜録、文章，皆出於正史之外，紀載特詳，聞見未接，實爲注書之法。今采於後。

朱鳳《晉書》　沈約《晉書》
王隱《晉書》　虞預《晉書》
朱鳳《晉紀》　劉謙之《晉紀》
徐廣《晉紀》　鄧粲《晉紀》
曹嘉之《晉紀》　干寶《晉紀》
《晉陽秋》　《續晉陽秋》
檀道鸞《續晉陽秋》　《漢晉春秋》

《晉中興書》
《晉安帝紀》
《庾翼別傳》
《郭璞別傳》
《諸葛恢別傳》
《謝鯤別傳》
《邵薈別傳》
《王珉別傳》
《荀粲別傳》
《丞相王導別傳》
《郭泰別傳》
《阮光禄別傳》
《范宣別傳》
《嵇康別傳》
《汝南別傳》
《王覬別傳》

《晉惠帝起居注》
《晉後略》
《孟嘉別傳》
《王述別傳》
《羊曼別傳》
《阮孚別傳》
《王含別傳》
《管輅別傳》
《司馬徽別傳》
《賈充別傳》
《桓玄別傳》
《王恭別傳》
《王乂別傳》
《桓彝別傳》
《周處別傳》
《陸玩別傳》

《向秀別傳》
《王長史別傳》
《王敦別傳》
《王弼別傳》
《劉剡別傳》
《王彬別傳》
《郭泰別傳》
《郄愔別傳》
《孔愉別傳》
《羅府君別傳》
《郄鑒別傳》
《陶侃別傳》
《孫放別傳》
《王胡之別傳》
《謝玄別傳》
《陳逵別傳》
《衛玠別傳》
《潘岳別傳》
《賀循別傳》
《桓温別傳》
《殷浩別傳》
《郄超別傳》
《卞壼別傳》
《桓冲別傳》
《蔡司徒別傳》
《劉濛別傳》
《郄曇別傳》
《羅含別傳》
《祖約別傳》
《王澄別傳》
《顧秋別傳》
《王邃別傳》

《劉尹别傳》
《高坐别傳》
《衛氏譜》
《温氏譜》
《庾氏譜》
《戴氏譜》
《虞氏譜》
《周氏譜》
《華嶠譜》
《桓氏譜》
《馮氏譜》
《晋世譜》
《王氏譜》
《謝女〔一〕譜》
《陸氏譜》
《羊氏譜》

《支遁别傳》
《佛圖澄别傳》
《祖氏譜》
《吴氏譜》
《許氏譜》
《曹氏譜》
《陶氏譜序》
《諸葛氏譜》
《索氏譜》
《傅氏譜》
《孔氏譜》
《謝氏譜》
《王氏譜》
《司馬氏譜》
《郄氏譜》
《郝氏譜》

《摯氏世本》
《袁氏世紀》
《荀氏家傳》
《李康家誡》
《李氏家傳》
《袁氏家傳》
皇甫謐《高士傳》
《海内先賢傳》
《江左名士傳》
蕭廣濟《孝子傳》
《江表傳》
《名士傳》
《高士傳》
《晋中興士人書》
《王中郎傳》
《殷羨言行》

《王氏世家》
《裴氏家傳》
《顧愷之家傳》
《褚氏家傳》
《謝車騎家傳》
嵇康《高士傳》
《楚國先賢傳》
《汝南先賢傳》
《會稽後賢傳》
鄭緝《孝子傳》
《逸士傳》
《文士傳》
《文章傳》
《晋諸公傳》
袁宏《孟處士傳》
《永嘉流人名》

《竹林七賢論》　《先賢行狀》
《列仙傳》　《高逸沙門傳》
《安法師傳》　《支法師傳》
《名德沙門題目》　庾法暢《人物論》
宋明帝《文章志》　摯虞《文章志》
顧愷之《文章志》　《續文章志》
丘淵之《文章叙》　丘淵之《文章録》
《文章叙録》　《婦人集》
《王朝目録》　《晋百官名》
《八王故事》　《晋東宫官名》
《明帝東宫僚屬名》　伏滔《大司馬屬名》
《征西僚屬名》　《齊王官屬名》
《山公啟事》

太乙青藜

劉向校書天禄閣，專精覃思。夜有老人衣黄衣，執青藜杖，叩閣而進。向獨坐閣中誦書，老人迺吹杖端出火，用以照向，言開闢以前。向因受五行《洪範》之文，乃裂裳及紳以記其言。至曙而去，向請問姓名，答曰：『我太乙之精。天帝聞卯金之子有博學者，下而觀焉。』乃出懷中竹牒，有天文地圖之書，授之。向子歆復授其術。王子年《拾遺記》。胡文恭公詩：『青藜香灺掩殘書，越絶東南駕隼輿。』又曰：『詩就雞林買，書成太乙觀。』皆用此事。

四扈

左思《齊都賦》曰：『四扈推移。』注曰：『春夏秋冬四時鳥[二]也。』按《爾雅》曰：『春鳸[三]鶞扶雲反鶥敕倫反，夏鳸竊玄，秋鳸竊藍，冬鳸竊黄。』此正左思所謂四扈也。又曰：『桑鳸竊脂，棘鳸竊丹，行鳸唶唶，子夜反。宵鳸嘖嘖。』《詩》曰：『交交桑扈，率場啄粟。』箋曰：『桑扈竊脂食肉，今無肉，循場啄粟，失其性也。』《淮南子》曰：『馬不食脂，桑扈不食粟，詐廉也。』《左氏》郯子曰：『少皞摯[四]以鳥名官，九扈爲九農正。』杜預曰：『扈有九種。』《爾雅》同。其九老扈，鷃鷃也。

顧愷之作父傳

顧悦與簡文同年而髮蚤白，簡文曰：『卿何以先白髮？』對曰：『蒲柳之姿，望秋而落；松柏之質，經霜彌茂。』《中興書》曰：『顧悦字君叔，君一作居。晋陵人。初爲殷浩揚州别駕，浩卒，上疏理浩。

或諫以浩爲太宗所廢，必不許，悦固争之，浩果得申，物論稱之。後至尚書丞。』顧愷之爲父傳曰：『君以直道，遲回於世。入見王，王髮無二毛，而君已斑白，問君年，乃曰：「卿何偏蚤白？」君曰：「松柏之姿，經霜猶茂；臣蒲柳之質，望秋先零。受命之異也。」王稱善久之。』子作父傳，史所罕載，只此傳中數語，固自與諸書所載不同也。惟司馬遷述太史公談之言曰：『天子始建漢家之封，而太史公留滯周南，不得與從事，發憤且卒。而子遷適反，見父於河洛之間，太史公執遷手而泣曰：「予先周室之太史也，自上世常顯功名，於虞夏典天官事，後世中衰，絶於予乎？汝復爲太史，則續吾祖矣。今天子接千歲之統，封泰山，而予不得從行，是命也夫，命也夫！予死，爾必爲太史，毋忘吾所欲論著矣。且夫孝始於事親，中於事君，終於立身揚名後世，以顯父母，此孝之大者。夫天下稱周公言，其能論歌文武之德、宣周召之風、達太王王季思慮，爰及公劉，以尊后稷也；幽厲之後，王道缺，禮樂衰，孔子修舊起廢，論《詩》《書》，作《春秋》，則學者至今則之。自獲麟以來，四百有餘歲，而諸侯相兼，史記放絶。今漢興，海内一統，明主賢君，忠臣義士，予爲太史而不論載，廢天下之文，予甚懼焉，爾其念哉！」遷俯首流涕曰：「小子不敏，請悉論先人之所次舊聞，不敢闕。」卒三歲，而遷爲太史令，紬史記、石室金匱之書。』嗚呼！若司馬氏父子，可謂能世其傳矣。

艾納

東坡詩：『憑仗幽人收艾納，國香和雨入青苔。』和香之方用艾納，則衆香發越。樂府歌曰：『何來毾㲪五味香，迷迭艾納及都梁。』《廣志》曰：『艾納出西國，似細艾。』《本草》及沈氏《香譜》曰：『艾納，松上苺苔也。』魏文帝《迷迭賦》曰：『覽芳草之樹庭，揚修幹而結莖。薄西夷之穢俗，越萬里而來征。』應瑒《迷迭賦》曰：『振纖枝之翠粲，動芳葉之苺苺。』陳琳《迷迭賦》曰：『立碧莖之婀娜，銷緑條之蜿蟺。』《廣志》曰：『迷迭生西海中。』盛弘之《荆州記》曰：『都梁縣有小山，山水清淺，其中生蘭草，俗謂蘭爲都梁。』

護門草

梁王筠《寓直》詩：『龍樓實九重，薄寒殊復早。玉階泫清露，銅池結秋潦。霜被守宫槐，風驚護門草。之子擒一作擅文華，縱横富辭藻。舒錦慙光麗，握珠謝奇寶。愧予非工文，何用披懷抱。』此詩六朝人詩之傑作也，窈窕清暢之甚。按贊寧《物類志》曰：『護門草出常山北有之。彼處人取之置於門户〔五〕上，夜或有過其門，其草則必叱之，有盗者皆驚奔矣。俗呼爲護門草，一曰靈草也。』

鰒魚

《後漢書》曰：『張步遣使伏隆詣闕上書，獻鰒魚。』郭璞引《三蒼》曰：『鰒似蛤，偏著石。』《廣志》曰：『鰒一面附石决明，細孔雜雜，或七或九。』《魏志》曰：『倭國人入海捕鰒魚，水無深淺，皆沈没取之。』吴良爲郡議曹掾，諫太守無受正旦賀觴，賜鰒魚百枚。魏文帝與孫權書曰：『今因趙咨致鰒魚千枚。』陳思王《求祭先主表》曰：『先主喜食鰒魚，前已表徐州刺史臧霸送鰒魚二百，足自供事。』皮日休詩：『君卿脣舌非吾事，且向江南問鰒魚。』詩中用鰒魚僅見此。

郭有道碑

蔡伯喈作《郭林宗碑》曰：『吾爲人作銘，未嘗不有慙容。唯爲郭有道碑頌無愧耳。』劉長卿詩：『獨繼先賢傳，誰刊有道碑。』觀長卿詩，則此碑重矣。泰卒，會葬者千餘人。鄭玄卒，自郡守以下嘗受業者縗絰赴會千餘人。范丹卒，會葬者二千餘人。陳寔卒，海内會葬者三萬人。亦一時之盛。

禹鼎

禹貢九牧之金，鑄鼎荆山之下，民入山林川澤，魑魅魍魎莫能逢之。所鑄九鼎，五者以應陽法，四者以象陰數。使工師以雌金爲陰鼎，以雄金爲陽鼎。鼎中水常滿，以占氣象之休否。夏桀之世，鼎水忽自沸煎。及傳於周，周末九鼎咸震，亡滅之道〔六〕也。

第七車

《益都耆舊傳》曰：蜀郡張寬，漢武帝時爲侍中，從祀甘泉。至渭橋，有女子浴於渭水，乳長七尺，上怪其異，遣問之。女曰：『帝後第七車知我所來。』時寬在第七車，對曰：『天星主祭祀者，齋戒不嚴，則此女見。』《異苑》曰：魏武過曹娥碑下，有婦人浣於汾渚，問之，曰：『第四車解。』既而至，乃禰正平也，衡以離合義解之。所謂離合義者，即黄絹幼婦、外孫虀臼。或謂此婦人即娥靈也。

人面子

嵇含《南方草木狀》曰：『人面子樹，似含桃，結子如桃實，無味，核正如人面，故以爲名。以蜜漬之稍可食，其核可玩也。』

紫　玉

沈約《宋書》曰：『王者不藏金玉，則紫玉見於深山矣。』貫休詩：『欲贈之以紫玉尺、白銀鐺。』蓋用此。

耶悉茗油

耶悉茗花，是西國花，色雪白。胡人攜至交廣之間，家家愛其香氣，皆種植之。《廣州圖經》曰：『舶上有耶悉茗油，蓋胡人取花壓油，偏宜麻風。膏摩於手心，香透於手背。』嵇含《南方草木狀》曰：『耶悉茗花、茉莉花，皆胡人自西國移植於南海，南海人憐其芳香，競植之。』陸賈《南越記》曰：『南海之境，五穀無味，百花不香，此二花特芳香者，緣自胡國移至，不隨水土而變，與夫橘北爲枳異矣。彼之女子以綵絲穿花心以爲首飾。』段公路《北户録》曰：『耶悉茗，今之素馨也。』

古泉貨

太昊金　尊盧氏幣　神農氏金

黄帝貨金　軒轅貨金　帝昊金

帝嚳金　高陽金　堯泉
舜策乘馬幣　舜策幣貨金　夏貨金
商貨莊布　商貨四布　商連幣
商湯金　商子貨金　周圜注貨
周圜法別種　齊公貨　齊刀別種
齊梁山幣　莒刀齊布　齊刀

醮

漢建安二十四年，吴將吕蒙病，孫權爲之命道士於星辰下爲請命。醮之法當本於此。顧況詩：『飛符超羽翼，焚火醮星辰。』姚鵠詩：『蘿磴静攀雲共過，雪壇當醮月孤明。』李商隱詩：『通靈夜醮達星辰，承露盤晞甲帳春。』趙嘏詩：『春生藥圃芝猶短，夜醮齋壇鶴未迴。』醮之禮至唐盛矣。隋煬帝詩：『迴步迴三洞，清心禮七真。』馬戴詩：『三更禮星斗，寸匕服丹霜。』薛能詩：『符咒風雷惡，朝修月露清。』此言朝修之法也。然陳羽《步虚詞》曰：『漢武清齋讀鼎書，内官扶出畫雲車。壇上月明宫殿閉，仰看星斗禮空虚。』漢武時已如此。

律室

蔡邕《月令章句》曰：『截竹爲管，謂之律。置之密室，以葭莩爲灰，以實其端。其月氣至，則灰飛而管空。』

司馬彪《續漢書》曰：『候氣之法，於密室中以木爲案，置十二律琯，各如其方，實以葭灰，覆以緹縠，氣至則一律飛灰。』世皆疑其所置諸律方不踰數尺，氣至獨本律應，何也？或謂古人自有術，或謂短長至〔七〕數冥符造化，或謂支干方位自有感召，皆非也。蓋彪説得其略耳，惟《隋書·志》論之甚詳。其法先治一室，令地極平，乃埋律琯，皆使上齊，入地則有淺深。冬至陽氣距地面九寸而止，唯黄鍾一琯達之，故黄鍾爲之應。正月陽氣距地面八寸而止，自太蔟以上皆達，黄鍾大吕先以虚，故惟太蔟一律吹灰。如人用鍼，徹其經渠，則氣隨鍼而出矣。地有疏密，則不能無差忒，故先以木案隔之，然後實土案上，令堅密均一。其上以水平其槩，然後埋律其下，雖有疏密，爲木案所節，其氣自平，但在調其案上之土耳。

隋蕭慤詩：『天宫初動磬，緹室已飛灰。』韓偓詩：『中宵忽見動葭灰，料得南枝已有梅。』皆佳句也。夏英公詩：『玉琯飛灰新氣應，璇霄合璧瑞華凝。』此又用李賀『天官玉琯灰剩飛』也。

秦碑三句一韻

《梁書·范雲傳》曰：竟陵王子良爲會稽太守，雲爲府主簿。王尅日登秦望山，雲以山上有秦始皇刻石，此文三句一韻，人多作兩句讀之，並不得韻，又加大篆，人多不識，乃夜取《史記》讀之。暨登山，子良命賓寮讀之，皆茫然不識。末問雲，雲曰：『嘗讀《史記》，見此刻石文。』讀之如流水，子良大悦。秦碑有存者，泰山碑，兖州。嶧山碑，李斯篆，鄭文寶摹，兖州。始皇詔書，李斯篆，兖州。梁山刻石，可辨者十九字，登州。梁大篆，可辨者十六字，登州。始皇朐〔八〕山碑，海州。會稽山碑，李斯篆，越州。二世詔文，李斯篆，密州。殘碑二十字，李斯篆，登州。巫咸大〔九〕湫文。俗呼詛楚文，李斯篆，鳳翔府；又渭州州學本與鳳翔小異。

漏刻銘

孫綽《漏刻銘》曰：『累筒三階，積水成淵。器滿則盈，承虚赴下。靈虬吐注，陰蟲承瀉。』陸機《刻漏賦》曰：『激懸泉以遠射，跨飛途而遥集。伏陰蟲以成波，吞組流其如挹。』此並用陰蟲、承瀉。梁元帝《新漏銘》曰：『方壺外次，圓流内襲。靈虬承注，陰蟲吐吸。微若抽繭，逝如激電。銅史司刻，金徒抱箭。』皆有所襲。唐符子璋〔一〇〕《刻漏賦》曰：『方圓列陛，高卑中度。制陰蟲以吐輸，設靈虬以承注。銅史應其方，金箭刻其數。』顔舒《刻漏賦》曰：『高卑列級，洪殺順理。靈虬屹以俯開，陰蟲矯而仰止。上流注而不竭，下吞挹而無已。』二賦皆仿六朝人制作，各盡其趣。王廙《洛都賦》曰：『挈壺司刻，漏尊瀉流。山叟秉尺，隨水沈浮。』此四句亦佳。

漢複道

王維詩：『複道開長樂，青門臨上路。』宋之問詩：『複道開行殿，鉤陳列禁兵。』按漢未央宮、長樂宮北有桂宮、北宮、明光宮，皆有複道。《廟記》曰：『桂宮有紫房複道，通未央宮北。周圍四十里，中有明光殿，殿有複道，從宮中西至城，上建章宮神明堂。』《太平寰宇記》。建章宮在長安城外，其與未央諸宮隔城相望，故跨城而爲閣道。《三輔故事》曰：『神明臺在建章宮，故垂棟飛閣，從宮中西上跨城而出，乃達建章也。』《孔光傳》曰：『哀帝祖母定陶傅太后居北宮，有紫房複道通未央宮，太后從複道朝夕至帝所。』漢室制度，凡有宮即有複道也。《西都賦》曰：『輦路經營，修除飛閣。自未央而連桂宮，北彌明光而亘長樂。凌隥道而超西墉，掍建章而聯外屬。』薛綜《西京賦注》曰：『隥，閣道也。』

上雍

宋元憲公詩：『積高人上雍，昭配禮從周。』用上雍二字也。唐彦謙詩：『雲低雍畤祈年去，雨細長楊從獵歸。』漢〔一二〕司馬遷曰：『迫季冬，薄從上上雍。』雍，鳳翔府天興縣也；上者自下升高之辭也；四面曰雍，四望不見四方，是之謂雍。漢故事，凡幸雍悉言上雍也。漢初未有南北郊，惟雍縣有四畤，高帝〔一二〕又立北畤，故文帝十五年四月幸雍，始郊見五帝。景、武、宣、元皆循之。秦之離宫多在雍、鄠之間，故諸帝亦時時臨幸也。成帝建始中罷雍五畤，始祀天地於長安南北郊，則前乎此者，皆以雍畤爲郊丘也。西畤者，秦襄公始爲諸侯，居西，自以爲主少昊之神，作西畤祠。白帝畤者，峙土爲高也，即壇也。鄜畤者，自襄公以後十四年，文公東獵汧渭之間，卜居而吉，夢黄蛇自天而下屬地，其口上於鄜衍，山阪爲衍。作鄜畤。唐鄜州義取諸此，而鄜州之地不在此也。上畤、下畤者，文公後二百十五年，靈公於吴陽作上畤以祭黄帝，作下畤以祭炎帝。此四畤也。北畤者，漢高帝入關，問秦祀上帝何帝也，對曰：『四帝〔一三〕，有白、青、黄、赤帝之祠。』帝曰：『吾聞天有五帝，今四，何也？』已而曰：『吾知之矣，乃待我而具五也。』迺立黑帝祠，名曰北畤。成帝建始中罷雍五畤，始祀天地於南北郊。又有武畤、好畤者，在雍縣旁之吴陽，此二畤者不知何世所造。參求其地，即靈公所立上畤、下畤正在吴陽也，靈公既立上下兩畤，則昔之武畤、好畤不在五畤之數矣。畦畤，獻公作，祠白帝，言其如畦畛也。密畤者，宣公作，在渭南，祭青帝，不在雍也。

凌煙閣贊

德宗幸凌煙閣，見右壁頽剥，上有殘缺文記，每行可辨三五字。命録之以問宰臣，宰臣卒然無以對。遽召蔣乂訪之[一四]，對曰：『此聖曆中侍臣圖贊也。』暗諷誦，不失一字，宰臣大慚。德宗嘆曰：『虞世南暗寫列士傳無以加也。』《唐書》此贊今不傳矣。然貞觀十三年詔圖畫功臣二十四人，上自爲贊，詔曰：『自古皇王褒崇勛德，既勒銘於鍾鼎，又圖形於丹青。是以甘露良佐，麟閣著其美；建武功臣，雲臺紀其迹。宜酌故實，弘茲令典。』今凌煙閣在西內三清殿側是也，畫功臣皆北面。按西內即太極宫也，閣中凡三隔，內一層畫功高宰輔，外一層寫功高侯王，又外一層次第功臣。此三隔者雖分內外，其所畫功臣像貌皆北面者，豈北辰所居之義耶？按唐河間王元恭碑曰：『唐初功臣皆圖形戢武閣，今曰凌煙閣耳。』戢武之名不見於他書。又段志玄碑亦曰：『圖形戢武閣。』二碑皆當時所立，不應差誤。宋鮑昭有《凌煙樓》詩：『瞰江倒檻，望景延除。俯窺淮海，俛眺荆吳。我王結駕，藻思神居。宜此萬春，修靈所扶。』凌煙之名，六朝已有矣。

呂温作《勳臣贊》，《舊唐書·長孫無忌傳》載二[一五]十四人而闕其一。呂[一六]温作贊，乃併高申公士廉二十四人。代宗廣德二年七月，給功臣鐵券，藏於太廟，圖形於凌煙閣。宣宗大中二年七月己巳，圖形功臣於凌煙閣。寶應元年，德宗爲大元帥[一七]，封雍王，以平河北，與郭子儀、李光弼等皆賜鐵券，圖形凌煙閣。德宗紀貞元間，德宗嘉李晟、馬燧之勳，下詔曰：『昔我烈祖，乘乾遘坤，滌掃五代荒茀，體元御極，作人父母，則有熊羆之士、不二心之臣，左右經綸，參翊締搆，昭文德、恢武功。王業既成，泰階既平，乃圖厥容於凌煙，懋[一八]昭績效，表式儀形。君臣之義，厚莫重焉。歲在乙巳秋七月，外行西宫，瞻望崇閣，見老臣遺像，儼然肅然，和敬在色。觀往思今，取類非遠。且功與時並，才與世生，苟蘊其才、遇其時，尊主庇民，何代蔑有？在中宗時，有如桓彦範等，著朝載之績；在玄宗之時，有如劉幽求[一九]、申弼翼之勳；在肅宗時，有如郭子儀，掃除氛祲；今顧晟等保寧朕躬，咸宣忠肆力，光復宗社，訂之前烈，夫豈多讓？闕而未録，孰旌厥賢？有司宜叙前後，各圖其像於舊臣之處。』命皇子書其文以賜晟，晟刻石於門。《李晟傳》。宣宗大中初，紀史館差第元和將相，圖形凌煙閣，李絳與焉。出《絳傳》。武德功臣十六人，貞觀功臣五十三人，至德功臣二百六十五人，德宗即位，録武德以來宰相及功臣子孫，賜一子正員官史館放勳。（闕文十字。）以三等條奏，第一等以（闕一字。）歲授官，第二等（闕文六字。）人每等。武德以來宰相爲首，功臣次之，至德以來將相又次之。大中初，又詔求李峴、王珪、戴胄、馬周、褚遂良、韓瑗、郝處厚、婁師德、王及善、張柬之、袁恕己、崔玄暐、桓彦範、宋欽則、魏知古、陸象先、張九齡、裴寂、劉文静、劉幽求、郭元振、房琯、袁履謙、李嗣業、張巡、許遠、盧奕、南霽雲、韋皋、張鎬、李勉、張鎰、蕭復、柳渾、賈耽、馬燧、李憕三十七人，皆畫像於凌煙閣。

唐樂曲

《凉州》《伊州》《甘州》，人不知其始，蓋始於明皇。因輯唐樂曲爲一編云。又按唐人《西域志》云：『龜兹國王與臣庶知樂者，於巖嶼間聽風水之聲，均節成音。後翻入中國，如《伊州》《甘州》《凉州》也。』

太宗四曲

《樂社曲》魏徵作。

《傾杯曲》長孫無忌作。

《英雄樂曲》虞世南作[二〇]。

高宗七曲

《景雲河清歌》亦名《燕歌》《景雲見》《河水清》，張文叔爲之。

《喜慶善樂》　《破陣樂》　《承天樂》

《一戎衣大定樂》伐高麗，宴洛陽城門，觀屯管教舞，按新用武之勢。

《八紘同軌樂》象高麗平，天下定。　《夷羌賓曲》遼東平，李勣作是曲。

明皇三十四曲

立部八曲：太常選坐部伎無性識者退入立部伎，又選立部伎無性識者退入雅樂部，則雅聲可知（一作可和）。

一《太平安舞》　二《太平樂安舞》太平並周隋遺音。

三《破陣樂》　四《慶善樂》

五《大定樂》　六《上元樂》

七《聖壽樂》　八《光聖樂》

坐部伎六曲：

一《燕樂》　二《長壽樂》

三《天授樂》武后天授年作。

四《烏歌萬歲樂》武后時有烏，能人言萬歲。

五《龍池樂》明皇爲郡王時賜第隆慶坊，坊之南地忽變爲池，中宗泛之以厭其祥。明皇即位，乃作《龍池樂》。

六《小破陣樂》

《半夜樂》

《還京樂》明皇自潞州還京師，夜半舉兵誅韋后，故作此樂。

《文成曲》明皇作。

《霓裳羽衣曲》河西節度使楊欽述獻。一説羅公遠與明皇遊月宫，見仙女數百，皆素練霓裳，問其故，曰云云，故作是曲。

《直道曲》道士司馬承禎奉詔作。

《紫清》

《景雲》

《小長壽》

《順天樂二曲》並太清宫成太常卿韋縚作。

《君臣相遇樂》曲商調，韋縚作。

《大羅天曲》茅道士曲[一二]。

《道曲》工部侍郎賀知章作。

《九真紫極》

《承天樂》

《荔枝香》貴妃生日，張樂長生殿，奏曲未有名。會南方進荔枝，故名《荔枝香》。

《梨園法曲》法曲本隋樂，其音清而近雅，煬帝厭其聲淡。明皇愛之，選坐伎三百人，教之梨園。宫女數百，亦爲梨園子弟。

《千秋節》明皇生日作。

《凉州》《伊州》《甘州》天寶樂曲，皆以邊地名之。又詔道調法曲，方[三三]胡部新聲合作。

代宗二曲

《寶應長寧樂》代宗復二京，梨園供奉官劉日進獻，十八曲宫調。

《廣平太一曲》大曆元年作。

德宗四曲

《定難曲》河東節度馬燧獻。

《繼天誕聖樂》德宗生日，昭義節度王虔休獻。

《中和樂》德宗生日作。

《孫武順聖樂》山南節度于頔獻。

文宗二曲

《雲韶法曲》

《霓裳羽衣舞曲》此二曲文宗詔太常卿馮定采開元雅樂作也，臣下功高者賜之。又改《法曲》爲《仙韶曲》。

武宗一曲

《萬斯年曲》李德裕命樂工作《萬斯年曲》以獻。

宣宗一曲

《播皇猷曲》帝自製，宴禮用之。

竹簡

《春秋序》曰：『小事簡牘。』《爾雅》曰：『簡謂之畢。』郭璞曰：『今之簡，札也。』《説文》曰：『簡，牒也。』《釋名》曰：『簡，書編也。』《杜周傳》曰：『三尺安在哉？』注曰：『以三尺竹簡書法律也。』劉向《列子序》『皆殺青書』注曰：『謂汗簡刮去青皮也。』劉向《別録》曰：『殺青書，治竹作簡。新竹有汗，善折蠹，凡作簡者皆以火炙乾之，謂之汗。汗者去其汗也。吴越曰殺，亦治也。』《風俗通》曰：『劉向典校書籍二十餘年，皆先書竹，改易刊定可繕寫者以上素。今東觀書，竹素也。』張景陽詩『遊思竹素園，寄辭翰墨林』是也。張璠《漢記》曰：『吴祐〔三三〕父恢爲南海太守，欲以殺青寫書。祐年十二，諫不可，海濱多珍玩，若成，載書盈兩，必思薏苡之謗[二四]。』《文士傳》曰：『人於嵩山下得竹簡一版，上有兩行科斗之書。張華以問束晳，晳曰：「此明帝顯節陵中竹簡。」』蕭子顯《齊書》曰：『襄陽有盜發古冢，相傳是楚王冢，獲竹簡書，青絲編簡，廣數分，長二尺，皮節如新。盜以把[二五]火照書。後人得十餘簡，以示撫軍王僧虔，云是科斗書《考工記》，《周官》所缺文也。』《齊春秋》曰：『襄陽人發古冢，有玉鏡及竹簡古書，字不可識。王僧虔善識字體，亦不能解，云是科斗。濟陽江淹博古，好事以科斗文字推之，則周宣之前也。簡殆如新。』李嶠詩：『竹是蒸青外，池仍點墨餘。』楊炯詩：『道書編竹簡，靈藥灌梧桐。』武元衡詩：『署分刊竹簡，書囊護芸香。』陸龜蒙詩：『簡便書露竹，樽破待霜匏。』宋景文公詩：『此時刀筆手，慙愧殺青人。』又詩：『聞道蘭臺有圖籍，故留香粉照蒸青。』蘇欒城詩：『栽向鳳池吹律處，斸從芸閣殺青餘。』

八磨

《後魏書》曰：『崔亮在雍州讀《杜預傳》，見其爲八磨，嘉其有濟時用，遂教民爲碾。及爲僕射，奏於張方橋東堰穀水造水碾磨數十區，其利十倍，國便之。』《通俗文》曰：『石鍋轢穀曰碾。』嵇含《八磨賦》：『外兄劉景宣作磨，奇巧特異，旋[二六]轉八磨之重，因賦之曰：方木[二七]矩跱，圓質規旋。下青[二八]，上碧以轉以乾。巨輪内建，八部外連。』

腦能柔物

《左氏·僖公二十八年》：晋文公將與楚戰，夢楚子伏，已而盬其腦。子犯曰：『吾且柔之矣。』杜預曰：『腦能柔物。』《皮氏録》曰：『羊腦、猪腦，男子食之損精氣。』又云：『羊腦，食之令五臟消也。』

陳琳賦

魏陳琳《武軍〔二九〕賦》曰：『其刃也則楚金越冶，棠谿名工，清堅皓鍔，脩刺鋭鋒，陸陷蘂犀，水截輕鴻；鎧則東胡闕鞏，百煉精鋼〔三〇〕，函師振旅，韋人制縫；弩則幽都筋骨，恒山檿榦，通肌暢骨，崇組曲煙；其弓則烏號越耗，繁弱角端，象弭繡質，哲弣文身；矢則申息肅慎，箘簵空疏，焦銅毒鐵，麗轂撻軥；馬則飛雲絶景，直鬣騁駵，駁龍紫鹿，文的瞷魚。若清道整列，按節徐行，龍姿鳳峙，灼有遺英。』琳之賦戎器，瓌壯如此，其爲檄可知矣。琳之檄曰：『若使水而可恃，則洞庭無三苗之墟，子陽無荆門之敗，朝鮮之壘不刊，南越之旌不拔也。』其語意殊佳。戴叔倫詩：『陳琳草奏才還在，王粲登樓興不賒。』劉長卿詩：『陳琳書記好，王粲從軍樂。』

鎖香

李義山詩：『鎖香金屈戌，帶酒玉崑崙。』又詩：『金蟾齧鎖燒香入，玉虎牽絲汲井回。』此皆香器。其名鎖者，蓋有鼻鈕，施之於幃幬之中者也。梁簡文帝詩：『織成屏風金屈膝，脣朱玉面燈前出。』徐彥伯詩：『畫屏繞金膝，珠簾懸玉鈎。』李賀詩：『屈膝銅鋪鎖阿甄，夢入家門上沙渚。』屈膝當即是屈戌也。李賀詩：『曉奩粉秀曆，夜帳減香筒。』又詩：『象口吹香毾㲪暖，七星挂城聞漏版。』亦帳中香也。

大小山猶二雅

《樂府解題》：『《淮南》書有大山、小山，猶《詩》有二《雅》。』黄太史言章子厚論《楚辭》皆有所本，予初不以爲然，因叩之。子厚曰：『《離騷經》本之《國風》，《九歌》本之《大雅》，《九辨》本之《小雅》。』考之信然。常嘆息斯人妙解文章之味，於翰墨之林，千載一人也。惜其以世故廢學耳。

北酥

沈約《謝北酥啟》曰：『曠阻陰山之外，眇絶蒲海之東。自非神力所引，莫或輕至。』按《西河舊事》曰：『祁連山冬夏寒涼宜牧，牛羊充肥，乳酪好。』當是此類。

承露盤銘

魏毌丘儉《承露盤銘》曰：『赫赫聖魏，紹天維則。承露瑰生，爰昭懿德。下有蛟龍，偃蹇虬紛。上有層盤，厲彼青雲。修莖擢擢，高弗可及。仙掌岧岧，零露是集。有直其體，有固斯基。休徵攸降，神明攸持。少昊惟好，我后斯固〔三一〕。以介眉壽，以保萬邦。』魏陳王曹植《承露盤銘》曰：『岧岧承露，峻極太清。神石礧磈，洪基岳停。下潛醴泉，上受雲英。和氣四充，翔鳳所經。匪我明后，孰能經營。近歷閶度，三光朗明。殊俗歸義，祥瑞混并。鸞鳳晨棲，甘露宵零。神明攸協，高而不傾。奉戴巍巍，恭統神器。固若露盤，長存永貴。賢聖繼迹，奕世明德。不忝先功，保兹皇極。垂祚億兆，永荷天秩。』李賀《金銅仙人辭漢歌》：『序：魏明帝青龍元年八月，詔宫官牽車西取漢孝武帝捧露盤仙人，欲立置殿前。宫官既折盤，仙人臨載，乃潸然淚下。唐諸王孫李長吉遂作《金銅仙人辭漢歌》。茂陵劉郎秋風客，夜聞馬嘶曉無迹。畫欄桂樹懸秋香，三十六宫土花碧。魏官牽車指千里，東關酸風射眸子。空將漢月出宫門，憶君清淚如鉛水。衰蘭送客咸陽道，天若有情天亦老。攜盤獨出月荒涼，渭城已遠波聲小。』魏既遷漢金銅仙人，而曹植所序乃謂明帝所作。按曹植序曰：『明帝鑄承露盤，莖長十二丈，大十圍，上盤徑四尺，下盤徑五尺，銅龍繞其根，龍身長一丈，背負兩子，自立於上林園，甘露乃降，使植爲頌。』又按《三輔故事》曰：『漢武以銅作承露盤，高二十丈，大七圍，上有仙人掌承露盤。』魏既遷漢盤，又作新盤也。儉又有《承露盤賦》，有曰：『雄幹碣以高立，干雲霧而上征。『蓋取象於蓬萊，實神明之所憑。峻極過於閬風，鳳高翔而弗升味。一作采。和氣之精液，承清露於飛雲。』語亦峭拔。然讀長吉歌，非儉、植可及也。

謝玄暉詩：『風動萬年枝，日華承露掌。』劉孝綽詩：『仙掌方承露，靈烏又轉風。』王褒詩：『御溝槐影出，仙掌露光晞。』岑文本詩：『佳氣浮仙掌，薰風入帝梧。』韓偓詩：『露和玉屑金盤冷，月射珠宮貝闕寒。』張九齡詩：『仙掌明璣入露盤。』李商隱詩：『仙人掌冷三霄露，玉女窗虛午夜風。』楊文公詩：『仙盤露冷蛛絲濕，綺閣香風鳳吹傳。』劉中山詩：『三讓〔三〕月臨承露掌，九雛烏繞守宮槐。』胡文恭詩：『金掌氣寒知露重，玉壺聲近覺天低。』夏英公詩：『沆瀣氣涼仙掌迴，滿盤清露結朱英。』又詩：『宮槐煙煖鶯猶睡，仙掌雲寒露未晞。』盧軗詩：『樹搖仙掌露，庭接玉樓陰。』

校勘記

〔一〕『女』，守山閣本作『氏』。按《世説新語·言語》注有《謝女譜》。

〔二〕『烏』，守山閣本作『烏』。

〔三〕『扈』，守山閣本作『扈』。下同。

〔四〕『摯』，守山閣本作『氏』。

〔五〕『户』字守山閣本無。

〔六〕「道」，守山閣本作「兆」。

〔七〕「至」，守山閣本作「之」。

〔八〕「朐」，守山閣本作「句」。

〔九〕「大」，原作「久」，據守山閣本、墨海本改。

〔一〇〕「璋」，守山閣本作「章」。

〔一一〕「漢」，四庫本原無，小注曰「闕」，據守山閣本補。

〔一二〕「帝」，守山閣本作「祖」。

〔一三〕「帝」，守山閣本作「畤」。

〔一四〕「乂」，守山閣本作「琰」。按兩《唐書》作「蔣乂」。

〔一五〕「二」，守山閣本作「三」，誤。

〔一六〕「呂」，守山閣本作「名」，似屬上讀。

〔一七〕「大元帥封」四字，守山閣本作「闕」，小字注「闕」。

〔一八〕「懋」，原作「楙」，據守山閣本、墨海本、《舊唐書·李晟傳》改。

〔一九〕此處守山閣本有「等」字。

〔二〇〕守山閣本無此四字。

〔二一〕四庫本原作「茅士道曲」，據守山閣本改。

〔二二〕「方」，守山閣本作「彷」。

〔二三〕「佑」，守山閣本作「裕」。下「佑年十二」同。

〔二四〕「必思」，守山閣本作「以興」。

〔二五〕「把」，守山閣本作「挹」。按《南齊書·文惠太子傳》作「把」。

〔二六〕「旋」字原無，據守山閣本、墨海本補。

〔二七〕「木」，守山閣本作「本」。按《太平御覽》卷七六二引作「木」。

〔二八〕四庫本缺「上碧」二字，據守山閣本補。按此兩句《太平御覽》卷七六二作「下静以坤，上轉以乾」。

〔二九〕「軍」，守山閣本作「庫」。

〔三〇〕「鋼」，守山閣本作「銅」。

〔三一〕「固」，守山閣本作「同」。

〔三二〕四庫本闕「讓」字，據守山閣本補。

緯略卷十

孝碑

蔡邕《題曹娥碑》曰：『黄絹幼婦，外孫虀臼。』魏武觀碑，謂楊修曰：『解不？』修曰：『解。』魏武曰：『卿未可言，待我思之。』行三十里，曰：『吾已得之。』令修别記，修曰：『黄絹，色絲也，絶字；幼婦，少女也，妙字；外孫，女子也，好字；虀臼，受辛也，辤字。謂絶妙好辤也。』魏武亦記之，乃與修同，嘆曰：『我才不如卿三十里！』《世説》。劉長卿詩：『舊石曹娥篆，空山禹帝祠。』權德輿詩：『黄絹碑文在，青松隧路新。』此用黄絹二字。惟劉孝綽詩：『孝碑黄絹女，神濤白鷺翔。』此二句妙甚，用孝碑奇特，人所不致思也。

守庚申

唐時衣冠往往守庚申，如皮日休、白樂天諸公是也。道士程紫霄，有朝士夜會終南太乙觀，拉師同守庚申，師作詩曰：『不守庚申亦不疑，此心良與道相依。玉皇已自知行止，任汝三彭説是非。』《洛中記異》。三尸，上尸青姑，伐人眼；中尸白姑，伐人五臟；下尸血姑，伐人胃命。

又曰：一居人頭，令人多思欲、好車馬；一居人腸，令人好飲食、輕恚怒；一居人足，令人好色喜殺。凡庚申日，三尸言人過。古語云：『三守庚申三尸伏，七守庚申七尸滅。』《酉陽雜俎》。甲子、庚申，是中鬼録罪、青府躁穢之日〔一〕，夫婦不可以同席，當清齋不寢。《真誥》。

鳳尾諾《笠澤叢書》有説鳳尾諾

齊高帝使江夏郡王學鳳尾，一學便工，帝以玉騏驎賜之。蓋諸侯箋奏皆批曰『諾諾』，字有尾若鳳焉，蓋花書也。有持二畫求售，乃楊妃並馬上馬圖，題陳宏二字，筆力甚清壯，又如有兩墨跡，如飛燕狀，全類鳳尾者，殊不可曉。徐考之，迺江南李主花書〔二〕。陳宏者，會稽人，天寶間妙於畫，嘗寫明皇御容與太真二圖，筆墨之妙，不可贊嘆。韓子蒼詩：『翠華欲幸長生殿，立馬樓前待貴妃。尚覓君王一回顧，金鞍欲上故遲遲。』即此二圖也。蔡天啓集中亦有此詩，程子山題宋晪景晋〔三〕待制所藏陳宏畫明皇太真聯鑣圖、太真上馬圖詩：『並轡春風禁籞遊，外間底事上心頭。騎驢後日嘉陵道，料得君王始欲愁。阿環百巧專恩寵，自是三郎騃不知。上馬未應渾乏力，要回一顧特遲遲。』余所得二圖，即此本也。

冰　蠶

王貞白寄鄭谷詩曰：『火鼠重燒布，冰蠶獨繭絲。直須天上手，裁作領巾披。』陳標詩：

『吴女秋機織曙霜，冰蠶吐〔四〕線月盈箱。』皮日休詩：『毫端白獺脂猶濕，指下冰蠶子欲飛。』《樂府雜録》曰：『康老子嘗買一舊錦褥，有波斯見之，乃曰：「此冰蠶絲所織，暑月陳於座，則滿室清凉。」』王子年《拾遺記》曰：『東海圓嶠山有冰蠶，長七寸，有鱗角。以霜雪覆之始爲繭，其色五采，織爲文錦，入水不濡，入火不燎。』

青雲干吕

漢武帝時西域遠夷來貢，云常占東風入律，百旬不休，青雲干吕，連月不散，意中國有好道之君，故搜奇藴而貢神香，步天林而清猛獸，乘毳車以濟弱淵，策驥足以度飛沙。《十洲記》。唐清邊道大總管建安郡王攸宜禡牙文曰：『青雲干吕，白環入貢。』蓋用此。唐人曾以此命題試進士，令狐楚詩：『郁郁復紛紛，青霄干吕雲。』王履貞詩：『異方占瑞氣，干吕見青雲。』

娘子兵

平陽公主聞高祖起義兵太原，迺招集亡命以迎軍，時號娘子兵。劉餗《隋唐嘉話》。尉遲乙僧畫平陽公主像，據鞍佩櫜鞬，唐初奇筆，畫馬尤精好，在韓幹上。

比干墓銘

唐開元中，偃師人耕地得古銅盤，篆奇古，其文曰：『右林左泉，後岡前道。萬世之寧，於焉是寶。』考之圖經，乃比干墓銘。《東皐雜記》。《蘭亭續帖》《賜書堂帖》皆有此篆。

水麝

天寶中，虞人獲水麝，臍香皆水也，每取，以針刺之，香氣倍於肉麝。出《䨱香後譜》。

辟寒香

漢武時，外國貢辟寒香，室中焚之，雖大寒，人必減衣。徐鉉《述異記》。魏明帝時昆明國貢嗽金鳥，飼以真珠，飲以龜腦，常吐金屑如粟。鳥性畏寒，處之小室，水精爲户，内外通光，名辟寒臺。宫人以鳥吐金飾釵，謂之辟寒金。《洞冥記》。許渾詩：『還磨照寶鏡，猶插辟寒金。』唐交趾國進犀一株，以金盤置於殿中，暖氣襲人，使者曰：『此辟寒犀也。』王仁裕《開元天寶遺事》。唐李商隱詩有云『犀辟塵埃玉辟寒』，則玉亦辟寒矣。唐東夷所貢之玉，長尺數寸，積之可以燃鼎，置之室中，不復挾纊，當是此玉也。又有卻寒鳥者，唐懿宗朝賜公主出降簾，云是此鳥骨織。簾紫色而斑若玳瑁，懸簾則暖。《物類相感志》。

史叙事

晋張輔曰：『司馬遷叙三千年事，五十萬言；班固叙二百年事，乃八十萬言。自昔史氏所書，兩人一事，則曰語在某人傳。《晋書》載王隱諫祖約弈棋一段，幾二百字，兩傳俱出，此爲文煩矣。』《孔氏雜説》。

餫餅

人呼胡餅爲鶻餅，胡骨切。又呼爲餫餅。户烏切。然餫字從食從固，王乂注曰：『餫，餅也。今所謂餫餅者，即此義此字也。』《釋名》曰：『餅，并也。搜搜麪使合并也。胡餅言以胡麻著之也。』崔鴻《前趙録》曰：『石季龍諱胡，改胡餅曰麻餅。』《晋書》曰：『王長文在市中齧胡餅。』《肅宗實録》曰：『楊國忠自入市，衣袖中盛胡餅。』《緗素雜記》曰：『張公所論，有鬻胡餅者，不曉名之所謂，易其名爲爐餅，以爲胡餅者胡人所啗，故曰胡餅也。』趙毅《大業雜記》曰：『隋高祖意在忌胡，器物涉胡言者咸令改之。胡床曰交床，胡荽曰香荽，胡瓜曰黄瓜。然江都執帝者乃令狐行達也。』

滕王蛺蝶圖

王建《宫詞》：『内中數日無呼唤，寫得滕王蛺蝶圖。』《酉陽雜俎》曰：『《滕王畫蝶圖》有數名，江夏班、大海眼、小海眼、村裏來、菜花子。』《唐・藝文志》有《滕王蛺蝶圖》一卷。滕王名元嬰，高祖子。又有嗣滕王湛然，畫蜂蟬燕雀，能巧之外，曲盡情理。《唐名畫録》。后山賦宗室畫詩：『滕王蛺蝶江都馬，一紙千金不當價。』用事精也。

七入書府

徐堅多識典故，七入書府。《大唐遺事》。應璩《百一詩》：『問我何功德，三入承明廬。』蘇頲詩：『最榮三入地，還美再來時。』宋之問詩：『三入文史林，再拜神仙署。』此用承明三入事耳，况七入書府乎？馬融以通博，三入東觀，亦非可及也。

爾雅

《爾雅注》今所傳者郭璞、孫炎耳，所謂樊光《爾雅注》、李巡《爾雅注》、沈璇《爾雅集注》已不可復見。郭璞有《爾雅圖》，江灌有《爾雅圖贊》，皆奇書，是亦不減《山海經圖》也。張揖既作《博雅》，劉伯莊又有《續爾雅》，草木蟲魚該括略盡。《選》中惟郭璞特注《上林賦》，張揖又注之，他人不及其精確也。其他所謂《孝經爾雅》《石經爾雅》《蜀爾雅》《蕃爾雅》《小爾雅》，皆自成一書也。

滕六降雪

晋州刺史蕭至忠將以臘日畋游，有樵者於霍山見一長人，俄有彪兕鹿豕狐兔騈匝，長人曰：『余玄冥使者，奉北帝命，臘日有蕭使君畋獵汝等，若干合鷹死，若干合箭死。』有老麋屈膝求救，使者曰：『東谷嚴四善謀。』羣獸從行，薪者随覘之。茅堂中有黄冠一人，老麋哀請，黄冠曰：『若令滕六降雪，巽二起風，即蕭使君不復獵矣。』薪者回。未明，風雪，蕭使君果不出。此雪中故事之奇詭也。夫有所謂豐隆、屏翳，則滕六、巽二固爲神矣。以巽二爲神，尤曉然。《神仙感遇傳》曰：『葉仙韶遇雷神授以墨篆，曰行之可以致雷，立功救人。吾兄弟五人，要聞雷聲，但唤雷大、雷二。』此曰雷大、雷二，則雪可滕六，風可巽二矣。

答客難

東方朔《答客難》、揚雄《解嘲》、班固《賓戲》、崔駰《達旨》、崔寔《答議》、蔡邕《釋誨》、陳琳《應議》，皆出於《客難》而作，然其雄放豪特皆不能及也。

紅靺鞨

文與可《朱櫻歌》：『金衣珍禽弄深樾，禁籞朱櫻斑若纈。上幸離宮促薦新，藤籃寶籠貂璫發。凝霞作丸珠尚軟，滴露成津蜜初割。君王日午坐猗蘭，翡翠一盤紅靺鞨。』此歌最稱奇絕。然靺鞨二字人少用。按《唐寶記》曰：『紅靺鞨，大如巨栗，赤爛如朱櫻，視之如不可觸，觸之甚堅，不可破。』施此事於櫻桃，尤爲奇切，不讀《寶記》，未知文公用事之妙也。王元之《櫻桃》詩：『磊落火齊珠，參差珊瑚叢。』便不及。

《南史》曰：『天竺國出火齊，狀如雲母，色如紫金，有光耀。別之則如蟬翼，積之則如紗縠之重沓。』王子年《拾遺記》曰：『董偃常卧延清之室，設火齊屏風。』張衡《西京賦》曰：『翡翠火齊，絡以美玉。』《集韻》曰：『琉璃火齊珠。』《說文》曰：『火齊，玫瑰也。』

乾坤一彈丸

蔣潁叔《觀太史局銅渾儀》詩：『日月雙連璧，乾坤一彈丸。』彈丸字出孔潁達，曰：『天包地外，猶雞卵之裹黄，圓如彈丸。』然《漢書》曰：『日月如連璧耳。』連璧二字出《易坤靈圖》，曰：『至德之明，日月若合璧。』余愚見用『日月雙旋蟻』對之亦佳。旋蟻二字出《抱朴子》，曰：『天圓如蓋，地方如棋局。天闕文七字。蟻行磨上，磨左旋，蟻右去，磨行速，蟻不得已闕文五字。

對彈丸尤妙。

水精如意

李商隱詩：『水精如意玉連環，下蔡城危莫破顔。』吴孫和悦鄧夫人，常置膝上。弄水精如意，悮傷夫人頰，醫和白獺髓，雜玉琥珀屑爲粉傅之，瘡滅，頰上猶有赤點如痣，視之益妍媚。商隱詩正用此。東坡梅花詩：『檀心已作龍涎吐，玉頰何勞獺髓醫。』亦用此也。

北風圖

漢桓帝時劉褒畫《雲漢圖》，見者皆熱；又畫《北風圖》，見者復寒。《博物志》。隋朝官本有衛協畫《北風圖》一卷，不復有漢人之筆矣。然古人多好以詩爲圖，陸探微有《新臺圖》，衛協又有《黍離圖》，司馬昭又有《豳風七月圖》，戴安道作《南都賦圖》，人尚以爲有益，而況以詩爲圖乎？

芸　臺

傅亮詩：『柔荔迎時萋，芳芸應節馥。』庾信詩：『芸香上筵閣，碑石向鴻都。』崔備詩：『舊帙芸香在，空奩藥氣餘。』周朴詩：『金馬門前馬，芸香閣上香。』按魚豢《典略》曰：『芸香，草也，辟紙蠹魚，藏書臺稱芸臺，藏書閣稱芸閣。』已上四詩皆言香也。許慎《説文》曰：『芸似苜蓿。』《雜禮圖》曰：『芸即蒿也。葉似邪蒿，香美可食。今江東人茹爲生菜，甚香。古之祕閣以辟書魚。』

徐陵謝饌啓

陳徐陵《謝敕賜祀三皇五帝饌餘啓》曰：『甘泉之殿，舊禮羲軒。長樂之宫，本圖堯舜。東京晚世，曠代無聞。西漢盛儀，復覩今日。金壺流十旬之氣，玉案備千品之羞。昔絳羅爲薦，既延王母。紫蓋爲壇，允招太乙。同斯美號，理致衆皇。臣以餘年，預陪清祀。如登瑶席，遂飲瓊漿。』如陵啓所云，則武帝甘泉之祀，不止太乙。文帝時，詔繪古帝王名臣像於殿壁。又漢明帝好畫，别立畫官，詔博洽之士班固、賈逵輩取經史事畫之，起伏羲，凡五十，謂之畫贊。此所謂長樂之宫，本圖堯舜也。

金仙氏

楊文公《龍泉金沙塔院記》曰：『金仙氏之教，有自來矣。身毒之國，紀於《山經》。竺乾之師，聞於柱史。西京名將得休屠祭天之神，東漢諸王爲蒲塞桑門之供。道之行也，源遠乎哉！』此可謂善用事。最是《山海經》、老子二事，古今人皆不曾用。

昭華玉

帝堯見舜於二宫而問政，試以五典，舜遂舉八凱，使佐后土，以揆八〔五〕事，八元使布五教於四方。舜有大功二十，堯乃賜舜以昭華之玉，老而命舜代以攝政。昭華玉者，律琯也，又曰昭華管，秦府庫中玉笛也。長二尺三寸，六孔，吹之則見車馬山林隱鱗相次，息並不復見，其上銘曰『昭華之管』。《博物志》。庾信詩：『更愛昭華玉，還披蘭葉圖。』胡文恭詩：『仙致昭華玉，神來弱水香。』唯夏英公詩：『延喜靈珪上，昭華瑞琯中。』乃用琯字也。

車渠椀

魏文帝《車渠椀賦》曰：『料珍怪之上美，無兹椀之獨靈。包華文之光麗，發符采而揚榮。』曹植王粲《車渠椀賦》曰：『挺英才於山嶽，含陰陽之淑貞。光清朗以内曜，澤温潤而外津。』應瑒《車渠椀賦》曰：『惟斯椀之所生，於凉風之峻湄。隱神璞於西野，擬朝陽而發暉。』潘尼《琉璃盌賦》曰：『惟斯椀之奇瑋，誕靈岳而奇生。蔭碧條以納曜，噏朝霞而發榮。』江總《瑪瑙盌賦》曰：『覽方貢之彼珍，瑋兹椀之獨奇。濟流沙之絶險，越葱嶺之峻危。』『出崑崙之仙阜，觴玄洲之玉酒。』皆奇語。

流蘇

流蘇，是四角所繫，盤線繪繡之毬，五色同心而下垂者。流蘇帳者，古人繫帳之四隅以爲飾耳。張師正《倦游録》。江總詩：『銀床金屋挂流蘇，寶鏡玉釵横珊瑚。』劉孝威詩：『機頂挂流蘇，機傍垂結綵。』徐陵詩：『流蘇金帳挂香囊，織成羅幔隱燈光。』温庭筠詞：『油壁車輕金犢肥，流蘇帳曉春雞早。』

若下水

《吴録》曰：『長城若下酒。』張協《七命》曰：『荆南烏程，豫北竹葉。』即此酒也。《輿地志》曰：『南岸曰上若，北岸曰下若。村人取若下水釀酒，醇美勝於雲陽。』又曰：『霅水，亦若下之異名。』

《七命》所云『荆南烏程，豫北竹葉』，説者以荆南爲荆州。然烏程縣在今湖州，與荆州相去甚遠。縣南五十步有若溪，夾溪悉生箭箬，南岸曰上箬，北岸曰下箬，居人取下箬水釀酒，醇美，俗稱箬下酒。劉夢得『駱駝橋下蘋風起，鸚鵡杯中箬下春』，即此也。荆溪在縣南六十里，以其水爲荆山出，因名之。張玄之《山墟名》云：『昔漢荆王賈登此山，因以爲名。』所謂荆南烏程，即荆溪之南耳。若以爲荆州，則烏程去荆州三千餘里，封壤大不相接矣。以《湖州圖經》考之，烏程縣以古有烏氏、程氏居此，能醖酒，因此名焉。其荆溪别在長興縣西南六十里，此溪出荆山。張協《七命》所云『酒則荆南烏程』，所謂荆南者，荆溪之南也。李賀詩：『樽有烏程酒，爲君千里壽。』即此也。宋景文公《送張説赴吴興幕》詩：『政餘底處邀真賞，洲上風蕢箬下杯。』

神　氣

神者氣之子，氣者神之母，形者神之室。氣清則神暢，氣濁則神昏，氣亂則神勞，氣衰則神去，室空則形腐。人以神爲道，以道爲生，生道兩存，故長生久視。出《修真秘訣》。欲養神先須養氣，養氣先須養腦，養腦先須養精，養精先須養血，養血先須養唾，養唾先須養水。而九還七返者，大而論之一年，小而論之一日，北斗一日一夜一周天，天降地騰，從寅至申爲七返，卻到坤爲九還。《修真秘訣》。八公有言：食草者力，食肉者勇，食穀者智，食氣者神。《吐納經》。欲爲道者，口常吐死氣，取生氣，慎笑節語，常思其形。陶弘景《真誥》。

東坡論文選

《文選》編次無法，去取失當，齊梁文字衰陋，蕭統尤爲卑弱。如李陵五言皆僞；今日觀《淵明集》可喜者甚多，而獨取數篇。淵明作《閑情賦》，正所謂《國風》好色而不淫，正使不及

《周南》，與屈宋所陳何異，而統大譏之，此小兒强解事也，予固不敢妄議。如《楚詞·九歌》凡十有一，孰爲可取，孰爲可删，而《文選》僅取其半耳。至若李龍眠作《九歌圖》，則《國殤》《禮魂》便不能畫矣。然畫又非《文選》之比。

屬車

《隋志》曰：「昔諸侯貳車九乘，秦滅九國，兼其車服，故爲八十一乘。漢猶不改。武帝祠太一甘泉，則盡用之。明帝上原陵又用之。法駕三十六乘，小駕十二乘。隋開皇中，大駕十二乘，法駕減半。大業初，屬車備八十一乘，煬帝問於閻毗，毗曰：『此起於秦，故張衡賦曰「屬車九九」是也。』」

黿礎

吴王射堂，柱礎皆如伏黿。徐鉉《述異記》〔六〕。袁宏《宫賦》曰：「海黿之礎。」宋景文公作燕肅簡挽詩：「七兵榮贈册，沈礎賁黿趺。」用黿礎二字。

白字本草

滕元發云：「一善醫者，惟取《本草》白字藥，用之多驗。」蘇子容云：「黑者是漢人益之。」

東坡。《本草》一書，豈可不熟？ 如權德輿詩中：『邦均禹貢上，藥驗桐君。』李羣玉詩『注藥陶貞白，尋山許遠游。』王績詩：『行披葛公注，坐驗農皇帙。』杜甫詩：『藥纂西極名，兵流指諸掌。』李益詩：『草木分千品，方書問六陳。』皆留意於此者。

寒具

桓玄愛重圖書，每以示賓客。有不好事者，正食寒具，以手捉書畫，大點污。玄惋惜移時，自後每出法書，輒令洗手。張彦遠《名畫記》。所謂『上有晋人寒具油』者是也。寒具二字，出《周禮·籩人》注曰：『清朝未食，先進寒具口實之籩。』《齊民要術》。《食經》曰：『寒具，今之鐶餅也。』宋景文公詩：『客詠南窗蒲齒勝，食無寒具畫厨開。』然則《劉禹錫佳話》有《寒具》詩云：『纖手搓來玉數尋，碧油輕蘸嫩黄深。夜來春睡濃於酒，壓匾佳人纒臂金。』迺以捻頭爲寒具也。即饊子也。《東坡集》有此詩，言《佳話》謂之捻頭。

古硯

唐人詩：偶忘姓名。『癖性愛古物，終歲求不得。昨朝得古硯，蘭河灘之側。波濤所擊觸，背面生隟隙。質狀朴且醜，令人作不得。』讀此詩，可謂好事之至，硯之瓌古可想矣。劉禹錫詩：『黑[七]君灘頭揀石硯，白帝城邊尋野蔬。』

瘞鶴銘

歐公曰：『《瘞鶴銘》題云華陽真逸撰，刻於焦山之足。』按《潤州圖經》云王羲之書，然筆法不類羲之而類顔魯公。華陽真逸，顧况道號。碑無年月，疑前後有人同斯號者。杜子美詩：『山陰不見换鵝經，京口空傳瘞鶴銘。』真作右軍書矣。按《陶隱居畫傳》曰：『隱居號華陽真人，晚號華陽真逸。』則《瘞鶴銘》爲隱居不疑。及〔八〕日休悼羽士詩：『大椿枯後新爲記，仙鶴亡來始有銘。』且言前朝文集未有悼道士碑銘，其用鶴銘，可謂神奇。

范蠡遊五湖圖

陳恭公判亳州，遇生日，親族多獻老人星圖。姪世修獨獻《范蠡遊五湖圖》，且贊曰：『賢哉陶朱，霸越平吴。名遂身退，扁舟五湖。』公即日納印，明日致仕。魏泰《雜録》。《隗囂傳》曰：『范蠡收責勾踐，乘舟於五湖。』注曰：『《計然》云：范蠡乘舟於五湖。』遊五湖見此。韓魏公初罷相，出鎮長安，或獻詩曰：『是非莫問門前客，得失須憑塞上翁。引取碧油紅旆去，鄴王臺畔醉春風。』公以爲然，請守相州。畢仲詢《幕府燕閒録》。

列女圖

此圖自密康公母至趙括母凡十五。考之《劉向傳》，乃『仁智』一卷。世傳龍眠李公麟所作，然按隋朝官本有衛協畫《列女圖》一卷，隋王廣有《列女仁智圖》一卷，陳公恩有《列女貞節圖》《仁智圖》。李氏之筆，固當祖述於此。又按後漢順烈梁皇后常以列女畫於左右，以自監戒。《本紀》。又後漢宋弘常燕見，御座新屏風圖畫列女，帝顧視之，弘正容言曰：『未見好德如好色者。』光武即命撤之。觀此則《列女圖》又始於漢矣。

養　生

太祖召華山陳摶問養生之術，摶曰：『得便宜處再莫去。』上大喜。胡訥《見聞録》。任惠公晚年康强，或問養生之術，公曰：『讀《文選》而有悟耳。』所謂石韞玉而山輝，水含珠而川媚是也。《春明退朝録》。

宅　經

凡宅東下西高，富貴雄豪；前高後下，絶無門户；後高前下，多足牛馬。凡宅地欲坦平，名曰梁土，後高前下，名曰晋土，居之並吉；西高東下，名曰魯土，居之富貴，當出賢人；前高後下，名曰楚土，居之凶；四面高中央下，名曰衛土，居之先富後貧。

碧落碑

絳有碑篆千餘字，李陽冰愛之，其中有碧落二字，謂之《碧落碑》。後有識者云：有唐十三祀，龍集敦牂，孝子李訓等爲母造道門尊像。唐潘遠《記聞談》。其一曰絳州碧落觀，龍朔中刺史李諶爲母太妃追薦所造，神人所篆。《洛中紀異》。沈羲飛昇，有白鹿青龍車，羽衣持節以青玉界丹版〔九〕拜羲爲碧落侍郎。碧落，天也。《列仙傳》。唐翟楚賢有《碧落賦》，多奇語，今録於此。

散幽情於曩昔，凝浩思於典墳。太初與其太始，高下混其未分。將視之而不見，欲聽之而不聞。爰及寥廓，其猶槖籥。輕清爲天而氤氳，重濁爲地而盤礴。爾其動也，風雨如晦，雷電共作。爾其静也，體象皎鏡，是開碧落。其色清瑩，其狀冥寞，雖離婁明目兮未能窮其形；其體浩瀚，其勢瀰漫，縱夸父逐日兮不能窮其畔。浮滄海兮氣渾，暎青山兮色亂。爲萬物之羣首，作衆才之妙觀。至妙至極，至神至虚。莫能測其末，未能定其初。五石難補，九野環舒。星辰麗之而照曜，日月憑之而居諸。非吾人之所仰，實列仙之攸居。爾乃遺塵俗，務遐躅，養空棲無，懲忿窒慾。凌清高而自遠，振羽衣以相屬。七日王君，永别緱山之上；千年丁令，暫下遼水之曲。别有懷真俗外，流念仙家。撫鼅鶴而增感，顧蜉蝣而自嗟。乃鍊心清志，洗煩蕩邪。凝魂於祕府，馳妙於飧霞。雲梯非遠，天路還賒。情恒寄於綿邈，願有託於靈槎。

分風送船

《荆州記》曰：『洞庭湖神一曰宫庭湖。遇客祈禱，能分風送南北船。』《拾遺記》。漢曹毗詩：『分風爲二，擘流成兩〔一〇〕。』劉剛詩：『迴艫乘泒水，舉櫂逐分風。』正謂此也。漢鄭弘少時采薪得一遺箭，頃之有人覓箭，問弘何所欲，弘識其神人也，答曰：『常患若耶溪載薪爲難，願朝南風、暮北風。』後果然，世號樵風。《水經》曰：『鄭弘少以清節自居，恒躬采伐，用貿〔一一〕糧膳。每出入溪津，常感神風送之。村人貪藉風勢，常依隨往還。有淹留者，徒輩相謂曰：「汝不欲及鄭公風耶？」』其感致如此。宋之問詩：『歸舟何路遠，日暮便樵風。』秦系《題鏡湖野老所居》詩：『湖裏尋君去，樵風送往返。』孟浩然詩：『帆得樵風送，春逢穀雨晴。』皮日休詩：『海月爲京信，樵風送酒船。』胡文恭公詩：『雨别荆臺夢，風迴越水樵。』錢公輔詩：『仙客常因一箭贈，樵風長到五雲間。』允初《徽鏡湖故事》詩：『將尋煉藥井，更逐賣樵風。』楊億《送越僧》詩：『花雨六時飄講席，樵風千里送浮杯。』齊唐〔一二〕詩：『濯足樵風波，振衣禹穴巔。』吴奎詩：『樵風漾歸舟，飄然一葉輕。』分風南北，蓋不止若耶溪也。

賀雪

賀雪之禮，起於唐李洞詩：『賀雪已成金殿夢，看濤終負石樓期。』劉庭琦詩：『姑射山中符聖壽，芙蓉闕下降神車。』李嶠詩：『大周天闕路，今日降神車。』韋應物詩：『厠跡鵷鷺末，蹈舞豐年期。』正是賀雪時所作也。然唐故事雪中多宴羣臣。宗楚客詩：『太乙天爲水，蓬萊雪作山。』徐彦伯詩：『瓊樹留宸矚，璇花入睿詞。』張説詩：『含花雪告豐。』李適詩：『寫曜銜天藻，呈祥拂御衣。』此皆是雪中侍宴應制也。《唐類表》有《賀雨雪表》一卷，賀表亦始於此。

五夜

《漢舊儀》曰：『中黄門待五夜。』謂甲乙丙丁戊也。唐太宗所謂甲夜理事，乙夜觀書者本此。《顔氏家訓》曰：『或問一夜五更何所訓，答曰：漢魏以來，謂甲夜、乙夜、丙夜、丁夜、戊夜，又謂之五更，皆以五爲節。《西都賦》曰「衛以嚴更之署」，必以五爲節者，言自夕至旦，經涉五時，雖冬夏之晷，長短參差，而盈不盡六，縮不至四，進退五時之間，故曰五更也。』唐韋珣嘗問劉禹錫曰：『五夜者甲乙丙丁戊相更迭耳，而又有子夜，何耶？』晋時有子夜者善歌，子夜，女子名也，故李義山云：『鶯能歌子夜。』又云：『心酸子夜歌。』太白亦有子夜歌行。韋珣以子夜爲五更之數，非也。又有所謂午夜者，爲半夜時如日之午也。李長吉《七夕》詩『羅幃午夜愁』，杜少陵所謂『午夜漏聲催曉箭』是也。獨更點之制，無所著見。韓愈詩：『雞三號更五點。』李郢詩：『江風徹曙不成睡，二十五點秋夜長。』李商隱詩：『金殿銷香閉綺籠，玉壺傳點咽銅龍。』惟此三詩言點也。陳伏知道《從軍五更轉》詩曰：『一更刁斗鳴，校尉逴連城。遥聞射鵰騎，懸憚將軍名。二更愁未央，高城寒夜長。試將弓學月，聊持劍比霜。三更夜警新，横吹獨吟春。强聽梅花落，誤憶柳園人。四更星漢低，落月與雲齊。依稀北風裏，胡笳雜馬嘶。五更催送籌，曉色映山頭。城烏初起堞，更人悄下樓。』

禁城鐘鼓五更已竟，而外間刻漏方交五更。殺五更後，禁城不復更擊鐘，需平明漏下二刻，方椎鼓數十聲，門開。唐王建詞：『每夜停燈熨御衣，銀熏籠底火霏霏。遥聽帳裏君王覺，上直鐘聲始得歸。』本朝王岐公《宫詞》：『焚香先熨赭黄衣，恐怕陽臺進御遲。禁鼓六更交早直，歸來還是立班時。』質之二詞，禁中更鼓，不究平曉者，蓋交更之際，翼日當直宫女，須以未曉前先表受事，則凡應奉早朝皆可夙辦。若候正交五更始來，則不及事矣。王建所謂上直鐘聲者，禁中五更曉鐘也；岐公所謂六更者，明宫殿五更之外更有一更也。其實宫中以外間四更促爲五更耳。至如郊祀大祀，車駕宿齋青城，則齋殿門外内五更均促使短；如宫中常節至青城門外，則五更平分，須曉乃竟，故奉常禮皆於宫漏之外。

圓覺

《書・説命》：『厥德修罔覺。』只一覺字。《孟子》：『以先知覺後知，以先覺覺後覺，予將以斯道覺斯民也。』凡兩言之，亦十字。《圓覺經》中説覺字及圓覺菩薩號共一百八十覺字，是何言之之切、悟之之艱也？如《華嚴經・梵行品》一連用三十七耶字，又二耶字在前不連文，此一品連用耶字之勢甚衮衮，是蓋譯潤之功也。

青硯

古人多用青硯，蓋端歙始著乎唐耳。庾肩吾《謝銅硯筆格啟》曰：『煙磨青石，已践孔子之壇；管插銅龍，還笑王生之壁。』《硯譜》曰：『淄川金雀石，色紺青，聲如金玉。』又曰：『李後主青石硯墨池中，黄石如彈丸，水常滿，終日不耗。後歸朝，陶穀見而異之，硯大不可持，乃取石彈丸去。後主曰：「惟此石彈丸能生水。」索之良苦，陶碎之，石破，中有小魚，跳地上即死。自是硯無復潤澤。』東坡《雜説》曰：『陸道士蓄一硯，圓首斧形，色正青，皆有斜月紋，甚能光墨而宜筆。』今《山川記》載蔡子池青石可爲硯，正此之類也。

翠粲

陸放翁嘗問余曰：『比在成都市時，見綵帛鋪，牓曰「翠色真紅」，殊不曉所謂。紅而曰翠，何也？』余曰：『嵇康《琴賦》曰：「新衣翠粲，纓徽流芳。」班婕妤《自悼賦》曰：「紛翠粲兮紈素聲。」翠粲取其鮮明也。東坡牡丹詩：「一朵妖紅翠欲流。」蓋取鄉語。』放翁擊節大喜。

少卿章岵嘗官於蜀，持吴羅朔綾至官，與川帛同染紅。後還京師，經海潤，吴朔之帛色皆渝變，惟蜀者如舊。後詢蜀人之由，乃云蜀之蓄〔一三〕蠶與他邦異，當其眠將起時，以桑灰餵之，故其色然。世之重川紅，多以染之良，蓋不知由蠶所致也。

卷　什

沈約《宋書·謝靈運傳》曰：『紛披風什。』五臣注曰：『十篇同卷謂之什。』今之詩家作一篇遽曰什，非也。柳子厚《答沈起書》云：『今乃五十篇之贈，其數相什。』宋景文公詩：『棲遲自樂周人什，偃息終非魏國藩。』此方用得是。

校勘記

〔一〕四庫本闕『罪』、『府』二字，據守山閣本、墨海本補。

〔二〕『主』，原作『王』，據守山閣本、墨海本改。

〔三〕守山閣本無『晋』字。

〔四〕『吞』，守山閣本作『吐』。按《文苑英華》卷一百九十三引作『吐』。

〔五〕『八』，守山閣本作『百』。

〔六〕原作『徐鉉述記』，守山閣本作『述異傳』。本卷『辟寒香』條有『徐鉉《述異記》』。按本條及『辟寒香』條均見梁任昉《述異記》。

〔七〕四庫本闕『黑』字，據守山閣本、墨海本補。

〔八〕『及』，守山閣本作『皮』。

〔九〕「丹版」，守山閣本作「詔書」。

〔一〇〕「擘」，守山閣本作「劈」。

〔一一〕「貿」，守山閣本作「資」。

〔一二〕「齊唐」，守山閣本作「曹唐」。

〔一三〕「蓄」，守山閣本作「畜」，誤。

緯略卷十一

儲胥

《漢書》曰：『武帝因秦林光宫，元封二年增通天、迎風、儲胥、露寒。』《長楊賦》曰：『木雍搶纍以爲儲胥。』顔師古曰：『儲，峙也。胥，須也。以木雍搶及纍繩連結以爲儲胥，言有儲蓄以待所須也。』宋景文公《傷孟昭圖》詩：『密疏叩儲胥。』又侍宴詩：『秋色遍儲胥。』又思歸老詩：『至今三籍在儲胥。』《答朱彭州》詩：『九蕃宫樹老儲胥。』又《續春詞》：『蒼龍驅暖入儲胥。』其實儲胥乃宫宇之名，露寒是名，儲胥何爲不是名？

豕苓

《莊子》曰：『藥也，其實堇也，桔梗也，雞壅也，豕苓也，是時爲帝者也。』郭注曰：『當其所須則無賤，非其時則無貴，故此數種若當其時而用之則爲主，故曰是時爲帝者也。』孫真人方所謂五苓散，凡五味木猪苓爲主，故曰五苓，其法蓋與莊子之言合。

周祇月賦

謝莊《月賦》曰：『日以陽德，月以陰靈。』唐沈明賦曰：『日有朝靈，月有宵德。』蓋出於此，良佳。擅扶光於東沼，嗣若英於西溟。』宋周祇《月賦》曰：『二氣理化，精者能鏡。陽得一以朗旦，月待終而夕[illegible]。其狀也，氣融結〔一〕而照遠，質明潤而真〔二〕虛。弱不廢照，清不激汙。』意氣之高，不在謝莊下也。

鮚　醬

《漢書》曰：『漢律，會稽獻鮚醬二升。』鮚，蜯蜃之屬，今大蛤音姞也〔三〕。梁劉孝綽《謝〔四〕晉安王賚鰕醬啟》曰：『龍醬傳甘，退誠可陋。蚳醢稱貴，追覺失言。』《吴録·地理志》曰：『鱟子如麻，取以爲醬，甚美。』又如所謂鱟醬鰕鮓，天暖未能多致。凡醢醬之屬，雖甚幺微，未有不出於古人之法也。

五色雁　赤雁

《漢書·郊祀志》曰：『宣帝於河西築世宗廟，告祀，有五色雁集殿前。』《唐書》曰：『貞元十年，同州獻五色雁。』昔武帝行幸東海，獲赤雁，作《朱雁之歌》，故班固曰：白麟赤雁、芝房寶鼎之歌薦於郊廟。《禮樂志》曰：『赤雁集六，紛員殊翁，雜五采文。』孟康曰：『翁，雁頸也，言其文采殊異也。』即是五色雁矣。許敬宗詩：『塞門朱雁入，郊藪紫麟游。』元稹詩：『池篥呈朱雁，壇場得白麟。』

東南一尉

周庾信《慶平鄴表》曰：『泰山梁甫以來，即有七十二代。龍圖龜書之後，又已三千餘年，雖復制法樹司，禮樂殊異，至於文離武落，剡木弦弧，席卷天下之心，包吞八荒之志，其揆一焉。政須東南一尉，立於北景之南；西北一候，置於交河之北。』東南一尉、西北一候，揚雄之言也，此用得妙。漢制，郡置尉，事體深重，始馮翊之高陵、扶風之郿，迄交趾之麓冷、合浦之珠崖，郡國一百三，爲都尉治者九十有四。班固志中並不及此，可謂闕典之大者。其他如關都尉、農都尉、屬國都尉、匈奴渾懷都尉、玉門陽關都尉，有官制所名者，有因事創置者，如王孫一作新爲右輔尉，梅福爲南昌尉，趙廣漢爲京輔尉，尹翁歸爲弘農尉，毋將爲沛郡尉。

錦瑟

唐李義山《錦瑟》詩：『錦瑟無端五十絃，一絃一柱思華年。莊生曉夢迷蝴蝶，望帝春心托杜鵑。滄海月明珠有淚，藍田日暖玉生煙。此情可〔五〕待成追憶，只是當時已惘然。』山谷道人讀此詩，殊不曉其意，後以問東坡，坡云：『此出《古今樂志》，云：錦瑟之爲器也，其絃五十，其聲感怨清和。』按李詩『莊生曉夢迷蝴蝶』，感也；『望帝春心托杜鵑』，怨也；『滄海月明珠有淚』，清也；『藍田日暖玉生煙』，和也。一篇之中，曲盡其意，史稱其瑰邁奇古，信然。劉貢父《詩話》以謂錦瑟乃當時貴人愛姬之名，義山因以寓意，非也。

新舊火

《隋書·王劭傳》曰：『劭以古有鑽燧改火之義，近代廢絕，於是上表請變火曰：「臣謹按《周官》四時變火以救時疾。火不數變，時疾必興，聖人作法，豈徒然也？」』今温酒及炙肉用石炭、柴火、竹火、草火、麻荄火，氣味各不同，以此推之，新火、舊火，理應有異。

金像銘

北齊邢子才《金像銘》曰：『妙形難像，至理希詮〔六〕。形之所及，理亦在焉。神儀内瑩，寶相外宣。應靈肸蠁〔七〕，感發大千。圓光照耀，映被無邊。托銘斯在，曠劫方傳。』此數句佳作也。比年得一金銅菩薩像，真所謂神儀内瑩，寶相外宣者。唐李嶠有《金銅瑞像記》，蓋屑金銀珠玉七寶以範之。此菩薩像縱非六朝，亦是唐舊物，近代未嘗作此也。

靈芝宫

王安國直宿崇文院，夢有邀至海上，宫殿甚盛，笙簫大作，題曰『靈芝宫』。有一人隔水止之曰：『時未至，且令去！』恍然夢覺，禁鐘已鳴矣。平甫爲詩曰：『萬頃波濤木葉飛，笙簫宫殿號靈芝。揮毫不似人間世，長樂鐘聲夢覺時。』後四年卒。曾鞏夢與平甫會，因弔之，平甫笑不止。傍一人曰：『平甫已列仙官〔八〕矣，樂非塵世比也。』魏泰《雜記》。如馬周爲素雪宫仙官，李賀作《白瑶宫記》，陶弘景爲蓬萊都水監，固有此事也。平甫女名茂者，有刻石曰：『曾子固舊有夢，記以述其事。』子固之文不復見矣。

東坡曰：『余在潁川，夢至一官居，人物與俗無異，而山川清遠，有足樂者。顧視堂上，榜曰「仇池」。覺而念之，仇池，武都氏故地，楊難當所保，余何爲居之？明日以問客，客有趙令時德麟者，曰：「何爲問之？此乃福地之小有，洞天之附庸也。杜子美蓋云：『萬古仇池穴，潛通小有天。神魚人不見，福地語相傳。近接西南境，長懷十九泉。何時一茆屋，送老白雲邊。』」他日工部侍郎王欽臣仲至，謂余曰：「吾嘗奉使歸，過仇池，有九九泉，萬山環之，可以避世如桃源也。」』《唐書・志》：成州同谷縣有仇池，與秦州接壤。又東坡送范景仁遊洛中詩：『蘚書標洞府，松蓋偃天壇。』注：『歐陽永叔嘗遊嵩山，日暮於絶壁上見苔蘚成文云：「神清之洞」。明日復尋，不見。』又六一居士集有《戲答〔九〕唐山隱者》詩：『我昔曾爲洛陽客，偶向巖前坐盤石。四字丹書萬仞崖，神清之洞鎖樓臺。』蓋紀此事。余謂二公神仙中人，宜所夢所見之異也。《括異志》：『慶曆中，有朝士將曉赴朝，見美女三十餘人，靚粧麗服，兩兩並馬而行，丁度觀文按〔一〇〕轡於其後。朝士驚曰：「丁素儉約，何姬之衆耶？」有一人最後行，朝士問曰：「觀文將宅眷何往？」曰：「非也，諸女御迎芙容館主。」俄聞丁卒。』歐陽仲淳父曰：『嘗夢上帝命我爲長白山主。』明年卒。東坡有詩：『死爲長白主，名字書絳闕。』按《松漠紀聞》：『長白山在今〔一一〕山東南，白衣觀音所居。其山禽獸皆白，人或穢之，必致虵虺之害也。』

泰節二卦

真宗召大理評事馮元説《周易・泰卦》，元敷述卦體，以謂地天爲泰，言天氣下降，地氣上騰，然後交泰，猶君下接於臣，則臣上承於君，然後君臣道通。若天以高亢位上，則地無由得交於天，天地不相交，何由得泰？君以尊大自恃，臣無由得接於君，君臣不接，何由得泰？石介《三朝聖政録》。皇祐中，待制王安國邇英閣講《周易》，至《節卦》，有『慎言語，節飲食』，仁宗問賈魏公曰：『慎何言語？節何飲食？』公曰：『在君子言之，則出口之言皆慎，入口之食皆節；在王者言之，則命令爲言語，燕樂爲飲食。君天下，當慎命令、節飲食燕樂。』上大喜。

文火

顧况《茶論》曰：『煎以文火細煙，小鼎長泉。』皮日休茶詩：『山謡縱上下，火候還文武。』王季友詩：『鍊丹文武火未成，賣藥販山不販名。』如周賀詩『屋雪淩高樹，山茶稱遠泉』，頗類所謂長泉矣。長泉二字尤佳。姚合詩：『酒用林花釀，茶〔一二〕將野水煎。』張喬詩：『簟冷窗中月，茶香竹裏泉。』皆不及姚合詩所謂『酒用林花釀』。以花釀酒，當是酴醾酒之類。《景龍文館記》曰『賜近臣酒』，乃用酴醾二字也。

松煙石墨

鼂氏《墨經》曰：『古用松煙、石墨二種。』石墨自晋魏以後無聞。松煙之墨〔一三〕，自漢貴扶風隃糜〔一四〕終南山之松。蔡質《漢官儀》曰：『尚書令僕丞郎月賜隃糜大墨一枚。』晋貴九江廬山之松，衛夫人《筆陣圖》曰：『取廬山松煙。』唐貴易州、潞州之松，上黨松心尤先見貴。後唐則宣州、黄山松、歙縣黟山松、羅山松，李氏以宣、歙之松類易水之松。沈存中《延州石液墨》詩：『二郎山下雪紛紛，旋卓穹廬學塞人。化盡素衣今未老，石煙多似洛陽塵。』如存中詩所云，則北方固自有所謂石〔一五〕墨矣。

三代鼎器名

商鼎
周姜鼎
伯姬鼎
魯公鼎
宋君鼎
得鼎
大鼎
趠鼎
龍鼎
盤鼎
子吴鼎
叔夜鼎
父甲鼎
龍生鼎

文王鼎
虢姜鼎
晋姜鼎
宋公鼎
宋君夫人鼎
庚鼎
始鼎
辛鼎
陀鼎
公緘鼎
師寏鼎
季媍鼎
父丁鼎
召夫鼎

周公鼎
鄭伯姬鼎
孔文公鼎
單冏鼎
東宫方鼎
乙鼎
欒鼎
癸鼎
東宫鼎
子斯〔一六〕鼎
父乙鼎
父癸鼎
蟬文鼎
師毁敦

師毛敦
周虞敦
仲駒敦
叔榴敦
仲酉敦
㝨敦
尹敦
周敦
周公彝
荆彝
沈子彝
欿姬彝
品伯彝
楚王盞彝
季媍彝
父乙彝

師䃂敦
應侯敦
孟金敦
虢姜敦
冀師敦
始敦
牧敦
荆[一七]敦
召公彝
伯宗彝
齊伯彝
仲舉彝
單冏彝
祖戊彝
父癸彝
父丁彝

周姜敦
屈生敦
剌公敦
散季敦
龍敦
何敦
戠敦
内史彝
魯侯彝
楚公彝
司空彝
單從彝
交父彝
商癸彝
祖乙彝
父己彝

父辛彝
仲父彝
伯彝
形彝
亞彝
小子師彝
書鬲
毛乙鬲
虢叔鬲
聿遠鬲
許子鍾
元子鍾
南和鍾
盂和鍾
韋子尊
虎尊

母丁〔一八〕彝
商彝
欿彝
尹彝
伊彝
庚父鬲
父子鬲
乃子鬲
莫敖鬲
伯鬲
咢鍾
走鍾
分寧鍾
召公尊
魚尊
父戊尊

師艅彝
五彝
甗彝
應彝
仲父彝
高姜鬲
父己鬲
母鬲
寶德鬲
父丁鬲〔一九〕
商鍾
遲父鍾
許子小鍾
朝事尊
叔寶尊
祖戊尊

祖辛尊
父丁尊
父辛尊
父庚尊
父戊爵
己舉爵
篆帶爵
伯爵
父甲爵
父辛爵
叔高簋
張仲医
子斯医
姬窴豆
仲虞洗
叔匜

中尊
商從尊
太甲尊
丁青爵
祖己尊
己爵
父乙爵
飲爵
主人舉
寅簋
師冥簋
劉公医
史黎医
單疑豆
田季匜
杞公匜

太甲尊
父癸尊
庚爵
商爵
父己爵
舉爵
祖乙爵
觶爵
癸舉
左父舉
師奕簋
太公医
姬窴医
仲虔洗
寒戊匜
義母匜

張伯匜
祖戊匜
伯盞盤
卬仲盦
周陽侯甗
孟孀甗
飲甗
師淮卣
商卣
母乙卣
父己卣
趠盨
沈子盉
玆女觚
甲子觚
丁舉甌

季姬匜
齊侯匜
壽盤
伯盞盦
仲信甗
父己〔一一〕甗
伯温甗
周卣
兄癸卣
父甲卣
祖戊卣
諸友盉
季亳盉
象觚
平周缸
伯索盂

季亳〔一〇〕匜
卬仲盤
史孫盤
應婦甗
郝甗
庚甗
冀舟師〔一二〕
冀卣
母辛卣
祖癸卣
王伯盨
伯玉盉
父丁盉
父庚觚
窖磬
熙之筏

同　武安釜　軹家釜

右〔二三〕三代鼎器名見於圖書者，會粹於此，將有考焉。

房中樂

《詩》曰：『君子陽陽，左執簧，右招我由房。』謂路寢之房，人君有房中之樂，后夫人亦有房中之樂。《周南》《召南》則人君房中之樂。《詩譜》曰：『路寢之常樂，《國風》之正經也。天子歌《周南》，諸侯歌《召南》，后夫人亦用之。』王肅曰：『《關雎》至《芣苢》，后妃房中之樂。』然則夫人房中之樂，當用《鵲巢》《采蘩》矣。周房中樂，秦始皇三十六年改曰禱人。所謂房中樂者，婦人禱祠於房中者也，唯宫中〔二四〕用之。漢房中祠樂，本高祖唐山夫人所作。唐山，姓也。《宋書·樂志》曰：『高祖好楚聲，故房中樂亦楚聲。孝惠二年，詔樂府令夏侯寬備其簫管，更名曰安世樂。魏文帝黄初二年，議者以房中歌后妃之德，所以風天下、正夫婦，乃改爲正始之樂。』明帝太和初，繆襲奏魏國初建，王粲所作登歌、安世詩，專以思詠神靈及説神靈鑒享之意，後省。讀漢安世詩，無有二《南》風化天下之言，又改曰享神歌。隋高祖龍潛時頗好音樂，常倚琵琶作歌二首，名曰《天高》《地厚》，述以夫婦之義，因即取之爲皇后房内曲，命婦人登歌、上壽並用之。

珊瑚筆格

錢思公《珊瑚筆格》詩：『藴粹滄波遠，搜奇鐵網勞。柔條鑽火樹，麗景奪星旄。叢倚棲油几，枝疎薦兔毫。寳跗光互映，翠匣價相高。鈎謾標祥諜，人須詠楚騷。休將鐵如意，碎擊爲争豪。』北朝徐陵以珊瑚閣筆。羅隱詩：『徐陵閣筆珊瑚架，絶勝賔朋玳瑁簪。』用珊瑚架三字，甚新。錢思公酷愛珊瑚筆格，嘗爲子姪輩竊去，公徐徐出錢，許得之者自言，即與之錢。如此者歲不下數次，公欣然容之。思公詩體謹嚴，如《以蜀紙端硯寄仙芝》詩：『膩璽裁卭部，蒼崖映越溪。展時雲冉冉，呵久露凄凄。平滑逾鵞素，精鋼類褭蹏。輕於漢宫穀，碧似夏王圭。鈿〔二五〕軸聊閑卷，銀鈎且醉題。即時封密詔，别有武都泥。』此詩與前詩一律。

荀况雲賦

楚荀况《雲賦》曰：『有物於此，居則同静致下，動則綦高以鉅。圓者中規，方者中矩。大參天地，德厚堯禹。精微於毫毛，充盈於天宇。冬日作寒，夏日作暑。』此數語奇甚〔二六〕。荀况文章少見，故録之。曹植《吹雲贊》曰：『天地變化，是生神物。吹雲吐潤，浮氣蓊鬱。』上二句亦奇。

虹

蔡邕《月令章句》曰：『虹，螮蝀也，陰陽交接之氣著於形色者也。』雄曰：『虹，雌曰蜺。』虹常依陰雲而晝見於日衝，無雲不見，太陰亦不見，率以日西見於東方。故《詩》云：『螮蝀在東。』蜺常見於旁，四時常有之。江淹《赤虹賦》曰：『赤蜺電出，蚴虯神驤。曖昧以變，依稀不常。』此正所謂蜺也。唯雄虹見藏有月。《釋名》曰：『虹，陽氣之動。虹，攻也，純陽攻陰氣也。』故《莊子》曰：『陽炙陰爲虹。』

詩用六經字

司馬相如詩：『鳳兮鳳兮從我棲，得託孳尾永爲好。』庾信詩：『鷊毛新鵠子，盤根古樹低。』此書中好字，用者絶少。又如簡文詩：『螢飛夜灼灼，蟲思夕嘤嘤。』鮑溶〔二七〕詩：『列樹闕六字〔二八〕下睢。』沈約詩：『蝶逢花摇漾，燕值羽差池。』王維詩：『設罝守毚兔，垂釣伺遊鱗。』錢起詩：『露濃蕙花落，月冷莎雞飛。』白居易詩：『烏頭因感白，魚尾爲勞頳。』詩注曰：『魚勞則尾頳，用《詩》中字尤奇。』又用《月令》中字，如賀朝清詩：『流鶯拂繡羽，二月上林期。』張協詩：『鷹飛日夜分，雷動寒暑離。』胡致隆詩：『細雨來時麋角解，春風歸日馬蹄香。』宋之問詩：『祭魚常見獺，飲水畏驚猿。』宋元憲詩：『花寒陰鶴警，霜早腐螢疎。』錢起詩：『謾把樽中物，無人啄蟹匡。』此又用《禮》中字。一經采化，便覺神明，全與用史傳中字不侔也。

辟雍

《詩》曰：『於論鼓鍾，於樂辟雍。』注曰：『文王立靈臺，作靈囿、靈沼，合樂以落之。』又曰：『鎬京辟雍，自西自東，自南自北，無思不服。』注曰：『武王於鎬京，行辟雍之禮，四方來觀者皆感化其德，心無不歸服。』《王制》曰：『天子曰辟雍，諸侯曰泮宫。』此周之制也。《禮記外傳》曰：『虞曰庠，亦曰米廩。藏躬耕之穀於學中以供祭祀，尚孝也。夏曰序，商曰瞽，宗周曰辟雍，亦曰太學、東膠。』其言四代之學尤明。今《詩》有辟雍之詩，又有泮宫之詩，而《周禮》獨不載辟雍之禮，但曰成均之法。成均唯《周禮》有之，他書亦不載也。

靈臺

《詩》曰：『經始靈臺，經之營之。』箋曰：『天子有靈臺，所以望氛祲〔二九〕察妖祥。』《詩紀〔三〇〕曆樞》曰：『靈臺，候天意也。』《孝經援神契》曰：『靈臺所以宣德察微。』緯學二説皆極其至，鄭箋不能闕四字曰：『文王既出羑里，召周公旦築爲靈臺，此蓋思所以闕三字意宣德察微矣。』劉向《新序》曰：『文王作靈臺池沼，掘得人骨，文王曰：「更葬之。」天下聞之，皆曰：「西伯賢矣，澤及枯骨，而况於人乎！」』《三輔黄圖》曰：『周靈臺在長安西五十五里。』《公羊·莊公三十一年》注曰：『天子有靈臺以候天地，諸侯有時臺以候四時。』然雜候上林漢制曰清臺，日至書雲。魯則曰觀臺耳。

八桂

孫綽《天台賦》曰：『八桂挺森以凌霜，五芝含秀而晨敷。』李善注引《山海經》曰：『桂林八樹在賁隅東。』所謂賁隅東者，招摇之山也。五芝在天台，固自有之，不應八桂遠取招摇之山。按《臨海記》曰：『白石之山，望之如雪，山有湖，傳云金鵞之所集，八桂之所植。』又《地理記》曰：『天台山有八桂嶺。』此尤曉然。梁褚禋詩：『誰謂重三珠，終焉競八桂。』張九齡詩：『分庭八桂樹，肅客兩童子。』盧綸詩：『玉壇標八桂，金井識雙桐。』皆用八桂事也。

黄庭圖

《黄庭經》極修煉吐納之妙，有務成子注，有梁丘子注，有尹真人注，有白履忠〔三二〕注，有李子乘注，有蔣慎修注，有超遥子注，又有五家注。其要而易明者，莫如圖，有《黄庭五藏圖》《黄庭内視圖》《黄庭内景五藏六府圖》《補瀉圖》唐元。一作女子胡愔撰。《黄庭外景圖》《五藏導引圖》《黄庭圖證訣》，可謂盡其妙矣。東坡書黄庭内景贈葆光道師蹇序辰，龍眠居士復爲作經相，其前畫二人像，其後筆勢雋妙，遂爲希世之寶，嗟嘆不足，故復贊之曰：『太上虚皇出靈篇，黄庭圖闕三字〔三二〕仙。髯耆兩卿相後先，英〔三三〕妙夾侍清且妍。十有二神闕二字〔三四〕堅，巍巍堂堂人中天。問我何修果此緣，是心朝空夕了然。恐非其人世莫傳，殿以二十蒼鵠騫。南隨道師歷山淵，山人迎笑喜我旋，問誰遺化老龍眠。』山谷《次韻子瞻書黄庭尾付蹇道師》：『琅函絳簡蕊珠篇，寸田尺宅可蘄仙。高真接手玉宸前，女丁來謁粲六妍。金鑰閉欲形完堅，萬物蕩盡正秋天。使形如是何塵緣，蘇李筆墨妙自然，萬虚拱手書已傳。傳非其人恐飛〔三五〕騫，當付驪龍藏九淵。蹇侯奉告請周旋，緯蕭探手我不眠。』二公之言，施於經相尚爾，而况圖訣之益乎。

成公綏叙乾文

晋成公綏《天地賦》曰：『懸象成文，列宿有章。三辰燭燿，五緯重光。衆星回而環極，招摇運而指方。白虎時據於參旗〔三六〕，青龍垂尾於氐〔三七〕房。玄龜匿首於女虚，朱鳥奮翼於星張。帝皇正坐於紫宫，輔臣列位於文昌。垣屏絡繹而珠連，三台參差而雁行。軒轅華布而曲列，攝提鼎峙而相望。』叙事之妙如此。

漂

《史記》曰：『韓信從下鄉城下釣，有漂母見信饑，飯信，竟數十日。』《越絶書》曰：『伍子胥至溧〔三八〕陽，見一女子擊絮於瀨水中，子胥曰：「豈可得飧乎？」女曰：「諾。」即發其簞飯、清其壺漿而與之。子胥謂女子毋令露之。子胥行五步，還顧女子，自投瀨水之中。』《吴越春秋》同。《莊子》曰：『宋人有善爲不龜手之藥者，世世以洴澼絖爲事。』郭象注曰：『其藥能令手不拘坼[三九]，故常漂絮於水中。』漂絮，擊絮也。宋景文公詩：『藥有不龜方，擊絮管無妨。』亦以漂爲擊也[四〇]。

新宫銘

良常西麓，源澤東泄。新宫宏宏，崇軒巘巘。雕珉盤礎，鏤檀竦桀。碧瓦鱗差，瑶階肪截。太閣凝瑞霧，樓横祥霓。騶虞巡徼，昌明捧闑。珠樹規連，玉泉矩洩。靈飆遐集，聖日俯晰。桂旗上游儲，無極便闕。百神守護，諸真班列。仙翁鵠立，道師冰潔。飲玉成漿，饌瓊爲屑。桂旗不動，蘭幄互設。妙樂競奏，流鈴間發。天籟虚徐，風簫泠徹。鳳歌諧律，鶴舞會節。三變玄雲，九成絳雪。易遷徒語，童初浪説。如毁乾坤，自有日月。清寧二百三十一年四月十二日建。

東坡遊羅浮，作詩示叔黨，其末云：『負書從我盍歸去，羣仙正草新宫銘。汝應奴隸蔡少霞，我亦季孟山玄卿。』坡自注曰：『唐有夢書《新宫銘》者，云紫陽真人山玄卿撰，其略曰：「良常西麓，源澤東泄。新宫宏宏，崇軒巘巘。」又有蔡少霞者，夢人遣書碑銘，曰：「公昔乘魚車，今履瑞雲。躅空仰塗，綺輅輪囷[四一]。」其末云：「五雲書[四二]閣吏蔡少霞書。」』余按唐小説薛用弱《集異記》載蔡少霞夢人召去令書碑題云：「蒼龍溪新宫銘，紫陽真人山玄卿撰。」其詞三十八句，不聞有五雲閣史之説。魚車瑞雲之語，迺逸叟所載陳幼霞事，云蒼龍溪主歐陽某撰，蓋坡公誤以幼霞爲少霞耳。玄卿之文，麗整高妙，非神仙中人嵇叔夜、李太白之流不能作。今記於此，以證坡注之誤也。《集異記》曰：『蔡少霞夢褐衣鹿幘人召去石碑之側，謂曰：「召君書此。」二青衣僮至，一捧牙箱，内有紫絹文書；一齎筆研令少霞法此而寫。少霞援筆，頃刻而成，因覽讀之，乃蒼龍溪新宫銘。遂寤，急命紙筆紀録。或往視之，筆跡宛有書石之態。』

窮奇

《山海經》曰：『封山有獸，狀如牛而蝟毛，名曰窮奇。食人。或云：窮奇聞人鬭，迺助不直者。文王出獵所獲。』張揖注《上林賦》曰：『窮奇，其音如狗嘷，食人。』《神異記》曰：『西北有獸，狀如彪，有翼，名窮奇。』東方朔《神異經》曰：『崑崙西有獸，其狀如犬，有兩目而不見，有兩耳而不聞，有腹而無五臟，有腸而徑過。人有德行而往抵牚音觸之，人有凶德而往䑛迎之。天使其然，名曰渾沌，一名無耳，一名無心。所居無常，咋人回轉，向天而笑。』《神異經》曰：『西方荒中有獸焉，狀如彪而身大，毛長尺許，張華注：『此獸毛皆如毫猪毛也。人面彪足，口有猪牙，尾長一丈八尺，名曰檮杌。此獸食人。』又曰：『饕餮，身如羊，人面，目在腋下，食人。』《左氏》所載不才子曰窮奇、曰渾沌、曰檮杌、曰饕餮，皆獸名也。今録於此。

承明廬

范雲詩：『伊昔霑嘉惠，出入承明宫。』盧象詩：『召入承明宫，聖人借顔色。』此言承明殿也。應璩詩：『問我何功德，三入承明廬。』劉孝綽詩：『步出金華省，遠望承明廬。』此言殿中直廬耳。《西都賦》曰：『又有承明金馬，著作之庭。』亦藏書之所，大雅之林也。嚴助爲會稽太守，帝賜璽書曰：『君猒承明之廬。』張晏曰：『承明廬在石渠門外。』《揚雄傳》晋灼曰：『《黄圖》有太玉堂、小玉堂殿。李尋待詔黄門得預入直，而曰久汙玉堂之直者，言直廬在玉堂外，亦猶承明之有廬也。』翼奉曰：『孝文時未央宫無高門，麒麟殿獨有前殿、曲臺、温室、承明耳。』《霍光傳》曰：『太后車駕幸未央宫承明殿，盛服坐武帳，期門武士陛戟陳列殿下，罪狀昌邑王。』是豈太后所御之地，是必諸帝常所臨御也。

方諸

《物類相感志》曰：『方諸，巨蚌也，向月以器承之，得三二合水，亦如朝露。』《淮南子》曰：『方諸見月津而爲水。』注曰：『方諸，大蛤也，陰燧之具，摩拭令熱，向月則有水生。』故《周禮》司烜氏以鑒取明水於月，謂之方諸。明水陳饌，以爲玄酒。唐闕四字禪取明水用之。李敬真曾入九月中取蚌蛤一尺二寸者，依法拭之，至夜半得水四五斗。楊文公詩：『九天青女霜添味[四三]，五夜方諸月溜津。』

潮繫日月

《抱朴子》曰：『日之兩潮，一日一夕，各入地中，故一日一夕而有兩潮也。』《海潮賦》曰：『夫潮之生，因乎日也。其盈其虚，繫乎月也。及晦而絶，過朔則隆。月弦則小羸，月望則大至。』又曰：『日激水而潮小，月離日而潮大。』《海潮志》曰：『詳其潮水之起，若釜鼎之沸，沸則煎沫而溢出。究其本，祇平於鼎釜；若沸溢，則加倍之也。』嘗聞南海洲采珠人説：每一入海，必以繩繫身，岸人持之，潮來必動繩，岸人共挽之，助身而上。又説：或潮上海底山穴間必闇黑雷鳴，水孛然而漲上，及登岸，則潮漲入浦溆矣。是陰陽二氣交作而變，日月爲二氣之母，潮隨二曜，蓋不虚耳。

封禪

《河圖真紀鉤》曰：『王者封泰山、禪梁父者七十二君。』《史記·封禪書》曰：『齊威公既霸而欲封禪，管仲曰：「古者封泰山、禪梁父七十二家，而夷吾所記者十有二焉。無懷氏、封泰山，禪云云。宓羲、封泰山，禪云云。神農、封泰山，禪云云。炎帝、封泰山，禪云云。顓帝、封泰山，禪云云。帝嚳、封泰山，禪云云。堯、封泰山，禪云云。舜、封泰山，禪云云。禹、封泰山，禪云云。湯、封泰山，禪云云。周成王。」』封泰山，禪社首。應劭曰：『在博縣。』晋灼曰：『在鉅平南三里。』太史公曰：『雖有受命之君，而功有不洽，是以中間遠者千有餘歲，近者數百載，其儀不可得記。』桓譚《新論》曰：『泰山之上有八百餘處，而可識知者七十有二。』《白虎通》云：『升泰山，觀易姓而王，可得而數者七十二君。』張華《封禪儀》曰：『登封泰山者七十有四家，其謚號可知者十有四。』

洛水無冰

《春秋説題辭》曰：『洛之爲言繹也，水繹繹光耀也。』《述征記》曰：『水底有礬〔四四〕石，故上無冰凍也。』《易乾鑿度》曰：『帝盛德之應，洛水先温。先儒言洛居天地之中，其氣晏温，故曰温洛。』蘇味道、牛鳳及有《和受圖温洛詩》，亦言温洛。唐驪山温泉，亦以其下皆生礬石故温也。李賀詩：『華清源中礬石湯，徘徊百鳳隨君王。』

八紘八極

《淮南子》曰：『九州之大，純方千里。九州之外，乃有八殯音胤也，亦方千里。自東北方曰大澤、曰無通，東方曰大渚、曰少海，東南方曰具區、曰穴澤，南方曰大夢、曰浩澤，西南方曰資渚、曰丹澤，西方曰九區、曰泉澤，西北方曰大夏、曰海澤，北方曰大冥、曰寒澤。凡八殯八澤之雲，是雨九州。八殯之外，而有八紘，亦方千里。自東北方曰和丘、曰荒土，東方曰棘林、曰桑野，東南方曰大窮、曰衆〔四五〕安，南方曰都廣、曰反户，西南方曰焦僥、曰炎土，西方曰金邱、曰沃野，西北方曰一目、曰沙所，北方曰積冰〔四六〕、曰委羽。凡八紘之氣，是出寒暑，以合八正，必以風雨。八紘之外，迺有八極。鄒子曰：中國者天下八十分之一，有海環之。如此者九，又有大瀛海環之，總曰八極也。自東北方曰方土之山、曰蒼門，東方曰東極之山、曰開明之門，東南方曰波母之山、曰陽門，南方曰南極之山、曰暑門，西南方曰編駒之山、曰白門，西方曰西極之山、曰閶闔之門，西北方曰不周之山、曰幽都之門，北方曰北極之山、曰寒門。凡八極之雲，是雨天下；八門之風，是節寒暑；八紘、八殥、八澤之雲，以雨九州而和中土。』注曰：中土，冀州也。

接　花

山谷《接花》詩：『雍也本犂子，仲由元鄙人。升堂與入室，只在一揮斤。』接花之法，唯見劉禹錫詩：『分畦十字水，接樹兩般花。』

鹽　田

鹽田在河東鹽澤，其中産鹽，引水沃之則自成，號曰『鹽田』。取亦無盡，不沃則無之。張液池百步，其鹽多少隨月增減也。又有鹽井者，蜀都臨邛縣二井，一是火井，一是鹽井。若取鹽井，以火井煮之，斛水得鹽四五斗；若非火井煮之，不過一二斗矣。又有青池鹽，其鹽正方，廣半寸，其狀扶疎似石。人耕池旁地，取池沃種之，歲月久即生此鹽。又有草鹽者，《襄沔記》曰：『龍巢山旁有鹽池，水色白，上生紫菱，四邊青泥。十一月中，池左右十餘里地草上如霜，彌日不釋，嘗之乃鹽味，世謂之鹽花山。』又有鹽根者，亦名太陰玄精石，出河中解縣鹽池中，本鹽根也，往往池邊近水采之則得。其色理如玉質，形狀如龜甲，黑者不佳，黄白明净者上。

潑生麫

《太平記》曰：『大夫蚕來，已食一碗潑生麫矣。』《太平記》，唐人所作。竇平曰：『潑生麫，疑是今之略生麫也。如冷淘，則杜詩「槐葉冷淘」之外無所見也。今之食麫俱曰湯餅。』按《後漢·梁冀傳》：『進鴆加煮餅。』《世説》：『載何平叔面白，魏明帝食以熱湯餅，汗出，以衣自拭，色轉皎然。』吴均稱餅德曰：『湯餅爲最。』宗懔《荆楚歲時記》曰：『六月作湯餅。』庾闡賦曰：『當用輕羽，拂取輕麫。輕輭適中，然後水引。細如委綖，白如秋練。』此謂之湯餅，齊高帝所嗜，引水麫者此也。束晳《餅賦》曰：『仲春之月，天子食麥。而朝事之籩，煮麥爲麫。』又曰：『三冬冽寒，充虚解戰，湯餅爲最。』又曰：『振掌握，搦拊搏。麫彌離於指端，手縈回而交錯。』蓋用手爲之也。今北人謂之冬餫飩、春餺飥。李正文《刊誤》曰：『舊未就刀鈷，皆掌托爲之。刀鈷既具，乃云不托。俗乃用餺飥二字也。』《方言》曰：『餅謂之餛，或謂之飩。』餛飩之名見於此。范侍讀沖元長言：其父元祐間爲東平府直講，謂每日供膳所食湯餅異常，因造外厨，訊諸庖者，見釜上有金錢數十。審其安用，對曰：『凡麪入湯之後，每遇一沸，必下一錢，錢盡而後已。故其説曰：硬作熟溲，湯深煮久。』

校勘記

〔一〕『結』，守山閣本作『潔』。
〔二〕『真』，守山閣本作『貞』。
〔三〕『今大蛤音姑也』，守山閣本作『即蠶子也音蚌』。
〔四〕『謝』，原作『詩』，據守山閣本、墨海本改。
〔五〕『可』，原作『何』，據守山閣本、墨海本、《李義山詩集》改。
〔六〕『詮』，守山閣本作『全』。
〔七〕『鑒』，守山閣本作『響』。
〔八〕『官』，守山閣本作『宫』。
〔九〕『笞』，守山閣本作『石』，誤。
〔一〇〕『按』，守山閣本作『接』。
〔一一〕『今』，守山閣本作『冷』。
〔一二〕『茶』，原作『泉』，據守山閣本、墨海本、《姚少監詩集》卷九改。
〔一三〕『墨』字原闕，據守山閣本、墨海本補。
〔一四〕『糜』，守山閣本作『縻』。

〔一五〕「石」，守山閣本作「文」。

〔一六〕「斯」，守山閣本作「師」。

〔一七〕「荊」，守山閣本作「郱」。下「彝」同。

〔一八〕「丁」，守山閣本作「乙」。

〔一九〕四庫本原空，據守山閣本、墨海本補。

〔二〇〕「亳」，守山閣本作「毫」。

〔二一〕「己」，守山閣本作「乙」。

〔二二〕「冀舟師」，守山閣本作「冀師舟」。

〔二三〕「右」，守山閣本作「古」。

〔二四〕「中」，守山閣本作「人」。

〔二五〕「鈿」，守山閣本作「細」。

〔二六〕「奇甚」，守山閣本作「甚奇」。

〔二七〕「溶」，守山閣本作「容」。

〔二八〕按駱賓王詩有「列樹巢維鵲，平渚下雎鳩」。

〔二九〕「望氛祲」，守山閣本作「觀祲象」。按《毛詩·靈臺》鄭箋同守山閣本。

〔三〇〕「紀」，守山閣本作「汎」。

〔三一〕「忠」，守山閣本作「中」。

〔三二〕按此句《東坡全集》作「黄庭真人舞胎仙。」

〔三三〕「英」字原缺，據守山閣本、墨海本補。按此字《東坡全集》作「卯」。

〔三四〕按此二字《東坡全集》作「服鋭」。

〔三五〕「飛」，守山閣本作「非」。按《山谷集》外集卷四作「飛」。

〔三六〕「旗」，守山閣本作「伐」。按此賦異文甚多。

〔三七〕「氏」，守山閣本作「心」。

〔三八〕「溧」，守山閣本作「漂」，誤。

〔三九〕「拆」，守山閣本作「拆」，誤。

〔四〇〕「妨亦以漂爲擊也」原闕，據守山閣本、墨海本補。

〔四一〕守山閣本俱於此注「闕」，并空三字。按此條抄《容齋隨筆》卷十三「東坡羅浮詩」條，並無缺字。

〔四二〕「書」字原無，據守山閣本、《容齋隨筆》補。

〔四三〕「味」，守山閣本作「玉」。按《西昆集》作「味」。

〔四四〕「礬」，守山閣本作「礜」，下同。

〔四五〕「鼎」，守山閣本作「象」。按《淮南子》作「鼎」。

〔四六〕「冰」，原作「水」，據守山閣本、墨海本、《淮南子》改。

緯略卷十二

讀碑

後漢禰衡讀《蔡邕碑》，一覽能誦，惟石缺二字不明，因書出之。魏王粲讀道邊碑，人問：『卿能記乎？』誦之，不失一字。楊修從曹公讀陳寔碑，既去，恨不寫取，修迺誦之。馳使往勘，惟石缺二字不同耳。南齊范雲爲竟陵王學士，當時讀秦始皇刻石文，雲誦得之。張説詩：『會葬知元伯，看碑識蔡邕。』

習外國事

漢鄭吉從軍，數出西域，由是爲郎，習外國事。谷永上疏訟陳湯，書奏，天子出湯。後西域都護段會宗爲烏孫兵所圍，馳驛上書，願發兵以自救，大將軍王鳳言湯多奇策，習外國事，可問。上召見湯宣室。匈奴請和親，上下其議。大行燕人王恢爲邊吏，習胡事，議曰：『漢與匈奴和親，不數歲即背約，不如勿許。』舉兵擊之。趙充國好將帥之節，學兵法，通知四夷事。黄香曉習邊事，每出軍，轉運調度，動得事宜。郭凉爲將，通經，尤曉邊事，有名北方。

三韓紙

韓子蒼《謝錢珣仲惠高麗墨》詩：『王卿贈我三韓紙，白若截肪光照几。錢侯繼贈朝鮮墨，黑如點漆光浮水。』所謂三韓紙者，即繭紙也。宣和殿書畫硾卷，盡用此紙。右軍以璽紙書《蘭亭帖》，然晋宋自有一種紙，長丈餘，就船抄之，謂之『繭紙』。黄太史《謝鄭閎中惠高麗畫扇》詩：『會稽内史三韓扇，分送黄門畫省中。』子蒼用三韓紙蓋本於此。杜詩：『方丈三韓外，崑崙萬國西。』東坡云：『潘谷作墨精妙，雜用高麗。』又《孫莘老寄墨》詩云：『徂徠無老松，易水無良工。珍材取樂浪，妙手推潘翁。』《後漢書》曰：『韓有三種，一曰馬韓，二曰辰韓，三曰弁韓。馬韓在西，有五十四國，其地與〔一〕樂浪，南與倭接。辰韓在東，十有二國，其地與獩貊接。弁韓在辰韓之南，亦有十二國，其地亦與倭接。凡七十八國，大者萬餘户，小者數千家，各在山海間，地合方四千餘里，東西以海爲限，皆古之辰國也。馬韓最大，共立其種爲辰王〔二〕。都月支國，盡王三韓之地。其諸國王，先皆是馬韓種焉。』

古器

古人好事，皆極其至。如古鍾鼎彝器，尤所愛尚，其有識文者，非獨其器可玩，其文尤〔三〕奇古。其間有關於考訂者，所補亦不少。劉禹錫詩：『耕人得古器，宿雨多遺鏃。』皮日休詩：

『室唯搜古器，錢只買秋杉。』張籍詩：『每著新衣看藥竈，多收古器在書樓。』如三公詩，可見好事之至。又如楊衡詩：『拾薪遇遺鼎，探穴得古籍。』此又希闊之遇矣。《郊祀志》曰：『汾陰得鼎，大異於衆，鼎文鏤無款識。』其所以言此者，亦以款識爲尚，蓋可考也。韋昭曰：『款，刻也。』師古曰：『識，記也。』音式志〔四〕反。

桂蠹

《南粤傳》曰：『桂蠹，一器。』應劭曰：『桂樹中蝎蟲也。』蘇林曰：『《漢舊儀》：嘗以獻陵廟，載以赤轂小車。』師古曰：『此蟲食桂，故味辛。漬之，以蜜食之也。』《金樓子》曰：『翠飾羽而體分，象美牙而身喪。蚌懷珠而致剖，蘭含香而遭焚。膏以明而遂煎，桂以蠹而成疾〔五〕。』正謂此也。宋景文公詩：『幾枝北道梅傳信，一器南方桂補羸。』

牛膝酒

《酒譜》曰：『酒多飲，虚人脾氣。脾主四肢，久飲成疾。唯酒用牛膝，能補重腿，輕筋骨，且不失和甘之味，亦飲者所宜。造法：每醇酒一斗，用大木瓜一鼯之，而實以牛膝四兩，浸之以醇酒，酒竭旋益，俟其潰爛乃出之。以熟艾末四兩同研，爲丸桐子大，空腹下三十丸。』此良法也，方書中絶無，此方又明白簡易，故采之。

柳書陰符經

蔡端明曰：『柳書《陰符經》，書之最精者，善藏筆鋒。』余觀此書，非惟柳氏筆法遒結全不類他書，而此序乃鄭瀚之作，尤爲奇絶。其曰『雷雨在上，與彝旁達。浚其粹精，流爲聰明』，此四句精絶，不似唐人詞章。至曰『磻谿之遇合，金匱之秘奥。留侯武侯，思索其極』，尤足以發《陰符》之用也。

龜鼎

孔愉獲龜，放之餘干溪，鑄一鼎，刻之曰：『孔敬康沈之於水。』梁天監三年，安豐獻一角玄龜，武帝鑄一鼎，沈於得龜處。二事絶相類。《古今鼎録》。《會稽後賢傳》曰：『孔愉至吴興餘干亭，放龜溪中，龜反顧視愉。及封此亭，印三鑄，龜首回屈如顧。』臧榮緒《晋書》曰：『愉鑄侯印而龜左顧，更鑄亦然。』北齊趙儒宗龜詩：『儻蒙一曳尾，當爲屢回頭。』劉禹錫詩：『朱輪尚憶羣飛雉，青綬初懸左顧龜。』陸龜蒙詩：『鵲銜龜顧妙無餘，不愛封侯愛石渠。』王仲修《送越帥程公闢》詩：『一麾召得山川勝，金鈕新提左顧龜。』殊不言鼎也。

崑崙丘贊

郭璞《崑崙丘贊》曰：『崑崙月精，水之靈府。惟帝下都，西羌之宇。嵥然中峙，號曰天柱。』前四語殊清壯。所謂丘者，按《大荒西經》曰：『赤水之後，黑水之前，有大山曰崑崙之丘。』所謂惟帝下都者，按《搜神記》曰：『崑崙之山，是惟帝之下都。』其曰崑崙月精水之靈府者，按《史記》曰：『河出崑崙。崑崙其高二千五百餘里，日月所相避隱爲光明也。其上有醴泉瑤池。今自張騫使大夏之後，窮河源，惡覩所謂崑崙者乎？』又《河圖》曰：『崑崙之墟，五城十二樓，河水出焉。』《爾雅》曰：『西北之羌，有崑崙之墟。』其曰西羌之宇，亦其墟也。《龍魚河圖》曰：『崑崙山，天中柱也。』故曰磔〔六〕然中峙，號曰天柱。郭璞之文精切如此，一一皆援据文章。而欲苟作，難哉！《葛仙公〔七〕傳》曰：『崑崙一曰玄圃，一曰積石瑤房，一曰閬風臺，一曰華蓋，一曰天柱，仙人所居也。』

砥柱銘

《水經注》曰：『砥柱，山名也。禹治洪水，山陵當水者鑿之，故破山以通河，河水分流，包山而過。山見水中若柱然，故曰砥柱。』魏徵有《砥柱銘》，其壯語僅曰：『傍臨砥柱，北眺龍門。茫茫舊迹，浩浩長源。』黄太史曰：『吾愛魏公之爲人，故其作《砥柱銘》，時爲好事者書之，忘其文之工拙。』然《九成宫醴泉銘》亦魏公之文也，其曰『東越青齊，南踰丹徼，獻琛奉贄，重譯來王。西暨輪臺，北拒玄圃，地列州縣，人充編户。』又曰：『雲氏龍官，龜圖鳳紀。日含五色，烏呈三距。頌不輟書，筆無停史。』亦壯語也。

秋　蘭

秋蘭，古人最所鍾愛，一經靈均，風騷之士競知慕焉。《九歌》曰：『秋蘭兮蘼蕪，羅生兮堂下。緑葉兮素華，芳菲菲兮襲予。』又曰：『秋蘭兮青青，緑葉兮紫莖。』張衡《思玄賦》曰：『紉幽蘭之秋華。』《東京賦》曰：『芙容覆水，秋蘭被涯。』魏武帝《陌上桑》曰：『柱杖桂枝佩秋蘭。』曹植《迭迷香賦》曰：『芳暮秋之幽蘭兮，麗崑崙之英芝。』又詩：『繁華將茂，秋霜悴之。君不垂眷，豈云其誠。秋蘭可喻，桂樹冬榮。』又詩：『秋蘭被長坂。』晋傅玄《秋蘭篇》：『秋蘭陰玉池，池水芳且香。』又詩：『秋蘭豈不芬，飽肆亂其芳。』玄《鼓吹曲》又曰：『謀言協秋蘭，清風發其芳。』陸機詩：『氣惠秋蘭〔八〕。』潘尼詩：『流聲馥秋蘭。』一秋蘭之微，而詞人眷眷如此，是亦懷貞挺秀，可以比德歟。比從永嘉移本，大略如蕙，擢花八九月之交，香特重於春蘭也。

巫咸山賦巫咸，堯之醫者。

郭璞《巫咸山賦》曰：『爾乃寒泉懸涌，浚湍流帶。林薄叢蘢，幽蔚隱藹。』十六字奇甚。右軍《蘭亭記》曰：『此地有崇山峻嶺，茂林修竹。又有清流激湍，映帶左右。』晉人文章，清暢如此。宋支曇諦《廬山賦》曰：『南面巍崛，北背迢蔕。懸霤分流以飛湍，七嶺重嶵而疊勢。』殊不及其從容自在也。

禡牙

後漢滕輔《祭牙文》曰：『推轂之任，實討不庭。天道助順，正直聰明。』晉袁宏《祭牙文》曰：『天生五材，治道所司。廢一不可，静亂輔時。』晉顧愷之《祭牙文》曰：『烈烈高牙，闐闐伐鼓。白氣經天，簡揚神武。』宋王誕《祭牙文》曰：『敬建崇牙，顯兹威靈。嗚金輟鼙，無戰有寧。』宋鄭鮮之《祭牙文》曰：『崇牙肇建，義鋒增厲。人鬼一揆，三才同契。』其文五家，涉漢、晉、宋，皆曰『祭牙』耳。唐萬歲通天二年，清邊道大總管建安郡王攸宜始有《禡牙文》曰：『旄頭首建，將士聽誓。星辰彗掃，永清朔裔。』禡牙見於此。文尾曰：『急急如律令。元和十年。』東川移鼓角樓亦有《禡角文》曰：『整齊三軍，以時鏗磅。吹擊雷動，一方風闕七字用和於聲。』然則角亦有禡祭之禮。《聲類》曰：『禡師闕三字引是類是禡，曰師祭也。』吴胡綜有《黄龍大牙賦》曰：『狼弧垂象，實惟兵精。聖人觀法，爰求厥成。明明大吴，制其神軍。取象太乙，五將三門。』數語亦佳。漢武北伐，作太乙鋒旗，所謂『取象太乙』，亦準此也。

衛夫人

杜詩：『學書初學衛夫人，但恨無過王右軍。』蓋謂夫人善鍾繇書法，能正書，王逸少師之，殊不知夫人爲誰也。按衛夫人衛姓，名鑠，字茂漪，晋汝陰太守李矩之室也。

潤筆

王岐公譔《龐穎公神道碑》，其家以古書畫杜荀鶴及第時試卷爲潤筆。薛紹彭書米元章《會稽公襄陽〔九〕丹陽二夫人告》，以智永臨右軍帖爲潤筆。可謂奇古之甚。

三十六鱗

段成式《與温庭筠雲藍紙序》曰：『予在九江，出意造雲藍紙，輒分送五十枚。』其詩曰：『三十六鱗充使時，數篇猶得裹相思。』蓋龍八十一鱗，鯉魚三十六鱗也。宋景文公詩曰：『君軒結戀蕭蕭馬，尺素愁憑六六魚。』六六三十六也。又詩：『歸從鶴翹六六閒。』蓋屬車三十六乘。亦用六六字。沈氏《筆談》曰：『鯉魚當脇一行三十六鱗，鱗有黑文如十字，故謂之鯉文，從鯉文者〔一〇〕三百六十也。』然井田法即以三百步爲一里，恐四代之法，容有不相襲者。

陰璞

曾南豐《謝實録院賜研紙筆墨表》曰：『陰山堅石之璞闕二字〔一一〕芳松之煙。妍妙暉光，水苔之質；圓和正直，秋兔之毫。』其表〔一二〕於筆墨推美之辭固爲精愜，然『陰山之璞』蓋用晉傅玄《研賦》曰：『采陰山之潛璞，簡衆材之攸宜。』此賦之妙，壓倒古今衆作，正爲此句第一。一句之中，又以『潛璞』二字爲妙。今若用『堅璞』，或恐研有怨言。李賀研詩：『孔研寬頑何足云。』亦病其堅耳，曾公似未知研也。

青女

《楞嚴經》曰：『青女者，主霜雪之神也。』故《淮南子》曰：『秋三月，青女乃出降霜雪。』高誘注曰：『青女，天神，青腰玉女，主天霜雪。』如二公皆以青女爲霜雪神。荆公所謂『日高青女尚横陳』，胡文恭公所謂『青女偷飛一夜霜』，杜詩曰『飛霜任青女』，亦以爲霜也。如梁昭明《博山香爐賦》曰『青女司寒光翳景』〔一三〕而已。李商隱詩：『青女丁寧結夜霜，羲和辛苦送朝陽。』楊文公詩：『九天青女霜添味，五夜方諸月溜津。』可謂奇句。

艾

《楚辭》：『璠蕭艾於重笥，謂蘭芷之不香。』又曰：『扈服艾以盈腰兮，謂幽蘭而不可佩。』又曰：『何昔日之今草兮，今直爲此蕭艾。』其意有所寓矣。孔璠之《艾賦》乃曰：『貞灰與邪[一四]爣迭御，芳煙與苦蘭競薰。』是以艾正而賤，蘭妖而珍，故言堯則桀對，舉蘭則艾因，是蓋與騷相反，其亦不爲無意也。璠之又有《艾贊》曰：『藹藹靈艾，蔚彼修坂。混區羣卉，理深用遠。』何其拳拳於艾如此邪？

太史圖法

夏太史終古見桀惑亂，出其圖法奔商。殷内史向執見紂愈亂[一五]，以其圖法歸周[一六]。按《左氏》所謂太史辛甲闕四字史，此天子史官也。至於諸國，亦各有史。如所謂太史克者，魯史官也；太史書者，晉史官也；左史者，楚史官也；史嚚者，齊史官也；命太史伯石者，鄭史官也；史華者，衛史官也。至於圖法，亦有國者所重。沛公至咸陽，蕭何獨先收秦丞相、御史律令圖書；晉[一七]王濬受孫皓之降，收其圖籍，得郡三十二，縣三百一十三；晉應詹爲鎮南將軍，督五軍事，平蜀賊[一八]，一無所取，唯收圖書；皇甫真隨慕容評攻[一九]新都，一無所取，唯收圖書；北齊辛術平定南淮，諸物一毫無犯，唯收典籍，晉宋齊梁時佳本，鳩集萬卷餘。

研　巖

下巖石乾，則灰蒼色，濕則青紫色。巖有兩口，其中則通爲一穴，大者取研所自入也，小者泉水所自出也，故號水口，即陳公密所開也。巖之北壁石皆爲泉水所浸，巖中歲久崩摧，石屑翳塞，積水淺深，人莫能測，以是石工不復能采。今欲得下巖北壁石者，往往於泉水石屑中得之。巖南壁石尚或可采，自崇觀後，亦罕得矣。此北壁石蓋泉生其中，非石生泉中也，潤可知矣。雖秋冬旱乾，亦常有泉珠散落，如飛雨不絕。北壁石眼正圓，有素緑碧白黑暈十數重，中復有瞳子。南壁石即泉水半浸者，稍不及北壁，眼之暈色皆少淡。上巖有三穴，上穴曰土地巖，以土地祠居其上故也。中穴曰梅樹巖，下穴今石工以爲中巖者是也。下穴兩口，其間通爲一穴，皆中巖也。土地巖亦有兩穴，其中亦相通。土地巖石色黄赤，眼亦如之。梅樹巖石微黄，赤而帶闕七字〔二〇〕。中巖南壁與梅樹同而少勝焉，北壁石眼與闕三字〔二一〕石相類而少劣。龍巖石色深紫，眼少，有類中巖。半邊山者，半邊石山，諸巖石色灰青，與下巖南壁石、中巖南壁石相類，但眼暈少耳。赤緑赤黄皆淺色不明。然半邊山巖眼極多。半邊山巖近南者眼大暈少，北者眼小暈愈少，所謂緑豆眼。蚌坑石性堅頑，色深紫，有眼，即黄白微帶青色，無瞳子，雖潤不發墨。眼偏邪不正，無暈有翳。又有黄坑石與上巖石相類，新坑石與半邊山石之劣者相類。小湘峽在州之西四十里，其石類巖石而性軟燥，色深紫如蚌坑。

擊鮮

《陸賈傳》曰：『數擊鮮。』師古曰：『鮮，謂新殺之肉也。數數擊殺牲牢，與我鮮食。』《書》曰：『暨益奏，庶鮮食。』孔氏《傳》曰：『暨益播，奏庶艱食、鮮食。』孔氏曰：『決百川，有魚鼈，使民鮮食之，此所謂鮮者魚鼈也。』又曰：『獲鳥獸，民以進食。』老子所謂『治國若烹小鮮』者，亦魚也。張華詩：『鷹隼始擊鷙，虞人獻時鮮。』時鮮二字亦佳。

歐宋唐書

仁宗詔重修《唐書》，十年而歐陽公至，分撰帝紀、表、志〔三〕，七年書成。韓魏公素不悅宋景文公，以所上列傳文采太過，又一書出兩手，詔歐陽公看詳改歸一體。公受命，歎曰：『宋公於我前輩，人所見不同，詎能盡如己意？』竟不易一字。又故事，修書進御唯書署官崇者，是時宋公守鄭州，歐公位在上，公曰：『宋公於此日久功深，我可掩其長哉？』宋公聞之曰：『自昔文人相凌掩，斯事古未有也！』然宋公卻曾自撰紀表志，今其家亦有此本，世人未嘗見之耳。

通鑑

溫公《進〈資治通鑑〉表》曰：『臣之精力，盡於此書。』其《與宋次道書》曰：『某自到洛以來，専以修《資治通鑑》爲事，至今八年，僅了得晋宋齊梁陳隋六代以來奏御。唐文字尤多，託范夢得將諸書依年月編次爲草卷，每四十年[二三]爲一卷，自課[二四]三日删一卷，有事故妨廢則追補。自前秋始删，到今已二百餘卷，至大曆末年耳。向後卷數，又須倍此，共計不減六七百卷，須更三年方可粗成編。又須細删，所存不過數十卷而已。』其費功如此。温公居洛十五年，故能成此書。今學者觀《通鑑》，往往以爲編年之法，然一事用三四處出處纂成，是[二五]其爲功大矣。不觀正史精熟，未易決《通鑑》之功績也。《通鑑》采正史之外，其用雜史諸書凡二百二十二家。

孝　水

潘岳《西征賦》曰：『澡孝水以濯纓，嘉美名之在兹。』李善曰：『《字林》曰：孝水在河南郡。酈道元曰：在河南城西十餘里。』按《山海經》曰：『平逢山西十里瘣山，其陽多瑶琈之玉。俞隨之水出於其陰，北流注於穀，世謂之孝水。』善不引《山海經》而引《字林》，何也？

九　藪

《國語》曰：『伯禹疏川導滯，豐殖九藪。汩越九原，宅居九隩。』《周禮》曰：『揚州之澤藪曰具區，荆州之澤藪曰雲夢，豫州之澤藪曰圃田，青州之澤藪曰望諸，兖州之澤藪曰大野，雍州之澤藪曰弦蒲，幽州之澤藪曰豯養，冀州之澤藪曰楊紆，并州之澤藪曰昭餘祁。』《爾雅》曰：『魯有大野，今高平鉅野東北。晋有大陸，今鉅鹿北廣河澤。秦有楊陓，音迂，今在扶風汧縣西也。宋有孟諸，今在梁國睢陽縣東北。楚有雲夢，今南郡華容縣東南巴丘湖是也。吴越之間有具區，今吴縣南太湖，即震澤。齊有海隅，海濱廣斥。燕有昭餘祁，今太原鄔陵縣北九澤。鄭有圃田，今滎陽中牟縣西圃田澤。周有焦穫，音護〔二六〕，今扶風池陽縣瓠中。謂之十藪。』夫《周禮》《國語》皆曰九藪耳，而《爾雅》之言乃曰十藪，名之同者五。《吕氏春秋》曰：『昭餘祁，一名大昭，又名漚澤。』《周禮》并州藪俗名鄔城泊〔二七〕，按是藪自太原祁縣連延西接至此。晋《太康地志》曰：『汧澤有蒲谷鄉弦中谷，乃雍州之弦蒲也。』《水經注》曰：『汧水源出汧山蒲谷鄉弦中谷，决爲弦蒲藪。』

金錯刀

張衡《四愁詩》：『美人贈我金錯刀，何以報之英瓊瑶。』《續漢書》曰：『諸侯王佩刀，以黄金錯環。』馬戴詩：『飲盡玉壺酒，贈留金錯刀。』此固用《四愁》事。如貫休詩：『孤燈耿耿征婦勞，更深撲落金錯刀。』此固言刀也。劉孝威詩：『犀羈玉鏤鞍，寶刀金錯鞘〔二八〕。』尤更説得分明。前人小説乃以錯刀爲新室錢文，非矣。又按秦嘉妻與嘉書曰：『今奉錯金碗一隻，可以盛書水。』則知金錯爲飾，益曉然矣。書中用『書水』二字甚佳。李白詩有云『琉璃硯水』，不及此也。梁昭明詩：『玉樹琉璃水，羽帳鬱金香。』此用琉璃水亦佳。

漢甘露鼎

宣帝甘露元年於華山仙掌鑄一鼎，高三尺，受四斗，擬承甘露。其文曰：『萬國伏，貽長久。』鑄神鼎，承天酒。』刻以小篆。後漢安帝延光四年於少室山鑄一鼎，其文曰『承露鼎』，刻以小篆。此猶是金人承露盤遺意也。又鼎爲食器。如景帝中元六年鑄一鼎曰食鼎，以銅金銀雜爲之，其文曰：『五熟是資，君王之膳。』刻以小篆。昭帝元年於藍田覆車山鑄羹鼎，其文曰：『宜君王，和四方。調滋味〔二九〕，去腥傷。』刻以小篆。元帝初元二年鑄一大鼎，大如甕，無足，其文曰『皇帝膳鼎』，刻以小篆。哀帝元壽元年，鑄一鼎，高四尺，其文曰『醴鼎』，刻以小篆。平帝元始五年鑄一鼎，受二斗，其文曰『藥鼎』，刻以八分書。

筆　橐〔三〇〕

《張安世傳》曰：『安世本持橐簪筆。』張晏曰：『橐，契囊也。近臣負囊簪筆從備顧問，間或有所紀也。』師古曰：『囊所以盛書也，有底曰橐，無底囊。簪筆者，插筆於首。』《南史·劉杳傳》曰：『著紫荷橐。』即安世傳所云也。《齊·輿服志》曰：『肩上紫袷囊，名曰「契囊」，世呼爲紫荷。』梁制，尚書令僕射尚書銅印墨綬，朝服配水蒼玉，腰劍，紫荷，執笏。《通典》。今人用荷囊，直曰『紫荷之囊』，蓋兼二字而用之，誤矣。如蘇味道詩：『盛府題青橐，殊章動繡衣。』徐彦伯詩：『思急青輸賜，徂裝紫橐懸。』便用二字矣。宋景文公詩：『毛脱荷囊筆，塵昏寶帶金。』乃以荷爲平聲。

如意輪畫贊

宣和御題曹仲元觀音像：『相好極莊嚴，趺坐蓮花上。圍以火輪，左手仗劍。』不似世所見大士像，考之，乃知爲如意輪觀音像。唐顧況有《如意輪畫贊》，極其瓌妙，余不敢重説偈言，其言曰：『《金剛記》《寶鼎記》《佛三昧頂輪》《三昧闕二字》等經曰：蘇迷盧南有俱露州，州西南面夷羅國俱尸那城，南去八千由旬，至於雪山。兹山純白，厥草肥膩，高六十由旬，周二千二百。拔提河在左，長仙園在右，清熱惱海在南，跋陀海在北，善法堂在上，蹔龍洞在下。日月迴汨，在俱物羅奢，半空脇是龍居。此洞地堅牢，恒沙諸佛成道諸所如意輪於此山間。佛言毗勒那鉢奢，無忘無心是，離那奢多，性本空是；祇彌物都思，觀身實相是；悉那鉢多彌，觀佛亦然是。又問何者是陀羅尼相貌，佛言空觀心、無爲心、廣大心、常住心、不變異心、無心無無心，是恒沙諸佛摩頂密語也。言在身中，恐人輕教，諸佛不許，内外雙立，非賢不轉。如意輪本名少足少法也。其法滿足，謂之少足，與夫圓滿滿願廣大大悲等慈慈觀智綱寶手千手眼得無畏清净光除業道破諸闇無障礙無等等，與夫普明慈明千光佛十億之號，猶爲至略。净華宿王智佛時所立名記普門願行，此應見聞〔三二〕，隨方説法，法同而名異，固云賢劫中千佛助化此爲一佛。

二尊不並，願爲侍者。寶德佛時名安忍童子，請願之後，名如意輪大悲菩薩是。愚於䕃界，畫彼真形。《法華經》云：一華獻畫象，漸見無量佛。讚曰：同體如來所説總持法，内外雙見爲普門。大悲廣運無邊際，已渡塵沙生滅海。」

金剛石經贊〔三二〕

唐梁肅非唯文章嚴壯，而於佛理高妙，曾作《金剛般若波羅密經石幢贊》有曰：『二十五有之内，□塵相磨，生滅相蕩，斡流旋《集》作句轉，往復無際，如來憫之。於是開智慧門，示諸法如義，俾夫即動而寂，即寂而照，假文字以筌意，一色空而觀妙。然離一切相，得無住心，二乘遠而不見，十住見而不辨，如是信解乎難哉！』又曰：『傾沙界以施，而施有窮；等山河之大，而大有終；唯金剛空印，永不壞滅。』讀《金剛》之法，盡在是矣。又有《千手千眼觀世音菩薩像贊》曰：『不形之形無形，神人之形也。當法王御世，有元聖曰：「觀音以感通之妙用，運溥博之宏應，協贊無上，弼成玄功，神行無方，形亦不變。故此像設，施於群生。」此其至矣。』夫此數語亦妙。隋尉遲乙僧盡千手千眼觀音筆力之妙，讚歎不盡，若以梁《贊》較之，猶欠筆力千鈞也。

漢令甲

漢有『令甲』『令乙』者，律令之次序也。且如《漢律》，其關於軍政者：曰『傳民』、曰『卒更』、曰『成邊』、曰『軍司空』。關於民事者：曰『出等』、曰『群飲』、曰『占祖』、曰『大逆』、曰『鬥、傷爲城旦』、曰『不行親喪不得選舉』。關於夫道者：曰『官奉』、曰『盜金』、曰『邊尉』、曰『左官』、曰『皈寧』、曰『矢官』。稱士伍曰『都水』，治堤渠水門；曰『司空』，主水及罪隸。關於國事者：曰『大樂』、曰『傳置』、曰『朝請』、曰『僞金』、曰『爲酒』、曰『租銖』、曰『平賈』、曰『弛商賈』、曰『小學試吏』、曰『兵器錢』。毋出關令之關於軍政者：曰『馬複』、曰『出牝』、曰『若盧弩射』、曰『天下給邊』。關於民事者：曰『箠』、曰『櫝皈死者』、曰『毋陳赦前事』、曰『毋捕婦女老幼』、曰『七歲鬥殺死』。關於吏道者：曰『功』、曰『秩禄』、曰『賣爵』、曰『貤爵』、曰『任子』、曰『保同産』、曰『監臨受財』、曰『特封吴芮。』關於政事者：曰『祠』、曰『宫衛』、曰『犯蹕』、曰『議宗廟』、曰『行馳道』、曰『金布』、曰『告緡』、曰『盜鑄』、曰『鬻盐』、『養老』、曰『禁擿巢』。以漢之律令整整如此，而班固志《刑法》，略不該載，往往見於傳注之間，余因輯而匯之，亦足以見漢之律令猶爲寬蔄也。

竹宫竹殿

《漢書·郊祀志》曰：武帝祠泰畤竹宫，望拜神光，須宫闕名曰『長安甘泉宫』，有竹宫。杜甫詩：『竹宫時望拜，桂館或求仙。』韋應物詩：『嘗陪夕月竹宫齋，每返温泉灞陵醉。』此『竹宫』也。而又有所謂『竹殿』焉。『洛陽宫殿簿』曰：『洛陽南宫有竹殿。』《魏略》曰：『青龍三年起太極殿，内有竹殿。』梁任昉《静思堂秋竹應詔》曰：『竹宫豐麗於甘泉之右，竹殿弘敞於神嘉之旁。』盧思道詩：『竹殿遥聞鳳管聲，虹橋别有羊車路。』張暉詩：『齊險入幽林，翠微含竹殿。』是也。

甲觀畫堂

《成帝紀》曰：『帝生甲觀畫堂』。應劭曰：『甲觀在太子宫，中地主用乳生也。畫堂畫九子母。』如淳曰：『甲觀之名。畫堂之名。』《三輔黄圖》曰：『太子宫有甲觀。』師古曰：『甲者，甲、乙、丙、丁之次也。《元后傳》曰：「見於丙殿。」此其例也。應氏以爲「在宫之甲地」，謬矣。畫室但畫飾耳，豈必九子母乎？「霍光止畫室中」，是則宫殿中通有彩畫之堂室。』唐温庭筠《生禖屏風歌》：『玉墀暗接昆侖井，井上無人金索冷。畫壁陰森九子堂，階前細月鋪花影。繡屏銀鴨香蓊濛，天上夢皈花繞叢。宜男漫作後庭草，不似櫻桃千子紅。』如庭筠歌，則堂畫『九子』故有其事。然觀唐周昉輩所畫幃障，多作宫禁間嬪御小兒，極其工緻，往往蓋取則百斯男之義。故殿曰『百子殿』，池曰『百子池』。錢起詩：『臘雪新暗百子殿，春風欲上萬年枝。』王維詩：『春池百子外，芳樹萬年餘。』杜牧詩：『百子池頭一曲春，君恩和淚歷紅塵。』是也。

八陣圖

盛弘之《荆州記》曰：魚複鹽井以西，石磧平曠，騁望四遠。諸葛孔明積細石爲壘，方可數百步。壘西又聚石爲八行，相去二丈許，謂之八陣圖。桓宣武伐蜀經之，以爲常山蛇勢。《孫子》曰：『善用兵者辟如常山之地也，擊其首則尾至，擊其尾則首至，擊其腹則首尾俱至。』東坡夢杜子美曰：『世人誤會《八陣圖詩》：「江流石不轉，遺恨失吞吴。」世人以爲先主、武侯欲與關羽復仇，故恨不滅吴，非也。我意本爲蜀、吴唇齒之國，不當相圖，晋能取蜀，以蜀有吞吴之意，此爲恨耳。』

風馬牛

《左氏傳》曰：『君處北海，寡人處南海，唯是風馬牛不相及也。』服虔曰：『風，放也。牝牡相誘謂之風。』《尚書》曰：『馬牛其風。』左氏所謂『風馬牛』，以『馬牛風逸，牝牡相遠』。孔穎達曰：『蓋是末界之微事，言此事不相及，故以取喻不相干也。』洪龜父詩乃曰：『鴻雁書遠空，馬牛風寒草。」

校勘記

〔一〕「與」，守山閣本作「在」。按《後漢書·三韓傳》此句作「其北與樂浪，南與倭接」。

〔二〕「辰王」，原作「王辰」，據《後漢書·三韓傳》改。

〔三〕「尤」，原作「猶」，據守山閣本、墨海本改。

〔四〕「式志」，守山閣本作「職吏」。

〔五〕「疾」，守山閣本作「病」。按《太平御覽》卷九五七引作「疾」。

〔六〕「磔」，守山閣本作「嵥」。

〔七〕「公」，守山閣本作「翁」。

〔八〕句下原注「闕」；守山閣本作「氣味秋蘭若」，無缺字。按《文選》陸機《贈馮文熊遷斥丘令》詩作「氣惠秋蘭」，似並無缺字。

〔九〕「襄陽」下原有「公」字，按米芾《書史》作「因託薛紹彭書考妣會稽公襄陽丹陽二太夫人告」，據改。

〔一〇〕「從鯉文者」，守山閣本作「從里者□」。按《夢溪筆談》卷十七作「從魚里者」。

〔一一〕按此文見於范祖禹《范太史集》卷四，此二字作「上黨」。

〔一二〕「表」字原注「闕」，據守山閣本、墨海本補。

〔一三〕此句《藝文類聚》卷七十作「青女司寒，紅光翳景」。

〔一四〕『邪』字原闕，據守山閣本、墨海本補。

〔一五〕以上兩句墨海本作『出其圖奔齊。晉文』，下闕六字，接以『亂』字，守山閣并『亂』字亦闕。按《呂氏春秋·先識》作『夏太史令終古出其圖法……出奔如商。殷內史向摯見紂之愈亂……』。

〔一六〕守山閣本、墨海本此處有『公』字。

〔一七〕『晉』，原作『吳』，據守山閣本、墨海本改。

〔一八〕『賊』，守山閣本作『賦』。

〔一九〕『攻』，守山閣本作『收』。

〔二〇〕按《硯箋》卷一『上巖』條有『中曰梅樹巖，亦兩穴通，石眼黄赤。梅巖微黄赤，帶灰蒼，眼黄緑』。

〔二一〕按《硯箋》卷一『中巖』條有『中巖南壁石與梅巖同而少勝，北壁石則與下巖南壁同而少劣』。

〔二二〕『志』，守山閣本作『十』。

〔二三〕四庫本原缺『年』字，下文『有事故妨廢則追補』闕『補』字，據守山閣本、墨海本補。

〔二四〕『課』，守山閣本誤作『諜』。

〔二五〕『是』，守山閣本作『自』。

〔二六〕『護』，守山閣本作『互』。

〔二七〕此處守山閣本有『是』字。

〔二八〕『鞘』，守山閣本作『銷』，誤。

〔二九〕此下自『去腥傷』至下『筆橐』整條，四庫本、守山閣本俱闕，據墨海金壺本（手抄體）補。

〔三〇〕此條墨海本文字多有舛誤，今據楊守敬《日本訪書志》卷七所抄影宋本録入。

〔三一〕『此應見聞』，守山閣本作『應此見文』。

〔三二〕以下數條原闕，據《日本訪書志》卷七補。

墨海金壺本序〔一〕

夫均之一書耳，十人誦讀之而一人拈出，則九人相顧而莫知所以也；然一人拈出，則九人終身莫之遺忘也。豈非所謂耳根易入，而淹貫者難爲功乎？予謂前人讀書率有私記，浸淫成帙，臚而列之，則爲彙書；若雜亂無序，則曰聞曰記曰録云爾。此終其身習用之不可以示人，人見之掩口笑者，正所稱秘以爲寶者也。如蔡中郎帳中之秘，人必測度以爲異書，及取《論衡》而讀之，則亦何足秘之有？雜録諸書，宋時爲盛，有會稽高續古似孫所著曰《經、史、子略》已行之世，曰《緯略》未有刻本。以緯言者，似欲待其續有所得，彙之而成篇也，或以補乎經、史、子之所未備也。但《經、史、子略》予亦未之見，及查《緯略》，《通考》多引用之，而不傳，何邪？金陵焦弱侯太史素愛此書，予從張以恒借其抄本，以恒另寫一帙，兼有補遺如『《世説》引用書目』及『李唐開科』之類甚詳。且原本多訛，太史復從續古所采諸書校之無害。予舟泊檇李，姚叔祥見過，問得異書不，余出《緯略》示之，授之梓而屬余序。噫！是安得《經、史、子略》而並刻之？

萬曆丙午春三月閩中曹學佺撰。

校勘記

〔一〕此序據墨海本補，四庫本、守山閣本俱無。

緯略跋〔一〕

往余從胡元端得高氏《緯略》，將謀梓而不不勝魚虎也，遂不果謀。丙午春，友人姚叔祥得善本於曹能始户曹，視胡本最爲佳勝。及能始叙來，云是弱侯先生校本，更知讎封之勤，非復一腕也。顧讀之尚有疑礙，因覔得同郡項穉玉家藏本，則益女史條四十三字，水麝條五字，漢官條三字。又得江陰李貫之本，則益屬車條五十七字，璜條四字。而胡本亦增五夜條十字。其他偏旁舛誤，則三本互爲參定，復百許字，信夫他山之爲玉攻也。梓竟，復檢是書，則援證極博，間質己意，至於聯類集録，點摘新麗，往往多醒豁人目。第自『愍騷』『招隱』『八風』『圍棋』以及『氍毹』『禡牙』之類，大都全録《藝文》《初學》《北堂》《御覽》諸書，無少增損，則知宋世篇集，不復具存，適取類書，誇示宏肆耳。善乎陳仲醇之言曰：採拾多而評議寡，真足爲此書照膽。繡水沈士龍題。

校勘記

〔一〕此跋四庫本、守山閣本、墨海金壺本均有。

四庫提要

《緯略》十二卷，宋高似孫撰。似孫字續古，餘姚人，淳熙十一年進士，歷官校書郎、守處州。似孫嘗輯《經略》《史略》《子略》《集略》《騷略》及此書，今惟《子略》《騷略》與此書存。陳振孫《書録解題》論其讀書以隱僻爲博，其作文以怪澀爲奇，然考證之學，正不嫌其博。而是編所引亦皆四庫所著録，非馮贄之流詭辭炫俗者比，固不得以隱僻譏也。明沈士龍又稱其『愍騷』『招隱』『八風』『圍棋』『氍毹』『禡牙』之類，全録《藝文》《初學》《北堂》《御覽》諸書，無所增輯。知宋世篇集不復具存，摘用類書，誇示宏肆，是誠在所不免。周嬰《卮林》譏其誤引《金樓子》，以劉休元《水仙賦》爲唐劉子元，疏舛亦不能無。然其言篤實，終出楊慎《丹鉛》諸録之上，亦考古者所必資矣。